INTEGRATED MARKETING COMMUNICATION

통합 마케팅 기획

| 우석봉 저 |

학지사

머리말

현대 마케팅 커뮤니케이션 관리자는 치열한 경쟁과 급변하는 미디어, 커뮤니케이션 환경에서 수익을 창출하기 위해 그 어느 때보다 정교하고 창의적인 전략을 고심한다. 나아가 마케팅 커뮤니케이션 기획자는 커뮤니케이션의 효과를 넘어 비용 효율성에 대해서도 책임을 져야 하는 상황에 놓이게 되었다. 이러한 난제를 타개하기 위해 마케팅 커뮤니케이터는 통합 마케팅(Integrated Marketing Communication: IMC)을 적극적으로 수용하고 있다.

이 책은 통합 마케팅 기획의 원리와 단계를 소개한다. 물론 이론이나 원리의 습득만으로 기획이 가능한 것은 아니다. 하지만 필자의 20년간의 현장 경험으로 보건대, 통합 마케팅의 실체와 통합 마케팅 기획의 접근법을 이해한다면 기획에 소요되는 시간과 노력을 절감할 수 있을 뿐만 아니라 더욱 효율적인 기획이 가능하리라 확신한다.

기획 단계별로 현장에 실제 적용할 수 있는 기획 도구들을 소개하는 것도 이 책의 장점이다. 이 책은 크게 네 개 영역으로 구성된다.

- 첫 번째 장의 목표는 통합 마케팅의 실체를 이해하는 데 있다. 통합 마케팅이란 무엇이며 통합 마케팅에 대한 관점에는 어떤 것이 있는지, 그리고 통합 마케팅이 현대 마케팅의 패러다임이 된 배경에 대해 알아본다. 실체를 정확히 이해해야만 기획의 효과와 효율성을 높일 수 있다.
- 두 번째 장은 브랜드와 통합 마케팅 간의 관계를 이해하는 데 할애하였다. 경영이나 마케팅에서 브랜드가 그 어느 때보다 중요하다는 것을 부정하는 사람은 없다. 통합 마케팅의 최종 목적은 물론 수익의 창출이지만 수익 창출의 가장 중요한 도구는 브랜드이다. 브랜드를 고려하지 않는 통합 마케팅 기획은 존재할 수 없다. 이 장에서는 통합 마케팅 기획을 위해 반드시 알아야 하는 브랜드 기능과 전략들에 대해 알아본다.
- 세 번째 장에서는 통합 마케팅 기획자가 반드시 알아야 하는 소비자의 심리학적 현상과 기제를 다룬다. 기업이 수행하는 모든 커뮤니케이션의 효과를 결정하는 주체는 소비자이다. 소비자가 마케팅 커뮤니케이션 정보를 어떻게 처리하는지를 제대로 알아야만 더욱 효과적인 통합 마케팅 기획이 가능하다.
- 네 번째 장에서는 이 책의 핵심인 통합 마케팅 기획을 단계별로 소개한다. 어떤 단계를 거치는지, 각 단계별로 무엇을 해야 하는지, 그리고 각 단계에서 유용한 생각정리의 도구들은 무엇인지에 대해 소개한다.

통합 마케팅 기획에서는 예측하지 못한 변수들이 개입하기 때문에 이 책에서 소개하는 기획 단계들을 기계적인 과정처럼 적용해서는 안 된다. 이 책은 최대한 현장 중심 그리고 기획실무 접근을 지향하였지만 한계가 있음을 인정하며 독자들의 이해를 바란다.

끝으로, 이 책의 출판을 지지하고 허락해 주신 학지사 김진환 사장님과 저자의 원고를 멋진 한 권의 결과물로 탄생시켜 주신 편집부 유은정 님께 감사드린다.

2020년 7월

지은이 우석봉

차례

CHAPTER 1
통합 마케팅의 실체

INTEGRATED MARKETING COMMUNICATION

INTEGRATED MARKETING COMMUNICATION

현대 마케팅

통합 마케팅(Integrated Marketing Communication: IMC)에 대해 알아보기 전에 '마케팅'이란 무엇인가에 대해 간략하게나마 이해하는 것이 도움이 되겠다. 마케팅이라고 하면 다양한 생각을 떠올린다. 어떤 사람은 상품이나 서비스를 성공적으로 판매하는 것을 떠올릴 것이며, 또는 광고나 판매촉진 행위, 그리고 신제품을 개발하거나 가격을 책정하는 것이 마케팅이라고 생각할 것이다. 맞다. 이들 모두가 마케팅에 포함되는 활동이다. 미국마케팅협회(American Marketing Association: AMA)의 마케팅에 대한 정의를 보자.

> 마케팅이란 개인과 조직의 목적을 달성하기 위한 교환을 창출하기 위해 아이디어, 상품, 그리고 서비스를 창안하고, 가격을 결정하며, 촉진과 유통에 대한 계획을 입안하고 실행하는 과정이다.

이 정의에서 볼 때 '교환'이 마케팅의 핵심 개념이다. 마케팅의 가장 기본적인 과업은 고객의 욕구와 제품 간에 교환이 원활하게 일어나도록 최적의 마케팅 프로그램을 개발하는 것이다. 마케팅은 고객의 욕구를 충족하는 상품이나 서비스를 개발하고, 상품이나 서비스의 가격을 결정하며, 적절한 유통경로로 소비자에 대한 접근성을 높이고, 다양한 마케팅 커뮤니케이션 프로그램을 통해 교환을 촉진하는 과정이다.

교환을 촉진하는 네 가지 요소인 제품(product), 가격(price), 유통(place), 그리고 촉진(promotion)을 마케팅 믹스를 구성하는 4P라고 한다. '마케팅 믹스(marketing mix)'라는 용어는 1953년에 보든(Borden)이 처음으로 사용하였으며, 4P는 맥카시(McCarthy)가 주장하고 코틀러(Kotler)에 의해 대중화되었다. 4P는 성공적인 마케팅을 위한 마케팅 믹스의 구성 요소로서 기업이 마케팅 활동을 수행하는 방식에 영향을 미치는 핵심 요소이다([그림 1-1] 참조).

4P를 좀 더 구체적으로 알아보자. 4P의 첫 번째 요소인 제품(product)은 디자인이나 수행성, 그리고 기능과 같은 것이다. 물론 제품 유형에 따라 제품을 구성하는 요소는 차이가 있다. 예컨대, 의류나 패션용품의 경우에는 디자인이 경쟁 제품에 대한 경쟁 우위를 가져다주는 핵심 요소이다. 하지만 전자제품과 같은 기술적인 제품에서는 디자인보다는 성능이 핵심 요소일 것이다. 성능은 재구매나 주변 사람에 대한 추천에 영향을 미침으로써 성공적인 매

그림 1-1 마케팅 믹스와 4P

출로 이끄는 중추적인 역할을 한다. 품질(quality)이라는 것은 디자인이나 수행성에 비해 좀 더 추상적인 요소로 제품의 격이나 수준과 관련이 있다. 고가의 자동차나 액세서리의 경우에는 품질이 성공을 좌우한다.

4P의 두 번째 요소인 가격(price)은 소비자가 지불해야 하는 돈이다. 가격에는 제품을 생산하고 마케팅을 하는 데 드는 비용뿐만 아니라 얻고자 하는 이익도 포함된다. 가격은 시장, 경쟁자, 소비자, 그리고 제품의 상대적인 가치, 소비자의 가치 평가 능력 등 여러 요인을 기초로 책정된다. 가격은 상징 메시지로서의 역할도 한다. '심리적 가격책정 전략'은 마케팅 커뮤니케이션을 통해 고객의 가치 판단을 조작할 수 있다. 생산 비용이나 합리적인 이익 수준을 뛰어넘는 '고가 전략'은 자사 제품을 명품으로 인식시킬 때 사용된다. 가격은 지불해야 할 돈 그 이상의 의미를 전달하는 메시지이다.

4P의 세 번째 요소인 유통(place 또는 distribution)은 고객이 제품에 쉽게 접근할 수 있도록 하는 경로이다. 고객이 접근하기 용이한 경로를 가지는 기업은 그렇지 않은 기업에 비해 경쟁 우위를 점한다. 광범위한 접근 경로나 경쟁자가 가지지 않은 자사만의 배타적인 경로를 보유하는 것도 경쟁에서 유리한 위치를 점하는 주요 전략이다. 다이렉트 마케팅에 의존하는 기업은 중간 판매상을 거치지 않고 기업이 고객에게 직접 판매하는 유통 전략을 구사하는 것으로, 이 역시 차별적인 유통 전략의 일환이다. 가격과 마찬가지로 유통경로 역시 메시지의 역할을 한다. 경쟁자가 가지지 않은 자사만의 배타적인 유통경로를 확보한 브랜드는 더욱 가치 있는 브랜드로 인식될 가능성이 크다. 최근 들어 소비자 구매는 오프라인에서 온라인으로 급격히 이동 중이다. 이런 변화는 더욱 심화할 것이다.

4P의 마지막 요소인 촉진(promotion)에는 광고, 홍보(Public Relations: PR), 판매촉진, 그리고 이벤트나 후원, 간접광고(Products in Placement: PPL), 온라인과 모바일 커뮤니케이션 등의 다양한 마케팅 커뮤니케이션이 포함된다.

4P 관점에서 보면 기업은 제품의 선택, 가격의 결정, 유통경로의 조직, 촉진 프로그램의 활용 등과 같은 통제 가능한 요소들을 효과적으로 관리하여 수익을 올리고 이를 통해서 시장에서의 지배력을 키워 가려고 한다.

마케팅 거래는 상품이나 서비스를 단지 돈과 교환하는 것에만 국한되지는 않는다. 자선 단체나 종교 단체, 대학 등과 같은 비영리 조직 역시 공중(public)으로부터 기부를 받기 위해 광고와 촉진 활동을 한다. 기부자는 기부의 대가로 어떠한 물질적인 보상도 받지는 않지만 기부의 대가로 선의나 호의와 같은 사회적 · 심리적인 만족과 교환한다. 마케팅은 경제적인 교환 외에도 커뮤니케이션의 교환도 촉진한다. 광고나 소비자 판매촉진과 같은 마케팅 커뮤니케이션은 기업의 상품이나 서비스를 고객에게 알리고 상품이나 서비스가 고객의 욕구나 원망(wants)을 충족시킬 수 있다는 확신을 주기 때문에 교환 과정에서 중요한 역할을 한다.

마케팅 개념의 발전

마케팅에서 교환의 개념은 유용한 위치를 점하고 있지만 시장, 소비자, 그리고 경쟁 환경이 변함에 따라 마케팅에 대한 정의를 수정할 필요성이 대두되었다. 최근에 미국마케팅협회는 마케팅을 다음과 같이 재정의하였다.

마케팅이란 조직과 조직의 이해관계자에게 혜택이 돌아가도록 고객에 대한 가치를 창출하고 제공하며, 이러한 가치와 관련된 의사소통을 촉진하고 고객 관계를 관리하는 조직의 기능이자 일련의 과정이다.

수정된 정의는 기업이나 조직에서 마케팅의 기능과 역할을 새롭게 발전시켰을 뿐만 아니라 더욱 전략적인 관점을 취한다. 아울러 고객과의 관계를 구축하고, 유지하며, 고객에게 가치를 제공하는 과정을 강조하면서 그러한 과정으로서 마케팅의 역할을 규정한다.

오늘날 대부분의 마케터는 고객과의 일회성 교환이나 거래에 만족하지 않는다. 새로운 고객과의 관계를 개발하는 것뿐만 아니라 기존 고객과의 관계를 장기적으로, 더욱 건강하게 유지하는 데 더 많은 노력을 기울인다. 이렇게 하려면 고객 가치를 창출하고, 가치에 대해 고객이나 이해관계자와 의사소통하며, 그리고 고객에게 가치를 제대로 전달하는 것이 무엇보다 중요하다.

가치란 무엇인가? 가치란 상품이나 서비스를 취하기 위해 지불하는 비용의 대가로 무엇을 얻을 것인가에 대한 고객의 주관적인 인식이다. 고객이 얻게 되는 그 무엇, 즉 혜택은 기능적인 것(예, 세제의 세척력, 자동차의 연비)일 수도 있고, 체험적인 것(예, 놀이기구의 짜릿함, 커피의 향)일 수도 있으며, 사회적이거나 심리적인 것(예, 자신의 지위를 알리기 위한 명품 시계, 자신의 개성을 표현하는 점퍼)일 수도 있다. 비용은 지불한 돈뿐만 아니라 상품이나 서비스에 대한 정보를 얻거나, 상품이나 서비스를 구매하고 사용하며, 그리고 폐기하는 데 소요된 시간과 노력이기도 하다.

고객 관계 관리와 고객에게 제공하는 가치를 중시하는 경향으로 관계 마케팅(relationship marketing)이 관심을 받게 되었다. 관계 마케팅은 개별 소비자뿐만 아니라 기업과 관련이 있는 다양한 이해관계자와의 장기적인 관계를 창출하고 유지 및 강화하는 것이다. 기업들이 관계 마케팅의 중요성에 눈을 돌리게 된 데에는 몇 가지 이유가 있다.

첫째, 기업은 과거에 비해 고객의 요구가 다양화되고 요구 수준도 점차 높아지고 있음을 인식하게 되었다. 상품의 질, 서비스 수준, 가격, 그리고 유통 모두에서 고객은 더 높은 가치에 대한 기대를 가지게 된 것이다. 나아가 현대의 소비자는 개개인의 구체적인 욕구와 원망에 맞춘 개인화된 상품이나 서비스를 원하고 있다. 정보 기술, 제조 시스템의 향상, 그리고 새로운 마케팅 기법의 도입으로 '대량 맞춤화(mass customization)' 시대가 열렸다. 대량 맞춤화란 비용 효율적으로 특정한 고객의 욕구에 부합하는 상품이나 서비스를 제공하는 것이다. 개인의 욕구에 맞는 사양의 컴퓨터를 주문하거나 또는 대중과 차별되는 자신만의 개성을 드러내는 옷이나 신발을 주문할 수도 있다.

둘째, 기업은 새로운 고객의 개척보다는 기존 고객을 유지하는 것이 비용 측면에서 더욱 효과적임을 인식하게 되었다. 이제 마케터들은 새로운 고객을 개발함으로써 얻게 되는 가치보다는 기존의 고객이 기업에 가져다주는 '장기적인 평생 가치'에 주목한다. 이처럼 기존 고객 유지에 초점을 맞추게 되면서 기업들은 고객 관계를 유지 및 강화하는 다양한 마케팅 프로그램을 개발하고 있다. 소비자의 선호와 행동을 체계적으로 추적하고 분석하여 개인의 욕구와 원망에 맞추어서 상품이나 서비스를 개발 및 강화하고 있다.

고객 관계 관리에서 마케팅 커뮤니케이션의 역할은 그 어느 때보다 중요하다. 과거의 마케팅 환경에서 마케터는 커뮤니케이션을 '조작'이라는 기능적인 관점에서 다루었다. 설득이라고 하더라도 그것은 기업이 고객에게 일방향으로 행하는 것이었다. 상품이나 서비스에 대한 정보를 알리고 상기시키는 것이 과거의 마케팅 관점에서는 커뮤니케이션의 핵심 역할이었다. 그러나 고객 관계의 관점에서 커뮤니케이션은 일방향의 설득을 넘어 고객이나 이해관계자와의 '대화(dialogue)'를 구축하는 데 목적을 두는 더욱 장기지향의 개념으로 발전하였다. 고객 관계 관점에서 광고와 마케팅 커뮤니케이션의 역할은 알리고, 경청하고, 그리고 반응하게 하는 것이며, 고객이나 이해관계자와의 대화는 궁극적으로 브랜드 가치의 증대를 낳는다고 본다. 고객에 따라 더욱 개인화된 일대일의 맞춤식 커뮤니케이션이나 고객과의 지속적인 접촉과 상호작용이 무엇보다 필요하기 때문이다. 페이스북이나 트위터, 그리고 유튜브와 같은 소셜 미디어의 성장은 고객과 기업 간의 상호작용을 촉진한다.

통합 마케팅의 등장

마케팅 커뮤니케이션 환경의 변화

나익(Naik)은 지난 100년간 광고와 마케팅 커뮤니케이션은 네 개의 빅 아이디어에 의해 변화하였다고 보았다.

첫 번째는 홉킨스(Hopkins)의 '과학적 광고'이다. 인쇄 매체 광고와 직접 우편 광고가 활성화되면서 지출한 광고비에 대한 실질적인 광고 효과가 어떠한지에 대한 기업의 관심이 증가하였다. 인쇄 광고나 우편 광고의 쿠폰 회수율을 통한 객관적이고 과학적인 광고 효과 측정법이 주목을 받았다.

두 번째 아이디어는 TV 광고의 개척자로 알려진 리브스(Reeves)의 '독특한 판매 제안(Unique Selling Proposition: USP)'이다. 운송수단의 발달과 대량 생산으로 인해 소비자는 다양한 제품을 경험하게 되고, 소비자의 선택의 폭은 더욱 넓어지게 되었다. 따라서 기업이 경쟁에서 살아남기 위해서는 자사 제품만의 차별적 특징이나 성능을 소비자에게 효과적으로 전달하는 것을 광고 커뮤니케이션의 핵심 역할로 삼아야 한다는 인식이 지배적인 관점으로 자리 잡았다. 하버드대학교 경영대학 교수인 레빗(Levitt)도 '차별화'만이 기업이 지속적으로 추구해야 하는 핵심적인 전략적 행위라고 하였다(Levitt, 1986).

시간이 지나면서 기업 간 제품 연구 개발과 기술 수준이 엇비슷해지면서 자사 제품만의 차별화를 기하기는 점차 어려워졌다. 아울러 영상 매체의 발달로 인쇄 매체의 한계로 여겨졌던 이미지의 활용과 전달이 용이해졌다. 세 번째 아이디어는 바로 '브랜드 이미지'이다. 경쟁자가 손쉽게 모방 가능한 제품의 특징이나 성능 대신에 상대적으로 모방하기가 어려운 브랜드 이미지와 개성이야말로 경쟁 우위를 점할 수 있는 훌륭한 수단으로 인식되었다.

그러나 미디어가 폭발적으로 증가하여 광고혼잡도가 심화되고 대중 미디어의 광고 효과에 대한 확신이 낮아지면서 소비자를 끌어들이기 위해서는 다양한 마케팅 커뮤니케이션 도구에 대한 새로운 관점이 필요하다는 인식이 싹트기 시작하였다. 과거에는 마케팅의 촉진 기능에서 TV나 신문과 같은 대중 미디어 광고가 지배적인 위치를 차지하였다. 대중 미디어 광고 이외의 촉진 도구들은 단지 부수적인 것으로 취급되었다. 대중 미디어 광고 이외의 촉진 도구들은 독립된 단일 프로젝트 단위로 집행되었다. 마케팅 커뮤니케이션 과정의 필수적인 부분으로 다루어지기보다는 별개의 보완적 도구로 계획되고 관리되었다. 누가 기획하고 집행하는지에 따라 예산도 제각각이었으며, 시장에 대한 관점도 달랐고, 목적도 다르기 일쑤였다. 표적청중에게 더욱 효과적으로 커뮤니케이션하려면 개별적으로, 그리고 전술적으로 운영되는 다양한 촉진 도구를 통합하고 조화를 이루어야 한다는 점을 인식하지 못하였다.

1980년대에 들어서면서 광고 환경과 시장 및 경쟁 상황 등의 변화로 많은 기업은 마케팅 커뮤니케이션에 대한 관점에 변화를 가지기 시작하고 촉진 도구들을 더욱 전략적으로 통합할 필요가 있다는 것을 깨닫기 시작하였다. 이 시기에는 판매촉진, 직접 마케팅, 그리고 PR과 같은 대중 미디어 광고 이외의 촉진 도구들이 빠른 성장을 하여 마케팅 커뮤니케이션의 지배적인 형태였던 대중 미디어 광고의 역할이 도전을 받게 되었다. 기업들은 고객과 커뮤니케이션하는 다양한 촉진 활동을 통합하는 마케팅 커뮤니케이션에 눈을 돌리기 시작하였다(Schultz, 1996).

미디어 환경의 변화

산업화 시대에 가장 효과적인 마케팅 커뮤니케이션 전략은 대중 미디어 광고를 통해 제품의 정보를 제공하는 것이었다. 그 시대에는 새로운 제품들이 대량으로 생산되어 시장에 출시되었기 때문에 소비자들에게 새로운 제품의 특징과 사용법을 알리는 것이 무엇보다 중요하였다. 산업혁명기의 대량 생산 시스템으로 사람들은 도시로 몰려들었으며, 이들에게 가장 효과적으로 도달할 수 있는 미디어였던 신문과 잡지의 영향력은 강력하였다. 결과적으로 기업은 많은 사람에게 영향을 미칠 수 있는 인쇄 미디어를 통해 그들의 제품을 알림으로써 제품의 수요를 창출하고 판매를 촉진하는 효과를 거둘 수 있었다.

1960년대에는 TV의 급속한 확산으로 대중문화가 본격적으로 형성되고 확산되기 시작하였다. 특히 마케팅 커뮤니케이션의 중심 역할을 하였던 대중 미디어 광고는 '소비'라는 새로운 문화를 정착시키는 도구로 활용되었으며, 자사의 브랜드를 알리는 데 큰 역할을 하였다. 미디어로서 TV의 특징인 동영상 비주얼의 강점을 살린 광고 크리에이티브 표현이 무엇보다 큰 역할을 하였다. 하지만 2000년 이후 인터넷의 폭발적인 상용화는 소비자들로 하여금 양방향 커뮤니케이션의 장점에 주목하게 만들었고, 소비자의 미디어 소비 행동의 변화는 '검색'이라는 현상을 불러왔다. 온라인을 통한 브랜드 검색은 해당 브랜드에 대한 사용 후기, 브랜드별 · 유통별 가격 차이 등에 대한 개인의 피드백을 여러 사람과 공유할 수 있게 만들었고, 소비자들이 더 이상 기업의 정보를 수동적으로 받아들이지 않고 직접 정보를 찾아 나서는 일까지 벌어지게 되었다.

인터넷을 통한 새로운 접점에서 기업이나 브랜드 관련 정보를 수집하게 된 소비자들의 영향력은 점점 막강해졌다. 과거의 소비자는 브랜드에 대한 정보를 소수의 제한된 대중 미디어를 통해서만 얻을 수 있었지만 소비자들이 브랜드에 대한 정보를 접할 수 있는 기회가 점차 증가하였다. 이들을 대상으로 커뮤니케이션하는 기업 역시 소비자가 브랜드와 만나는 접점에서 소비자에게 브랜드에 관한 정보를 제공하는 것이 더 효과적이라는 것을 깨닫게 되었다. 기업은 TV와 같은 전통 미디어에 커뮤니케이션 재원을 집중하기보다는 소비자와 자사 제품이 만나는 다양한 접점에서 커뮤니케이션을 어떻게 기획 및 집행하고 관리해야 하는지에 대해 고민하기 시작하였다. 그동안 TV 등의 대중 미디어를 중심으로 광고를 집행하면서 대중 미디어 이외의 마케팅 커뮤니케이션 도구들을 보조적으로 활용하는 기존의 마케팅 커뮤니케이션 운영 전략을 탈피하는 것이 불가피하게 된 것이다. 브랜드 메시지에 대해 소비자가 접하는 모든 접점을 통합적으로 운영하여 시너지를 창출하는 것이 가장 적합한 커뮤니케이션 전략으로 인식되었다. 시너지란 각각 다른 커뮤니케이션 채널을 함께 사용할 때 발생되는 전체적인 효과에서 각 매체의 개별 효과를 뺀 순수한 부가적인 가치이다.

미디어와 미디어 브랜드(vehicle)의 증가로 인한 광고혼잡도(advertising clutter) 역시 통합 마케팅 등장의 주요 요인으로 작용하였다. 미디어와 미디어 브랜드의 증가에 따라 소비자가 브랜드 메시지에 노출되는 접점이 많아지고 광고혼잡도가 극심해지면서 TV, 신문, 라디오, 잡지의 전통적인 4대 미디어에 집중하였던 광고 예산으로는 더 이상 과거와 같은 광고 효과를 기대하는 것이 어려워졌다. 극심한 광고혼잡으로 소비자는 광고를 적극적으로 회피하게 되었고, 그로 인해 기업은 그들이 지출한 광고비에 대한 광고 효과에 의문을 가지기 시작한 것은 당연한 일이었다. 과거에는 광고를 집행한 미디어별로 독립적으로 광고 효과를 측정하는 것이 일반적이었으나 다양한 미디어가 범람하는 환경에서는 더 이상 미디어의 단일 효과에만 의존하는 것은 의미가 없게 되었다. 미디어 간의 결합이나 복합미디어 상황에서 나타나는 미디어 광고 간의 시너지 효과에 더 많은 관심을 갖게 된 것이다. 이런 환경 변화에서는 어떻게 하면 광고 비용을 더 효율적으로 사용하여 광고 효과를 높일 것인지가 마케팅 커뮤니케이터의 최대 관심사가 될 수밖에 없다.

뉴미디어의 출현

2010년 캐나다 벤쿠버에서 세계적인 광고대행사인 디디비 월드와이드(DDB Worldwide)가 개최한 포럼 자료는 미디어가 어떻게 극적으로 성장하고 변화하고 있는지를 잘 보여 준다. 포럼 자료에 의하면, 라디오가 5천만 명의 사용자를 확보하는 데 걸린 시간은 38년이었으며, TV는 13년, 인터넷은 4년, 아이팟은 단 3년이 소요되었다. 그리고 페이스북이 100만 명의 사용자를 확보하는 데 걸린 시간은 고작 9개월이며, 스마트폰의 경우에는 단 9개월 만에 10억 명의 사용자를 확보하였다. 그렇다고 전통 미디어 광고의 영향력이 변화할 것이라고 예측하는 것은 너무 성급한 판단일지도 모른다. 기업은 여전히 전통 미디어 광고에 크게 의존하며, 브랜드의 성장 역시 대중 미디어 광고에 많은 영향을 받기 때문이다. 앞으로도 대중 미디어 광고는 계속해서 브랜드 메시지를 전달하면서 소비자들이 브랜드를 구매하도록 설득할 것이다. 특히 우리나라의 기업은 아직도 대중 미디어 광고에 의존하는 것이 현실이다. 광고는 일반적인 비즈니스 과정에서 브랜드 인지도를 강화하는 역할을 하며, 이는 브랜드 자산 가치의 강화에 기여하여 궁극적으로 기업의 매출과 이익을 증대시키는 효과적인 마케팅 커뮤니케이션 도구이기 때문이다.

그럼에도 불구하고 뉴미디어에 관심을 가져야 하는 이유는 무엇인가? 인터넷 광고비와 모바일 광고비는 급격한 증가세를 보이고 있다. 인터넷 플랫폼 기반의 온라인 광고의 성장 속도와 규모가 빠르게 증가하고 있고, 전통 미디어 광고비와의 격차도 점차 좁혀지고 있다.

전통 미디어를 중심에 놓고 뉴미디어를 주변 미디어로 취급할 때는 한계에 봉착할 수 있다. 유튜브나 페이스북, 그리고 트위터와 같은 사회 관계망 서비스(Social Network Service: SNS)는 기존의 미디어와 달리 특정한 형태를 가진 것도 아니고, 일방적으로 소비자에게 메시지를 노출하는 것도 아니다. 그렇기 때문에 단지 광고비를 통해 광고의 영향력을 추정하는 오류를 범할 경우 뉴미디어가 소비자에 미치는 영향을 간과할 수도 있다. 뉴미디어는 입소문 전파 과정을 따르면서 디지털의 장점인 속도라는 특징을 강점으로 디지털과 아날로그의 장점만을 합친 온오프 통합 미디어의 형태를 보여 주고 있다. 그렇기에 네트워크로 맺어진 지인들을 통한 빠른 전파력과 설득력을 소유한 소셜 미디어는 브랜드에 대한 '사적인' 경험 제공이라는 측면에서 기존의 전통 미디어에 비해 강력한 광고 효과를 유발한다. 주로 지인들로 네트워크가 형성되는 소셜 미디어를 활용한 메시지 노출은 불특정 다수를 대상으로 하는 전통 미디어 메시지와 비교해 더 효과적이다.

나아가 뉴미디어의 등장은 커뮤니케이션 행태의 변화만이 아니라 광고 커뮤니케이션에 대한 소비자의 관점에도 변화를 일으킨다는 점에 주목해야 한다. 뉴미디어 커뮤니케이션에 익숙한 소비자는 더 이상 과거와 같은 단방향의 광고에는 공감도 반응도 하지 않는다. 광고 커뮤니케이션의 패러다임도 바뀌고 있다.

이제는 뉴미디어의 특성에 맞는 메시지를 개발하고, 메시지가 노출되는 접점에서 브랜드에 대한 독특한 경험이나 지식을 제공할 수 있어야 한다. 또한 이런 메시지는 브랜드의 자산 가치를 상승시킬 수 있어야 하며, 소비자 접점 관리 전략이라는 커다란 틀 안에서 결정되고 실행되어야 한다.

인터넷 플랫폼이 가져온 변화

소비자는 변했다. 소비자는 변했고, 지금도 변하고 있다. 일방적으로 메시지를 받아들이는 수용자에서 이제는 메시지를 생산하며 가공하고 또 사람 자체가 미디어가 되어 생산된 정보를 유통하는 정보 제공자의 역할도 한다. 공통 관심사를 공유하는 사람들이 모여 그룹을 형성할 경우 그 파워는 기존의 대중 미디어를 능가한다는 사실은 이미 잘 알려져 있다. 네티즌이라고 불리는 이들이 제3의 권력으로 기업 활동이나 사회, 정치에까지 영향을 미치고 있다. 이들이 이런 권력을 소유하게 된 데에는 인터넷이 크게 작용하였다.

인터넷의 '개방성'과 '양방향성'은 소비자들이 정보의 일방적 수용에서 벗어나 정보를 가공하고 그들이 원하는 제품을 생산하게 만드는 단계까지 발전하였다. 소비자의 위상을 수동적인 소비자에서 능동적인 소비자로 변화시킨 원동력으로 인터넷의 개방성과 양방향성이 큰 역할을 하였다. 이렇다 보니 소비자는 제품에 대한 정보는 물론 기업의 정보까지 소유하게 되어 소비자들의 취향에 맞는 제품을 인터넷을 통해 직접 찾아서, 그것도 매우 저렴한 가격에 구매하거나 또는 기업에게 그들 취향에 맞는 제품의 구성을 요구하는 단계에까지 이르게 되었다. 소비자는 양방향 커뮤니케이션에 맞는 미디어 소비와 이에 길들여진 구매 행동을 보이고 있다.

양방향 커뮤니케이션을 이야기할 때 빠질 수 없는 또 한 가지 요소는 바로 '상호작용성(interactivity)'이다. 상호작용성은 인터넷 기반의 디지털 미디어 서비스의 특징으로 거론된다. 기술적 의미에서 상호작용성은 상향적 및 하향적 전송이 가능해짐에 따라 공급자와 이용자 간의 커뮤니케이션이 가능한 상태를 말한다. 상호작용성은 디지털 기술로 인해 새로운 형태의 미디어 소비가 가능해지고, 이를 바탕으로 선택 가능성이 다양해지고, 장소의 제약이 사라졌으며, 고품질의 개인 서비스가 가능해졌다는 것을 의미한다.

상호작용성은 커뮤니케이션 행위의 하나이고, 이러한 행위의 가능성을 제공하는 미디어 또는 서비스를 '양방향 서비스'라고 한다. 상호작용성은 미디어 이용자가 콘텐츠를 어떤 방법으로든 제어할 수 있는 가능성이며, 상호작용성 기능이 개입된 미디어 서비스는 이용자의 태도를 변화시킬 수 있다. 상호작용성 개념은 양방향(two-way) 또는 다중 방향(multi-way) 커뮤니케이션 모델이다. 양방향성으로 인해 미디어 이용자는 자신을 능동적 참여자로 인식하고 적극적으로 정보를 탐색하거나 선택하려는 욕구를 갖는다. 상호작용성은 멀티미디어, 온라인 서비스, 디지털 TV 등을 통해 미디어 이용자에게 보다 친근하게 다가간다. 그리고 미디어 이용자를 미디어 참여자로 변화시킨다. 온라인 미디어가 등장하면서 온라인 이용자는 단순한 정보 선택 수준에서 벗어나 정보를 추가하는 등의 적극적인 커뮤니케이션 행위를 할 수 있게 되었다. 그리고 이로 인해 정보 제공자와 이용자 간의 구분이 모호해졌다. 상호작용성은 미디어 참여자들이 자기 의도대로 정보를 편집할 수 있는 기회를 열어주고 더 적극적인 정보 생산의 기회를 소비자에게 제공한다.

브랜드 역할의 강화

통합 마케팅을 이해할 때 '브랜드 패러다임'을 고려하지 않을 수 없다. 최근에는 통합 마케팅 대신에 통합 브랜드 커뮤니케이션(Integrated Brand Communication: IBC)이라는 용어가 더 자주 사용된다는 점을 상기하자. 기존 시장에 새로운 브랜드를 가지고 진입하는 것은 점점 더 어려워지고 있다. 너무나 많은, 엇비슷한 제품들이 이미 시장에 나와 있으며, 이들과의 경쟁을 뚫고 자사 브랜드의 우위를 점하는 데 필요한 커뮤니케이션 비용 또한 급격히 상승하였다. 이를 해결하기 위하여 기업들은 새로운 브랜드를 출시하는 대신에 브랜드 인수 전략에 관심을 갖게 되었다. 기존 브랜드를 인수하는 경우, 브랜드가 이미 소유하고 있는 브랜드 가치(인지율, 이미지, 선호도 등)를 활용할 수 있기 때문에 기업으로서는 초기 시장 진입 비용을 획기적으로 줄일 수 있다.

브랜드 역할의 변화에 영향을 미치는 또 다른 요인은 제품의 동질화(parity)이다. 제품의 개발에 필요한 기업 간 기술의 차이가 감소하면서 시장에서 제품 간의 차별성을 소비자에게 인식시키기가 어렵게 되었다. 물론 스마트폰과 같은 IT 분야의 혁신 제품처럼 차별화가 가능한 제품들도 시장에는 존재하지만 사실상 대부분의 경우에 제품 차별화는 어려워졌다. 이렇다 보니 기업들은 자사 제품의 차별 우위를 전통 미디어만을 통해 소구하는 커뮤니케이션 전략에 대한 수정이 필요하다고 느끼게 되었다. 이런 상황에서 기업들이 시장점유율 확보를 위해 손쉽게 즉각적으로 실행할 수 있는 것은 판매촉진 활동의 비중을 확대하는 것이었다. 과거에는 브랜드에 대한 인식이나 이미지를 고려하여 단기에 매출을 증가시키는 판매촉진에 크게 관심을 기울이지 않았다. 하지만 제품의 동질화 현상으로 인해 기업이 브랜드에 장기적으로 투자하여 가치를 차별화시키기보다는 즉각적으로 소비자의 구매를 유도하기 위한 판매촉진 전략에 눈을 돌리게 되었고, 가격 인하 정책을 주요 도구로 시장 우위를 점하려는 시도를 하기에 이르렀다.

판매촉진 중심의 전략은 결과적으로 기업의 수익 감소를 유발하고, 이는 연구와 개발 비용 저하를 초래하여 제품의 차별성 확보 실패라는 악순환을 낳았다. 반면, 강력한 브랜드 파워가 존재할 경우 기업은 시장점유율 확대를 위해 가격 인하 판매촉진에 노력을 기울이지 않고도 정상 가격에 제품을 판매할 수 있게 된다. 기업은 단기간에 매출을 올릴 수 있는 가격 할인 판매촉진도 중요하지만 동시에 기업의 장기적인 수익을 보장하는 브랜드 자산관리에 눈을 돌리게 되었다. 경쟁에서 살아남기 위해서는 브랜드 자산 가치의 강화를 통한 브랜드 파워 역시 기업의 미래를 위해서 무엇보다 중요하다는 사실을 인정하게 된 것이다.

결국 이 두 가지 측면을 모두 담보할 수 있는 효과적인 브랜드 관리만이 무한 생존 경쟁에서 살아남을 수 있는 방법이라는 것을 인식하게 되었다. 이런 상황에서 기업들은 어떻게 하면 시장점유율 상승 및 브랜드 자산의 강화라는 두 마리 토끼를 모두 잡을 수 있을까에 대한 논의를 시작하게 되었으며, 통합 마케팅에서도 브랜드 관리가 중요한 한 축을 구성한다.

통합 마케팅의 정의와 관점

통합 마케팅(Integrated Marketing Communication: IMC)이라는 개념은 1989년에 소개되었다. 이후 1991년 노스웨스턴 대학교는 미국광고대행사협회(American Association of Advertising Agencies: 4As), 미국광고주협회(Association of National Advertisers)와 공동으로 통합 마케팅에 대한 연구를 수행하면서 관심의 대상으로 부각되었다.

슐츠(Schultz), 탄넨바움(Tannenbaum), 그리고 라우터본(Lauterborn)은 1993년에 통합 마케팅 개념을 소개하면서 맥카시의 4P 모델을 소비자 지향 관점의 4C 모델로 교체해야 할 때라고 주장하였다. 4C란 소비자(consumer), 비용(cost), 편의성(convenience), 그리고 커뮤니케이션(communication)을 말한다. 슐츠 등은 4P의 제품(product)은 소비자의 원망과 욕구로, 가격(price)은 원망과 욕구를 충족하기 위해 소비자가 투입하는 비용으로, 유통(place)은 구입의 편리성, 그리고 촉진(promotion)은 커뮤니케이션으로 대체해야 한다고 주장하였다. 4C 모델은 기업 중심의 관점에서 소비자 관점으로 초점을 이동해야 함을 골자로 한다.

그 이후에 덩컨(Duncan)과 모리아티(Moriarty)는 '커뮤니케이션에 기초한 관계 마케팅(communication-based relationship marketing)' 모델을 제안하였다(Duncan & Moriarty, 1998). 이 모델은 단방향의 설득이 아니라 고객에게 초점을 맞춘 커뮤니케이션이 마케팅 노력의 토대이어야 한다고 강조한다. 커뮤니케이션은 고객과 이해관계자와의 관계를 구축하는 결정적 요소이기 때문에 커뮤니케이션을 전략적 요소로 다루지 않는다면 고객과의 관계를 창출하고 강화하는 것은 불가능하다고 주장하였다. 덩컨과 모리아티는 커뮤니케이션은 마케팅 활동의 한 요소이면서 기업의 모든 기능의 핵심에 자리잡고 있는 주요 요소라고 하였다.

마케팅과 커뮤니케이션의 접목과 함께 그동안 통합 마케팅은 관점에 따라 다양하게 정의되었다. 먼저, 거칠게 요약하자면 통합 마케팅이란 '커뮤니케이션 목적을 달성하기 위해 상품이나 서비스 또는 브랜드를 위한 모든 형태의 촉진 메시지를 통합하고 실행하는 과정'이다. 최근에는 통합 마케팅을 거시적인 비즈니스 과정으로 보아야 한다는 주장까지 제기되고 있다(Schultz, 2004).

통합 마케팅을 더욱 명확하게 이해하려면 통합 마케팅에 대한 관점이 시대와 학자에 따라 어떻게 발전 및 제안되었는지를 살펴보는 것이 도움이 된다. 통합 마케팅은 아직도 발전하고 있는 개념이며, 업계 전문가나 학자 모두 통합 마케팅의 영역을 정의하고 통합 마케팅이 어떻게 작동하는지에 대한 연구를 거듭하고 있다. 여기서는 지금까지의 정리를 토대로 세 가지 관점에서 통합 마케팅을 살펴보자.

기업 중심 접근

1980년대 들어 기업들이 통합 마케팅 개념을 받아들이기 시작하면서 마케팅 커뮤니케이션 비용의 대부분을 운영하였던 광고대행사에게 대중 미디어 광고에만 의존하지 말고 다양한 촉진 수단을 통합하기를 요구하기 시작하였다. 당시 기업은 광고대행사 외에 다양한 촉진 활동을 수행하기 위해 분야별 전문회사를 활용하기 시작하였다.

광고대행사들은 이러한 기업의 요구에 대해 PR이나 판매촉진, 그리고 직접 마케팅 회사들을 인수하여 촉진 도구 간의 상승효과를 도모하고자 하였다. 물론 이러한 대응은 기업의 요구를 충족하는 것과 함께 광고 이외의 분야로 광고주의 돈이 빠져나가는 것을 방지하기 위함이었다. 환경 변화의 압력에 더욱 적극적으로 대처하기 위해 1989년에 미국광고대행사협회는 대책 위원회를 꾸렸고 통합 마케팅에 대한 최초의 정의를 내렸다. 미국광고대행사협회의 통합 마케팅에 대한 정의는 다음의 요소를 핵심으로 포함하였다.

- 포괄적인 계획이 가져다주는 부가가치
- 다양한 커뮤니케이션 도구의 결합
- 커뮤니케이션의 명료성, 일관성
- 커뮤니케이션 효과의 극대화

이 정의는 커뮤니케이션 효과를 극대화하기 위해 모든 형태의 촉진 도구를 사용하는 과정에 초점을 둔다. 이는 초기의 접근으로, 고객 지향적 측면이 약하며 전략적이기보다는 전술적 측면이 강하다. '하나의 목소리(one-voice)'를 내기 위한 마케팅 커뮤니케이션 도구의 결합과 통합에 초점을 두지만 기업의 전체적인 전략적 관점은 결여되었었다. 슐츠가 초기에 제안한 정의가 이 접근에 속한다.

기업 중심 접근에 속하는 다른 학자들의 정의를 보자. 덩컨(Duncan)과 에버렛(Everett)은 지각된 브랜드 가치에 영향을 주기 위해 기업이 사용하는 모든 메시지와 미디어의 전략적 조정을 통합 마케팅으로 정의하였다(Duncan & Everett, 1993). 하지만 이들 역시 '전략적'이라는 용어만 사용하였을 뿐 전술적 시각을 벗어나지 못하였다는 평가를 받았다. 코틀러(Kotler)는 통합 마케팅이란 조직과 제품에 대한 명료하고 일관되며 설득력 있는 메시지를 제공하기 위해 다양한 커뮤니케이션 경로를 조심스럽게 통합하고 조직화하는 것으로 정의하였다.

비록 '통합'이라는 개념을 도입함으로써 다양한 마케팅과 촉진 도구를 개별적으로 다루었던 전통적인 관점의 향상은 가져왔지만 다양한 촉진 믹스를 함께 묶음으로써 하나의 모습과 하나의 목소리에만 관심을 기울인 접근이라는 비판을 받았다.

고객 중심 접근

통합 마케팅에 대한 마케터들의 이해가 점차 깊어짐에 따라 하나의 모습, 하나의 목소리를 위한 다양한 마케팅과 커뮤니케이션 프로그램 도구를 통합하고 조정하는 것 이상의 뭔가가 필요하다는 점이 부각되기 시작하였다. 고객이나 이해관계자와 효과적으로 커뮤니케이션하려면 마케팅 커뮤니케이션 도구들을 전술적으로 사용하는 것 이상이 필요하다는 것이다.

통합 마케팅은 고객 및 이해관계자와 커뮤니케이션하고, 그들과의 관계를 구축하는 가장 적절하며 효과적인 방법을 확인하는 데 도움을 주는 비즈니스 과정으로 인식되기 시작하였다. 슐츠(Schultz, 2004)는 통합 마케팅을 전략적 비즈니스 과정으로 규정하였는데, '소비자, 고객, 잠재 고객, 그리고 기타 내외부의 이해관계자에 대한 조직화되고 측정 가능한 설득 커뮤니케이션 프로그램을 계획하고, 개발하고, 실행하는 전략적 비즈니스 과정으로, 그 목표는 단기적인 재정 수익과 장기적인 브랜드 가치 모두를 발생시키는 것'으로 정의하였다. 이 접근은 고객이 언제, 어디서, 그리고 어떤 수단을 통해 보고 듣기를 원하는지를 이해하려는 더욱 능동적인 시도가 필요하다는 고객의 관점을 반영한 것이다.

기업 중심의 접근과 구별되는 점은 표적 소비자에 대한 깊이 있는 이해에 기초한 커뮤니케이션 활동에 초점을 맞춘다는 것이다. 이 접근을 취한 픽턴(Pickton)과 브로더릭(Broderick)은 '사전에 결정된 마케팅 커뮤니케이션 목적을 성취하기 위해 마케팅 커뮤니케이션 노력이 최대의 경제성, 효율성, 효과, 향상, 그리고 응집을 가져오는 방식으로 표적청중에 초점을 맞춘 모든 마케팅 커뮤니케이션 도구를 분석하고, 계획을 수립하고, 실행하고, 그리고 통제하는 데 있어서 모든 관련자를 관리하고 조직하는 것을 포함하는 과정'이라고 정의하였다. 고객 중심 접근은 통합 마케팅이 비즈니스 전략으로서뿐만 아니라 고객과의 커뮤니케이션에 있어서도 중요함을 강조한다.

수평기능 접근

앞서 살펴본 초기의 접근은 '계획 수립 과정'을 강조한다. 하지만 최근에는 '고객 관계'에 더욱 초점을 둔다. 수평기능 접근은 '브랜드 가치를 창출하는 고객 관계의 관리 과정'을 통합 마케팅의 핵심으로 본다. 여기서 '과정'이란 고객과 이해관계자에게 보내는 모든 메시지를 전략적으로 통제하거나 영향을 미침으로써, 그리고 고객 데이터 주도적이며 합목적적인 대화를 고무함으로써 고객과 이해관계자로부터 수익이 발생하는 관계를 창출하고 발전시키는 수평기능적인 과정이다. 수평기능적인 접근이 시사하는 점은 다음과 같다.

- 수평기능 과정이란 특정 브랜드에 관여하는 모든 기능과 부서가 표적청중에게 보내는 모든 메시지를 계획하고 통합하기 위해 협동하는 것이다.
- 모든 메시지를 전략적으로 통제하고 영향을 미치는 것이 중요하며, 이는 전략적인 계획 수립을 필요로 한다.
- 누가 브랜드의 장기적인 이익 창출에 기여하는지를 정확하게 파악해야 한다.
- 표적청중과의 모든 접촉은 일관되어야 한다.
- 표적청중은 기업과 상호작용하기를 원한다.

통합 마케팅에 대한 세 가지 접근의 특징은 네 가지로 요약할 수 있다.

첫째, 하나의 목소리
둘째, 상호작용으로의 패러다임 전환, 지속적인 대화, 진정성 있고 강력한 관계 구축
셋째, 수평기능 계획 수립. 기업의 모든 마케팅 기능이 활용되고 관련된 모든 부서가 참여할 뿐 아니라 단순히 마케팅 커뮤니케이션 도구의 조정을 넘어 메시지, 경로, 수신자 간의 관계를 최적화하는 통합
넷째, 이익을 창출하기 위해서는 단기적인 관계가 아니라 장기적인 관계 성취를 목표로 해야 함. 브랜드 가치 창출에 긍정적인 영향을 미치는 장기적인 관계 구축

지금까지의 논의를 중심으로 통합 마케팅의 핵심을 정리해 보

자. 통합 마케팅 광고를 기획할 때 다음의 핵심 사항을 염두에 둔다면 성공적인 기획의 절반 이상은 이미 성취한 것이나 다름없다.

■ 고객에서 시작하여 고객에서 종결하라

마케팅 커뮤니케이션 과정은 기존 고객이나 미래의 유망 고객에서 출발하여야 하며, 이들을 토대로 브랜드 커뮤니케이터는 최적의 메시지와 미디어를 결정해야 한다. 브랜드 구매를 자극하기 위해 어떤 커뮤니케이션 방법을 동원해야 하는지를 결정하려면 고객 또는 유망 고객의 욕구에서 출발해야 한다. 마케팅 커뮤니케이션 도구를 확인하기 위해서는 고객보다는 기업의 입장을 우선하는 접근은 지양해야 한다.

커뮤니케이션의 주도권은 소비자에게 있다는 것을 잊지 마라. 이것이 현실이다. 스마트폰 보급의 확산, 그리고 소셜 네트워크 등 소셜 웹의 보편화로 브랜드에 대한 메시지의 주도권은 기업이 아니라 소비자가 쥐고 있다. 소비자는 기업이 일방적으로 생산한 메시지를 더 이상 신뢰하지 않는다. 대신에 사회관계망에서 팔로잉하는 지인의 메시지를 더욱 신뢰한다. 파급 효과도 더욱 강력할 수밖에 없다. 이러한 경향은 대중 미디어에 대한 의존도 하락을 가져오고 있다. 전통적으로 4대 미디어라고 불렀던 대중 미디어의 영향력은 감소하고 있다. 마케팅 커뮤니케이터도 브랜드 메시지의 효과적인 전달은 더 이상 전통 미디어에 국한될 필요가 없다는 것을 안다. 소비자는 더 이상 기업의 일방적인 브랜드 메시지를 수동적으로 수용하지 않게 되었다. 전통 미디어는 기업 중심의 단방향 메시지에 의존하기 때문이다.

▣ 소비자 접점에 제한을 두지 마라

브랜드 메시지를 전달하는 경로에 고정 관념을 가져서는 안 된다. '모든 것이 메시지 전달 경로 또는 도구'라는 사고로 접근해야 한다. 소비자가 브랜드 메시지와 만날 수 있는 '모든 접점'이 바로 통합 마케팅에서 마케팅 커뮤니케이션 경로이다. 브랜드 메시지로 고객이나 잠재 고객을 에워싸서 언제, 어디에서든 그들이 브랜드 메시지를 만날 수 있게 해야 한다. '360도 커뮤니케이션'은 표적청중과 이해관계자를 브랜드 접점으로 둘러싸야 한다는 것을 골자로 하는 접근이다. 마스터카드(Mastercard)사는 크리스마스 휴가 기간 동안 아메리칸 항공을 이용하는 특정 고객에게 스낵, 게임, 퍼즐, 그리고 영화 헤드폰을 무료로 제공하였으며, 퓨마(Puma)는 2002년 월드컵 기간에 아시아와 유럽의 일본 레스토랑에 대나무와 유리로 장식한 신제품을 테이블 위에 비치하였다. 또한 허쉬(Hershey)사는 뉴욕의 타임스스퀘어에 15층 높이의 키세스(Kissess) 초콜릿 모형을 설치하였다. 이러한 사례는 소비자와 만나는 수단과 장소 등 모든 것에서 제한을 두지 않는다는 것을 잘 보여 준다. 이러한 총체적인 수준의 커뮤니케이션에서 통합 마케팅 관리자의 목표는 브랜드 전략을 지원하기 위해 표적청중이 접하는 모든 브랜드 경험이 조화롭게 함께 작동하는지를 감시하는 것이다(Moriarty, Mitchell, & Wells, 2012). 물론 모든 접점에서 표적청중이 만나고 경험하는 브랜드의 전략적 본질은 '일관된 하나'이어야 한다.

▣ 목소리를 통일하라

통합 마케팅의 기본 취지는 '하나의 목소리'이다. 메시지와 미디어를 조화시키는 것은 강력하고 통일된 브랜드 이미지를 형성하고 소비자를 움직이는 데 매우 중요하다. 모든 브랜드 커뮤니케이션 요소를 조화롭게 통일하지 않으면 혼란스러운 브랜드 메시지로 인해 커뮤니케이션 비용의 손실을 초래할 뿐만 아니라 브랜드 이미지의 시너지를 얻기도 힘들다.

목소리를 통일하여 단일화해야 할 필요성에 대해 인식하게 된 것은 과거에 마케팅 커뮤니케이션 기능들이 각기 독립적으로 운영되어 효율성과 효과 측면에서 상당한 문제가 있었기 때문이다. 브랜드의 목소리를 통일하는 노력은 브랜드 포지셔닝과 밀접한 관련이 있다. 포지셔닝의 핵심은 표적고객의 마음속에 경쟁사와 차별화되는 그 무엇을 심어 주고자 하는 것이며, 모든 경로를 통해 포지셔닝 메시지를 일관되게 전달하는 것이다.

메시지를 통합하라

'통합'은 브랜드 메시지와 모든 브랜드 행위가 고객 및 이해관계자에게 말하는 것과 일치할 때 발생한다. 모든 것은 일관되어야 한다. 소비자는 브랜드의 다양한 행위를 개별적으로 받아들이지 않는다. 소비자는 다양한 브랜드 행위를 의미 있고 조화로운 하나의 형태로 파악한다. 브랜드가 전개하는 광고, 판매촉진, 매장의 인테리어, 심지어 전화 응대 등 다양한 행위를 소비자는 독립적으로 분리하여 받아들이는 것이 아니라 하나의 전체로 조직화한다.

내외부를 통합하라

기업 내부적으로 통합되지 않으면 외적인 통합도 할 수 없다. 수평기능 조직은 통일된 브랜드 비전을 공유하고, 공유하는 통일된 브랜드 비전은 외부의 고객으로부터 통합된 브랜드 지각을 촉진한다.

이와 관련해 통합 마케팅이 브랜드 자산의 구축에서 어떤 역할을 하는지를 제시한 '브랜드 자산의 접점 모형'을 살펴보자(Madhavaram, Badrinarayanan, & McDonald, 2005; [그림 1-2] 참조). 먼저, 이 모형을 구성하는 요소 중의 하나인 '브랜드 아이덴티티 접점'이란 개념에 주목할 필요가 있다. 브랜드 아이덴티티 접점은 브랜드 전략가와 브랜드 전략을 실제 집행하는 실무자 간에 이루어지는 브랜드 메시지의 상호작용을 말한다. 브랜드 전략가와 브랜드 전략을 현장에서 실행하는 실무자(여기에는 PR 회사나 광고대행사도 포함된다) 간에 명확한 브랜드 아이덴티티가 공유되지 않으면 통합 커뮤니케이션을 통해 브랜드를 구축하는 데 문제가 발생할 수 있다. 즉, 브랜드 아이덴티티 접점은 브랜드 메시지의 비일관성을 조율하는 역할을 한다. '브랜드 자산 접점'이라는 개념 역시 중요한데, 브랜드 자산 접점은 브랜드 전략을 집행하는 실무자와 표적청중 간에 이루어지는 브랜드 메시지의 상호작용이다. 브랜드 아이덴티티 접점과

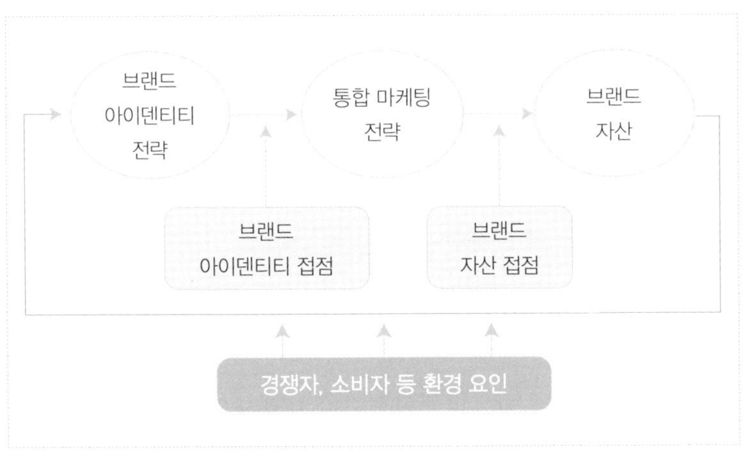

그림 1-2 통합 마케팅과 브랜드 자산의 접점 모형

출처: Madhavaram et al.(2005).

마찬가지로 브랜드 자산 접점에서 일관된 메시지의 공유가 이루어지지 않으면 브랜드 자산의 구축에도 문제가 발생할 수 있다. 브랜드 자산 접점은 통합 마케팅을 실행할 때 발생할 수 있는 브랜드 메시지의 비일관성을 조율하는 역할을 한다.

효과적으로 통합 마케팅을 설계하고 집행하려면 명확한 브랜드 아이덴티티가 먼저 내부적으로 정리되어야 하며, 이를 중심으로 브랜드 관리자 이외에 내부의 모든 실무자가 일관된 지침을 가져야 한다. 개별 활동이 아니라 통합된 커뮤니케이션을 통해 브랜드 메시지를 표적청중에게 전달할 때 강력한 브랜드 자산의 구축이 가능하다.

▣ 시너지가 핵심이다

전략적 일관성과 통합이 시너지를 가져오며, 시너지는 응집된 브랜드 지각을 창출하기 위해 모든 메시지가 조화롭게 작동할 때 발생한다. 고객과의 모든 접점에서 브랜드는 동일한 메시지를 전해야 한다. 동일한 메시지란 크리에이티브의 레이아웃이나 슬로건, 로고의 위치 등과 같은 단지 물리적인 형태를 말하는 것은 아니다. 하나의 목소리, 하나의 모습을 넘어선 전략적 일관성이 시너지를 창출한다. 시너지는 응집된 브랜드 지각을 창출하기 위해 모든 메시지가 협동할 때 발생한다.

▣ 관계 구축에 초점을 두라

성공적인 마케팅 커뮤니케이션이란 브랜드와 고객 간에 관계를 구축하는 것이다. 관계란 지속적인 연결이다. 일회성이나 불연속적인 것이 아니라는 말이다. 브랜드와 고객 간의 관계가 좋으면 반복 구매와 브랜드 충성 행동으로 발전한다. 성공적인 관계를 구축하는 한 가지 방법은 '고객 충성 프로그램'을 운영하는 것이다. 예컨대, 신용카드사나 항공사 또는 백화점, 커피 전문점, 그리고 피자 체인점 등은 구매 금액에 따라 부가 혜택을 제공하는 '빈도 마케팅 프로그램'을 운영한다.

빈도 마케팅 프로그램이 돈으로 환산되어 되돌려 받는 부가 혜택에 초점을 둔 것이라면 심리적인 만족과 편익에 초점을 둔 고객 충성 프로그램을 운영할 수도 있다. 한 예가 '체험 마케팅 프로그램'이다. 체험 마케팅 프로그램(Schimitt, 1999)은 브랜드와 고객 간에 긍정적이며 지속적인 인상 관리를 통해 관계를 강화하는 것이다. 체험 마케팅 프로그램은 정서와 논리적 사고 및 그 밖의 전반적인 사고 과정의 요소를 통합하는 것으로, 대중 미디어를 통한 광고에 국한되지 않고 다양한 마케팅 커뮤니케이션 도구를 통합하여 개인 수준의 보다 깊이 있는 브랜드 몰입을 창출한다.

▣ 최종 목표는 매출 증대이다

표적청중의 행동에 영향을 미쳐서 매출을 높이는 것이 통합 마케팅의 목표이다. 언제나 그런 것은 아니지만 대중 미디어 광고가 브랜드 인지도나 태도에 영향을 미치는 것을 주목표로 한다면, 통합 마케팅은 거기에 그치지 않고 행동 반응을 일으키고자 한다. 즉, 표적청중을 원하는 어떠한 방향으로 움직이게 하는 것이다. 예컨대, 지구 온난화 방지 캠페인을 위한 통합 마케팅은 지구 온난화의 심각성을 알리는 데 그치기보다는 지구 온난화를 방지하기 위해 차량 운행을 자제하거나 전기를 절약하는 등의 행동을 하도록 촉구하는 데 목적을 둔다. 물론 상품이나 서비스의 경우에는 경품 응모나 구매 등의 어떤 행위를 하려면 브랜드를 먼저 알아야 하고 또 브랜드의 편익에 대해서도 알아야 한다. 행위에 이르게 하는 중간 과정의 중요성을 무시하는 것이 아니다. 통합 마케팅은 행동의 변화에 초점을 맞춘다.

CHAPTER 2

브랜드와 통합 마케팅

INTEGRATED MARKETING COMMUNICATION

INTEGRATED MARKETING COMMUNICATION

초기의 통합 마케팅은 주로 마케팅 커뮤니케이션 도구의 통합과 비용 및 커뮤니케이션 효과 시너지에 초점을 맞추었다. 그러나 브랜드의 중요성이 고조되면서 통합 마케팅은 강력한 브랜드 구축에서도 중요한 역할을 담당하게 되었다. 통합 마케팅 커뮤니케이션과 함께 '통합 브랜드 커뮤니케이션(Integrated Brand Communication: IBC)'이란 용어가 함께 사용되는 것도 브랜드가 마케팅 커뮤니케이션의 중심을 차지하기 때문이다. '브랜드를 위한 마케팅 커뮤니케이션 도구들의 조정' 또는 '브랜드 목표를 성취하기 위해 다양한 마케팅 커뮤니케이션을 독립적이 아니라 총체적인 방식으로 관리하는 것'이라는 통합 브랜드 커뮤니케이션의 정의는 통합 마케팅과 브랜드 간의 관계를 반영하는 것이다. 통합 마케팅 커뮤니케이션의 결과는 궁극적으로 성공적인 브랜드 구축을 위한 것이며, 브랜드는 통합 마케팅의 핵심 역할을 한다(Vargo & Lusch, 2004).

강력한 브랜드를 구축하려면 경쟁력 있는 제품, 그리고 효과적인 가격과 유통 전략 같은 마케팅 전술 요소만으로는 부족하다. 브랜드 구축은 브랜드가 지닌 유무형의 요소를 창출하는 관리 기능이다. 브랜드 구축의 핵심은 유무형의 브랜드 요소의 전략적 관리를 통해 강력한 브랜드 자산을 형성하는 것이다. 브랜드 자산은 경쟁자가 가지지 않은 차별적이며 경쟁력 있는 브랜드 의미(brand meaning)에서 비롯되며, 브랜드 의미는 효과적인 마케팅 커뮤니케이션을 통해 생성, 전달, 강화된다(Keller, 2003). 통합 마케팅은 고객과의 모든 접점에서 일관된 브랜드 포지셔닝과 전략적으로 통합 · 조율된 광고와 마케팅 커뮤니케이션 전략, 그리고 고객으로부터 브랜드에 대한 긍정적인 반응을 이끌어 내는 데 지대한 역할을 한다. 이제부터 브랜드란 무엇이며, 통합 마케팅과 브랜드 간의 관계에 대해 알아보자.

브랜드 실체

브랜드는 소비자가 상품 또는 서비스에 대해 직간접으로 경험한 것과 알고 있는 것을 주관적으로 해석한 결과물이다. 브랜드는 상품이나 서비스에 대한 유무형의 속성의 혼합물이며, 특정한 의미를 나타내는 상징이자 가치의 신호이기도 하다. 브랜드의 특징을 좀 더 구체적으로 살펴보자.

브랜드는 결코 제품 그 자체가 아니다. 브랜드는 상품이나 서비스 그 이상의 것이다. 청바지는 상품이다. 하지만 디젤(Diesel)과 리바이스(Levis)는 브랜드이다. 동일한 제품유목에 속한 브랜드 간의 차이는 제조 방법이나 원료와 같은 제품 특징과 무관할 수 없다. 하지만 현대와 같이 브랜드 간 제품 특징이나 성능이 엇비슷한 동위의 시대에 사는 소비자는 브랜드 의미(meaning)와 인상(impression) 때문에 특정 브랜드를 선택한다고 해도 과언이 아니다. 기업이 만드는 것은 제품이지만 소비자가 구입하는 것은 브랜드이다. 현대 소비자는 제품이 아니라 브랜드의 의미를 구입한다. 브랜드는 자사를 경쟁자와 차별화하며 고객에게 무언가를 약속하는 것이다.

브랜드 구축은 기예를 요하는 정교한 과정이다. 다양한 마케팅과 마케팅 커뮤니케이션 활동을 체계적으로 관리해야 한다는 점에서 브랜드 구축은 과학이지만 이들 활동이 완벽한 조화를 이루어 하나의 잘 응집된 브랜드 의미와 인식을 만들어 내는 것은 창의적인 과정이다. 마케팅 커뮤니케이터는 상호 연결되고 조화롭게 작동하는 다양한 브랜드 활동과 커뮤니케이션 프로그램을 관리하는 사람이다. 마치 오케스트라와 같이 하나의 목표를 향해 함께 조화를 이룰 때 각 활동은 서로 잘 들어맞아서 브랜드 관리자가 의도하는 브랜드 의미를 생성하고 그 결과로 브랜드 가치가 창출된다.

브랜드란 제품에 대한 직간접적인 경험과 지식에 기반한 소비자의 주관적인 해석의 결과물이다. 이것은 무엇을 뜻할까? 가격도 같고 제품의 속성이나 특징에서 차이가 없는데도 불구하고 왜 어떤 브랜드는 다른 브랜드에 비해 더 많이 팔리는 것일까? 그 이유는 바로 소비자가 특정 브랜드에 대해 머릿속에 갖고 있는 브랜드 의미(brand meaning) 때문이다. 브랜드에 의미를 제공하는 데 핵심적인 역할을 하는 것이 광고와 마케팅 커뮤니케이션이다.

브랜드 커뮤니케이션은 소비자와 브랜드가 만나는 접점에서 이루어진다. 접점은 광고나 판매촉진 활동들에 국한되지 않는다. 패키지, 회사 운송 차량, 회사 소식지, 명함, 매장 인테리어와 외관, 홈페이지의 디자인과 구성, 그리고 이 외에도 소비자가 브랜드 메시지를 접할 수 있는 모든 경로를 통해 브랜드 메시지가 전달된다. 마케팅 커뮤니케이션의 결과로 소비자가 특정 브랜드에 대해 형성하는 의미는 경쟁자가 쉽게 모방하기 어렵기 때문에 더욱 중요하다. 경쟁자는 유사한 제품은 만들 수 있지만 브랜드 의미까지 모방하기는 쉽지 않다. 브랜드 의미는 브랜드를 위한 다양한 마케팅 커뮤니케이션 활동의 결과로 축적 및 발전해 가며, 이때 통합 마케팅은 브랜드 의미를 강화하고 의미가 제대로 발전하도록 하는 역할을 한다.

제품의 디자인이나 재료, 구성 요소, 크기, 그리고 형태 등은 보고, 만지고, 냄새 맡을 수 있는 유형의 것이다. 하지만 브랜드 의미는 소비자가 브랜드에 대해 가지는 무형의 인식이다. 브랜드에 대한 경험, 느낌, 긍정적이거나 부정적인 인상, 그리고 이미지는 무형의 것이다. 현대에서 무형의 요소는 유형의 요소보다 더욱 중요하다. 선호 브랜드에 대해 가지는 정서적인 유대는 유형의 요소보다는 무형의 요소에 의해 만들어지기 때문이다. 그리고 이러한 무형의 요소들을 경쟁자가 모방하기란 불가능하다.

브랜드의 유무형의 요소들이 한데 어우러져서 만들어 내는 총체적인 인상이 브랜드 콘셉트(brand concept)이다. 브랜드 콘셉트는 '브랜드가 의미하는 것'으로 오로지 소비자의 마음속에만 존재한다. 브랜드 콘셉트는 제품에 대한 경험뿐만 아니라 다양한 마케팅 커뮤니케이션을 통해 획득한 메시지에 의해 형성되다. 브랜드 콘셉트는 특히 제품 특징이나 제품 수행성이 엇비슷한 제품유목일수록 더욱 중요하다.

브랜드 의미는 상품이나 서비스에 대해 소비자가 보고, 듣고, 읽고, 그리고 경험한 모든 것의 총합이다. 이러한 브랜드 의미는 기업이 전적으로 통제하고 관리할 수 있는 것이 아니다. 기업은 특정한 브랜드 의미를 추구할 수는 있으나 궁극적으로 브랜드 의미를 해석하고 형성하는 주체는 소비자이다. 브랜드 구축의 기본 원리는 상품이나 서비스를 소비자에게 보다 의미 있는 무언가로 변환하는 것이다. 코크는 탄산음료 그 이상이다. 같은 탄산음료인 펩시와는 다른 그 무엇이 있다. 어떤 제품이 제품 그 자체를 넘어 더 많은 무언가를 나타내는 것은 브랜드 의미가 풍요롭기 때문이다. 그러면 마침내 브랜드는 드디어 무언가를 '상징'하게 된다. 보석 장신구 브랜드인 티파니(Tiffany & Co.)는 품질, 세련됨, 그리고 호화로움을 상징한다. 스와치(Swatch)는 재미와 패션을 상징한다.

브랜드 기능

브랜드는 구체적으로 어떤 기능을 하는 것일까? 어떤 기능을 하기에 현대의 기업 경영에서 브랜드는 중요한 위치를 차지하며 통합 마케팅과는 불가분의 관계인 것인가? 브랜드의 기능을 소비자에 대한 것과 기업에 대한 것으로 구분하여 살펴보자.

소비자

브랜드는 구매 위험과 탐색 비용을 줄여 준다. 상품이나 서비스의 종류나 유형에 관계없이 소비자가 구매를 할 때는 비록 정도의 차이는 있지만 다양한 유형의 위험을 느낀다.

구입 후에 기대했던 제품의 수행 결과를 얻지 못하는 '기능적 위험'을 느낄 수 있다. 자동차의 연비, 청소기의 흡입력, 세제의 세척력, 두통약의 진통 효과, 제습기의 제습력 등은 모두 기능적 위험과 관련된다.

'재정적 위험'은 지불한 가격만큼의 가치를 보장 받지 못할 수 있다고 느낄 때 발생한다. 잦은 고장, 원활하지 못한 애프터서비스나 교환, 환불에 대한 염려는 심각한 구매 장애를 일으키는 재정적 위험 요인이다. 재정적 위험과 관련된 요인들은 '시간적 손실에 대한 위험'과도 관련된다. 애프터서비스의 지연은 지불한 돈에 대한 가치 감소뿐만 아니라 애프터서비스를 받기 전까지 제품을 사용하지 못하기 때문에 허비해야 하는 시간 손실도 가져온다.

기능적 · 재정적 · 시간적 손실의 위험이 소비자 개인의 수준과 관련된 것이라면 '사회적 위험'은 타인과의 상호작용과 관련된다. 사회적 위험은 어떤 브랜드를 사용할 때 주위 사람으로부터 바람직하지 않은 인상이나 평판을 얻을지 모른다는 염려에서 초래된다. 자동차나 패션과 같이 브랜드가 주위 사람에게 노출될 기회가 높을수록 사회적 위험은 더욱 커진다.

마지막으로, '심리적 위험'은 어떤 브랜드를 사용함으로써 개인의 자기 이미지(self image)가 손상될 수 있다는 염려에서 초래된다. 자기 이미지는 개인이 자기 자신에 대해 지각한 주관적인 이미지이다. 외부의 대상에 대해 이미지를 가지는 것과 같은 방식으로 우리는 우리 자신에 대해서도 이미지를 가진다. 일반적으로 우리는 자신의 실제 이미지 또는 자신이 추구하는 이미지에 부합하는 브랜드를 더욱 선호하는 경향이 있다. 만약 어떤 브랜드가 개인의 자기 이미지를 손상한다면 그 브랜드는 당연히 회피의 대상이 된다.

강력한 브랜드는 소비자가 어떤 상품이나 서비스를 구매할 때 유발될 수 있는 다양한 위험을 차단하기 때문에 소비자는 심리적으로 더욱 안전하게 구매할 수 있으며, 그로 인해 구매를 확신하고, 제품을 사용하면서 더욱 만족하게 된다. 이는 브랜드를 다시 구매하고 브랜드에 충성할 확률을 선순환적으로 높임으로써 브랜드의 매출과 수익 창출에 기여한다.

브랜드는 구매와 관련해 소비자가 느끼는 다양한 위험을 감소할 뿐만 아니라 구매에 소요되는 탐색 비용을 줄이는 기능도 한다. 소비자가 구매를 결정할 때는 과거 구매 경험이나 광고, 구전 등 기억에 저장된 다양한 브랜드에 관한 정보를 탐색하기도 하고 또는 매장에 진열된 제품이나 패키지에 있는 원료나 성분, 기능, 특성 정보, 그리고 팸플릿이나 블로그나 게시판, 친구나 매장 판매사원의 의견을 활용하기도 한다. 하지만 소비자는 구매를 결정할 때 이 모든 정보를 사용하지도 않을 뿐만 아니라 정보의 유형에 따라 주의를 기울이는 정도도 같지 않다. 특히 제품의 관여도가 낮다면 더욱 제한된 정보에 의존한다. 소비자는 과거 구매 경험이나 광고 및 각종 마케팅 커뮤니케이션 또는 구전 등을 통해 획득한 정보를 토대로 특정 브랜드에 대해 어떤 기대를 형성하며, 이러한 기대는 소비자가 구매를 하는 데 투입해야 하는 노력을 줄여 준다. 나아가 브랜드에 대한 기대는 소비자가 직접 경험하지 않거나 잘 알지 못하는 제품의 어떤 측면을 추론하게도 한다. 브랜드에 대한 기대는 제품의 물리적 · 기능적 요소뿐만 아니라 사회적 · 심리적 요소 모두에 해당된다. 명료하고 차별적인 기대는 구매를 하는 데 투입하는 시간과 노력을 줄이고, 이는 소비자에게 보상으로 작용한다.

브랜드에 대한 기대는 '약속'으로 발전한다. 왜 소비자는 어떤 제품유목에서 특정 브랜드를 더 좋아하는 것일까? 소비자가 특정 브랜드를 선호하는 것은 그 브랜드만이 다른 브랜드가 하지 않은 차별적인 약속을 하기 때문이다. 약속의 형태는 기능적인 것에서 심리적 · 사회적인 것까지 다양하다. 볼보(Volvo)는 안전이라는 기능을 약속을 하고, 메르세데스 벤츠(Mercedes-Benz)는 위신과 품격이라는 사회적 약속을 한다. 버거킹(Burger King)은 맛을 약속하지만 맥도날드(McDonald)는 가족과 보내는 시간을 약속한다. 강력한 브랜드는 차별적인 약속을 제시하고 일관되게 강화하고, 소비자는

그림 2-1 소비자에 대한 브랜드 기능

지속적인 구매와 긍정적인 태도, 그리고 브랜드 충성과 몰입으로 반응한다.

기업

먼저, 브랜드는 기업에 가격 프리미엄의 이점을 가져다준다. 브랜드를 잘 관리하여 자사 브랜드에 대한 인지도와 긍정적인 연상과 태도, 그리고 브랜드 충성도가 형성되면 경쟁사에 비해 높은 가격을 책정하더라도 소비자가 그 가격을 수용할 가능성은 증가한다. 경쟁사가 가격 할인 판매촉진을 하더라도 쉽게 브랜드를 바꾸려고 하지 않을 것이다.

유통 우위를 점하는 데에도 브랜드는 중요한 기능을 한다. 점주는 소비자가 선호하고 많이 찾는 브랜드를 취급하려고 한다. 그렇게 하는 것이 매출 증대뿐만 아니라 매장을 방문하는 고객을 만족시키는 데 도움이 되기 때문이다. 갈수록 유통 기업의 파워는 강력해져서 이제는 대형 할인매장에 입점하는 것이 매출에도 심각한 영향을 미친다. 하지만 강력한 브랜드는 이러한 환경적 압력에서 자유로울 수 있다. 강력한 브랜드일수록 매장의 판매대에서도 더욱 좋은 위치를 점할 수 있다. 판매대의 위치가 좋으면 소비자의 눈에 더욱 쉽게 띄고 선택될 확률은 높아지게 된다. 판매대에서의 위치는 브랜드에 대한 구매자 인식에도 영향을 미친다. 좋은 위치에 놓인 브랜드는 더 많이 판매되는 브랜드, 지명도가 높은 브랜드로 인식되기 때문이다.

나아가 신제품의 성공 확률을 높인다는 점에서도 브랜드는 기업에 대해 가치 있는 기능을 한다. 소비자에 대한 브랜드 기능에서 살펴보았듯이, 브랜드가 소비자에 대해 차별적인 기대와 약속을 제공하면 그 브랜드의 신제품에 대해서도 유사한 기대를 하여 구매 확률은 증가한다. '브랜드 확장' 전략을 구사할 때 이러한 브랜드 기능은 더욱 중요하다.

강력한 브랜드는 부정적 이슈가 발생할 때 이를 완화하는 기능을 한다. 브랜드는 언제든지 부정적인 이슈에 휘말릴 수 있다. 제품의 결함이나 환경 문제의 야기와 같은 의도하지 않은 사건은 고객이 구매를 중단하거나, 경쟁사의 브랜드로 전환하거나, 비호의적인 구전과 같은 부정적인 반응을 일으키게 한다. 하지만 브랜드에 대해 믿음이 공고하고 호의적인 태도가 있다면 바람직하지 않은 이슈가 발생하더라도 고객의 부정적인 반응이 완화될 가능성은 높아진다.

마지막으로, 기업을 위한 브랜드 기능 중 빼놓을 수 없는 것이 있다. 브랜드는 망망대해를 항해하는 기업을 안내하는 나침반과 같은 역할을 한다는 것이다. 브랜드의 비전과 사명, 그리고 브랜드 아이덴티티와 브랜드 포지션은 제품의 개발에서부터 전반적인 마케팅 및 마케팅 커뮤니케이션의 실행에 이르기까지 기업의 내부 구성원이 초점을 잡고 같은 방향으로 나아갈 수 있게 한다. 이러한 기능은 통합 마케팅 계획을 수립하고 그 효과를 극대화하는 필수 요건이다.

그림 2-2 기업에 대한 브랜드 기능

브랜드 자산

브랜드가 획득한 차별적이며 긍정적인 의미는 부가가치를 창출한다. 1980년대 들어 마케터들은 브랜드 의미가 제공하는 부가가치를 브랜드 자산(brand equity)이라는 개념으로 표현하기 시작하였다. 브랜드의 부가가치는 브랜드명이 소비자 머릿속에서 브랜드가 제공하는 가치와 연합되는 방식과 관련이 있다. 소비자는 어떤 정보가 필요할 때 인터넷 검색창을 두드린다. 다양한 출처가 제공하는 정보가 있음에도 불구하고 일반인이 제공한 정보에 비해 유명 교수나 잘 알려진 전문가가 제공한 정보를 더 신뢰하고 높이 평가하는 경향이 있다. 백화점에서 처음 보는 브랜드의 의류가 있을 때 그 브랜드가 유명 디자이너의 작품임을 아는 순간 그 옷에 대한 견해와 평가는 확연히 달라진다. 이런 현상은 '이름이 지니는 가치(name value)' 때문이다. 제품의 내재적인 가치에 어떤 브랜드가 붙는 순간 부가적인 가치가 창출된다. 바로 이와 같이 이름이 지니는 가치가 브랜드 자산의 핵심이다.

브랜드 자산이란 무엇인가

브랜드명이 상품이나 서비스에 가치를 부가한다는 점을 마케터들은 잘 알고 있었다. 하지만 1980년대 후반에 들어서 브랜드명이 지니는 가치가 어떤 역할을 하는지 깨닫기 시작하였다. 그 시기에 활발하게 진행된 기업 인수합병이 원동력이라고 할 수 있다. 인수 또는 합병할 브랜드의 값어치를 얼마로 매길 것인지를 결정하는 과정에서 설비나 유통망, 그리고 부동산과 같은 유형의 자산 외에 브랜드명에 대한 소비자의 인지도나 선호도의 가치를 깨닫게 된 것이다. 브랜드의 가치를 산출할 때 이와 같은 무형의 가치 역시 고려해야 한다는 인식이 확산되었다. 이를 계기로 브랜드 자산이라는 용어가 탄생하였다. 이후로 업계와 학계에서는 브랜드 자산에 대해 다양한 정의를 소개하였다.

▣ 업계의 정의

- 브랜드 자산은 상품이나 서비스가 브랜드와 결합됨으로써 얻게 되는 부가적인 현금의 흐름이다(Biel).
- 브랜드 자산은 브랜드가 있을 때와 브랜드가 없을 때의 가치 차이이다(McQueen).
- 브랜드 자산이란 브랜드 구축의 성공적인 프로그램과 활동의 결과로, 상품이나 서비스에서 발생하는 측정 가능한 재무적 가치이다(Smith).

그림 2-3 소비자 중심의 브랜드 자산 모형

출처: keller(1993).

▣ 학계의 정의

- 브랜드 자산이란 브랜드가 제품에 부여하는 부가가치이다. 브랜드는 기능적 목적을 넘어 제품의 가치를 강화하는 이름, 상징, 디자인 또는 표시이다(Faquhar).
- 브랜드 자산은 브랜드 이미지의 총 가치이다. 브랜드 이미지는 지각된 것으로, 브랜드에 대한 연상과 전반적인 브랜드에 대한 태도이다(Aaker & Keller).
- 브랜드 자산은 소비자가 브랜드명과 결합하는 학습된 속성 신념과 총체적인 평가 신념이다(John & Loken).
- 브랜드 자산이란 브랜드가 지니는 연상과 가치의 묶음이다(Raj).

업계와 학계의 공통점은 브랜드 자산을 재무적이든 또는 소비자의 지각 현상이든 제품에 대한 부가가치로 본다는 것이다. 또 한 가지는 브랜드 자산은 기업이 아니라 소비자 관점에서 이해해야 한다는 것이다([그림 2-3] 참조). 브랜드 자산은 기업이 아니라 소비자가 지각하는 가치에 의해 결정된다. 그리고 그 결과로 수익 등과 같은 재무적 성과가 창출된다.

브랜드 자산의 작동 기제

브랜드 자산이 브랜드에 부가적인 가치를 부여하는 그 무엇이라면 그것은 어떻게 브랜드에 대한 소비자의 지각에 반영될까? 앞서 소비자에 대한 브랜드의 기능에서 보았듯이, 브랜드는 다양한 기능을 통해 소비자에게 가치를 제공한다. 하지만 핵심 아이디어는

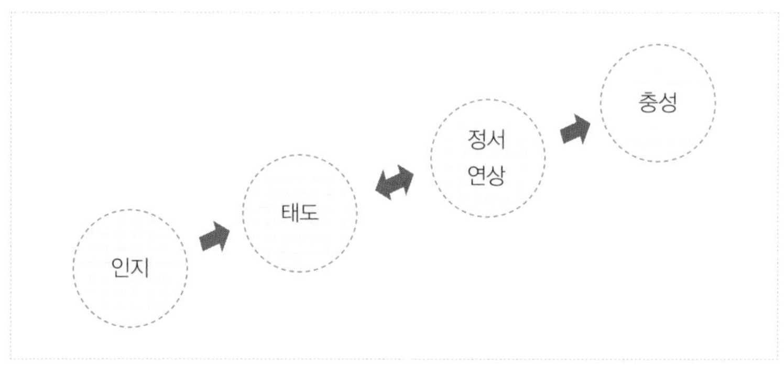

그림 2-4 브랜드 자산 구축 과정

브랜드 자산은 소비자의 기억에서 브랜드에 연결된 다양한 생각(연상)을 촉발하는 브랜드 인지에서 비롯된다는 것이다. 그리고 시간이 지남에 따라 브랜드에 대한 지각된 혜택을 토대로 브랜드에 대한 긍정적인 태도가 구축되고, 강력한 정서적 연상으로 발전하며, 나아가 브랜드 충성 행동으로 강화된다.

현대에서는 대부분의 제품에 있어서 왜 특정 브랜드를 좋아하는지 소비자에게 물어보면 구체적인 이유를 제시하는 데 어려움을 겪는다. 브랜드나 제조 회사를 밝히지 않고 소비자에게 맛을 보거나 시험 사용하게 하여 제품에 대한 반응을 알아보는 블라인드 테스트(blind test)에서 코크와 펩시 간의 맛 차이를 밝히지 못한 소비자에게 왜 코크를 좋아하는지 다시 질문하면 궁색한 이유를 둘러댄다. 무슨 이유가 있으랴? 그냥 코크가 좋기 때문이다. 기능적 자기공명영상(fMRI)을 이용해 코크와 펩시에 대한 반응을 살핀 흥미로운 실험을 보자(McClure et al., 2004). 브랜드를 알려 주지 않고 단지 맛을 토대로 어떤 것이 더 좋은지 판단하게 했을 때에는 맛에 대한 감각평가에 관여하는 뇌 영역이 활성화되었다. 하지만 코크의 충성 고객은 브랜드를 알게 되자 정서를 토대로 행동을 결정하는 데 관여하는 뇌 영역이 활성화되는 차이를 보였다. 펩시의 경우에는 정서 관여 영역의 활성화는 상대적으로 약하였다. 브랜드를 모르면 소비자는 객관적인 감각 정보에 의존하여 대안을 선택하지만, 만약 브랜드를 알게 되면 객관적인 평가는 정서에 의해 각색되며, 그 결과는 선택 행동에도 영향을 미친다. 호의적인 브랜드 태도는 브랜드에 대해 지각한 편익이 차곡차곡 쌓인 결과이다. 그리고 브랜드에 대한 충성 행동은 긍정적인 정서를 토대로 강력하고 긍정적인 브랜드 자산이라는 결과물을 낳는다.

긍정적인 브랜드 자산은 강력한 브랜드 구축의 필수 요건이다. 이를 위해 광고와 마케팅 커뮤니케이션이 중요한 역할을 한다는 것은 두말할 필요가 없다. 광고나 마케팅 커뮤니케이션 없이는 브랜드가 존재하기란 불가능하다. 광고가 없다면 소비자가 브랜드를 알기도 어려울 것이며, 브랜드에 대한 지식을 획득하기도 힘들다. 브랜드 인지와 브랜드 지식은 강력한 브랜드 구축의 토대이다.

브랜드 구축과 관련해 마케팅 커뮤니케이션의 유형을 크게 두 가지로 구분할 수 있다. 하나는 장기적인 브랜드 자산의 구축을 위한 것이고, 다른 하나는 즉각적인 소비자의 행동을 자극하는 것이다. 광고의 형태를 취하는 마케팅 커뮤니케이션 메시지는 전자, 그리고 판매촉진 행위는 후자에 속한다. 브랜드 의미와 브랜드 자산의 구축은 단기적이기보다는 장기적 관점에서 진행되기 때문에 브랜드 구축을 위한 마케팅 커뮤니케이션이라고 하면 주로 광고를 떠올리는 것은 당연하다. 그렇다고 마케팅 커뮤니케이션을 전술적으로 사용하면 안 된다는 것은 아니다. 단기적인 촉진 메시지도 장기적인 브랜드 자산에 분명 기여한다. 통합 마케팅은 장단기적 마케팅 커뮤니케이션 모두를 전략적으로 조정하여 계획을 수립하고 관리하는 것이다.

통합 마케팅은 모든 마케팅 커뮤니케이션 기능과 도구를 통합하여 브랜드 전략을 촉진하는 일관된 메시지를 표적청중에게 보내는 것이다. 통합 마케팅은 브랜드 자산과 브랜드 커뮤니케이션에 초점을 맞추는 것이다. 덩컨의 주장처럼, '통합 마케팅은 브랜드를 구축하는 과정에서 광고와 다양한 촉진을 더 잘 그리고 더 효과적으로 수행하는 과정'이다. 덩컨에 의하면, 통합 마케팅은 처음에는 '하나의 목소리, 하나의 모습'의 마케팅 커뮤니케이션을 창출하는 데 초점을 맞추었다. 하지만 브랜드 커뮤니케이션과 고객 관계의 모든 측면에서 더 큰 일관성이 필요하다는 것을 깨닫기 시작하면서 통합 마케팅의 의미가 확장되었다. 통합 마케팅은 전통적인 마케팅 커뮤니케이션을 넘어서는 '총체적인 브랜드 커뮤니케이션'으로 볼 수 있다.

광고와 브랜드 구축

브랜드 구축에 사용되는 마케팅 커뮤니케이션 도구는 점차 다양화되고 있음에도 불구하고 광고의 형태만 바뀌었을 뿐 광고는 여전히 중요한 역할을 하고 있다. 브랜드 구축에서 광고의 역할은 크게 세 가지로 볼 수 있다.

- 브랜드 인지(brand awareness)의 형성에 중요한 역할을 한다. 브랜드 인지란 브랜드를 기억에서 끄집어내거나(브랜드 회상) 어떤 브랜드가 주어졌을 때 그 브랜드를 기억과 대조하는(브랜드 재인) 정보처리 과정이다. 브랜드 인지는 브랜드와 관련된 다

양한 지식이 소비자의 머릿속에 자리 잡는 데 닻과 같은 역할을 하기 때문에 브랜드 구축의 기초와도 같다. 나아가 브랜드 인지의 강화는 브랜드와 관련된 지식 간의 결합을 강화하고, 브랜드가 어떤 욕구의 충족과 관련되는지를 확인할 수 있게 한다. 제품에 대한 관여가 낮을 때 브랜드 인지는 소비자가 의사결정을 정신적 에너지를 덜 쓰고 경제적으로 의사결정할 수 있도록 하기 때문에 중요하다.

- 브랜드에 대한 지식을 형성하는 데 기여한다. 브랜드 지식은 상품이나 서비스의 특징 또는 기능에 관한 정보에서부터 브랜드 개성, 브랜드 사용자의 이미지, 그리고 사용 상황 등에 이르기까지 다양하다. 이러한 브랜드 지식은 브랜드를 고려하거나 구입 의사결정을 할 때뿐만 아니라 브랜드 관리자가 브랜드 전략을 입안할 때에도 영향을 미치는 브랜드 구축의 중요 요소이다. 브랜드 지식을 형성하고 강화할 때 광고는 제품의 특징이나 성능과 같은 브랜드의 본원적인 지식뿐만 아니라 브랜드 이미지나 브랜드 개성과 같은 무형의 지식을 형성 및 강화하는 역할을 한다.
- 브랜드 지식은 브랜드에 대한 소비자의 이성적 · 감정적 반응에 영향을 미친다. 그리고 브랜드에 대한 신뢰, 품질 지각과 차별적 우위에 대한 소비자의 지각을 토대로 브랜드에 대한 긍정적인 태도가 형성되는 데 기여한다. 브랜드에 대한 신뢰는 전문성이나 믿음, 그리고 선호의 총체로서의 브랜드에 대한 지각이며, 품질 지각은 브랜드의 총체적인 질, 가치, 만족도에 대한 주관적 판단이다. 브랜드에 대한 감정 반응은 브랜드가 유발하는 정서로, 광고의 톤과 무드, 그리고 다양한 표현 요소

를 통해 학습되며, 브랜드에 대한 정서는 브랜드에 대한 이성적 반응에도 영향을 미친다.

통합 마케팅과 주요 브랜드 전략

어떤 브랜드 전략을 추구하느냐에 따라 통합 마케팅의 전략적 · 전술적 초점도 영향을 받는다. 브랜드 포지셔닝, 브랜드 아이덴티티, 브랜드 확장, 그리고 브랜드 관계 전략을 중심으로 살펴보기로 한다.

브랜드 포지셔닝

브랜드 포지셔닝 전략은 통합 마케팅 프로그램을 개발하는 데 필수적인 전략이다. 명료한 브랜드 포지션을 확립해야 마케팅 커뮤니케이션 도구들의 최적 조합과 일관된 메시지를 표적청중에게 전달함으로써 커뮤니케이션의 시너지를 극대화할 수 있다. 브랜드 포지셔닝은 마케팅 믹스 전략을 안내하는 길잡이 역할을 한다. 효과적인 통합 마케팅 계획을 입안하기 위해서는 전략적인 브랜드 포지션의 개발은 매우 중요하다([그림 2-5] 참조).

브랜드 포지션은 '상대적인' 개념이다. 브랜드 포지션은 표적청중의 마음속에 브랜드가 심어 주고자 하는 핵심 특징, 편익, 또는 이미지이며, 표적청중의 기억 속에 자리 잡은 어떤 상품이나 서비스 유목의 경쟁자와는 비교되는 상대적인 브랜드 의미이다. 브랜드 포지션은 표적청중의 마음속에 각인시키려고 하는 메시지를 나타

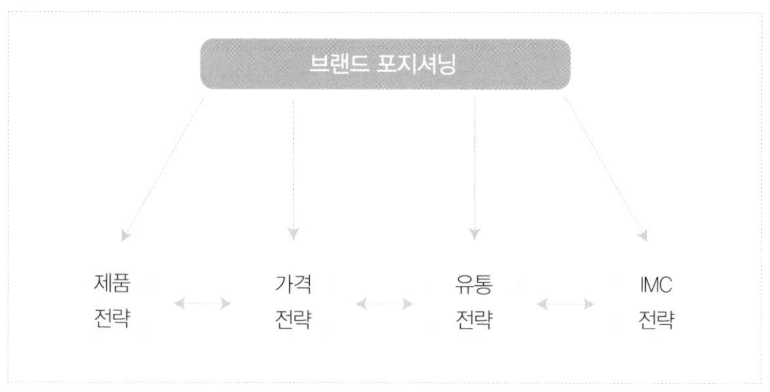

그림 2-5 브랜드 포지셔닝의 기능

내는 핵심적인 진술문이나 단어로 구현되는데, 진술문이나 단어는 한 브랜드가 경쟁 브랜드와 비교할 때 어떤 면에서 다르거나 우수한지를 알려 준다. 아울러 왜 표적청중이 특정 브랜드를 구매해야만 하는지에 대한 이유를 제공해 주는 것이기도 하다. 현대의 포지셔닝 전략은 브랜드의 유무형의 상대적 우위 모두를 포괄한다. 훌륭한 포지셔닝 진술문은 두 가지 조건을 충족해야 한다.

- 첫째, 브랜드의 상대적 경쟁 우위를 담고 있어야 한다.
- 둘째, 소비자가 움직이도록 동기 부여 해야 한다.

브랜드 포지셔닝 수립 요소

포지셔닝은 '과정'이다. 브랜드 포지셔닝은 핵심 질문에 체계적이며 전략적으로 답하는 과정을 통해 개발된다. 브랜드 포지셔닝 개발을 위한 주요 질문은 다음과 같다.

- 우리 브랜드의 표적집단은 누구인가? 표적집단은 브랜드 메시

지의 초점이 되는 특정 고객 또는 잠재 고객이다. 표적집단은 성이나 연령 또는 소득과 같은 인구통계적 특성과 함께 행동적 · 심리적 특성으로 구체적으로 규정되어야 한다.

- 우리 브랜드의 핵심 경쟁자는 누구인가? 경쟁자는 소비자에게 어떻게 인식되고 있는가? 경쟁자의 포지션은 어떠한가? 이는 경쟁의 장(field of competition)에 대한 명확한 규정을 요구한다. 경쟁의 장은 어디에서 누구와 싸울 것인가를 나타내는 것이다. 포지셔닝은 '경쟁자에 대한 상대적인 인식의 싸움'이다. 'A라는 피자'는 피자 카테고리에서 경쟁할 수도 있고, 간식 카테고리에서 경쟁할 수도 있다. 녹차음료는 생수와 경쟁할 수도 있고, 건강음료와 경쟁할 수도 있다. 경쟁의 장을 어떻게 정하느냐에 따라 경쟁자에 대한 규정과 후속 전략 역시 달라진다.
- 우리 브랜드는 언제, 어떤 상황이나 경우에 사용되는가? 우리 브랜드는 특별한 순간을 축하하기 위한 브랜드인가? 타인과의 유대를 이어 주는 자리에 함께하는 브랜드인가? 아니면 나만의 세계에 몰입하고 싶을 때 함께하는 브랜드인가? 비록 제품유목이 같더라도 브랜드에 따라 사용 상황은 얼마든지 다를 수 있다.
- 무엇을 위한 브랜드인가? 우리 브랜드는 소비자에게 무엇을, 어떤 차별적 편익을 약속하는가? 폭스바겐(Volkswagen AG)은 '신뢰'를 약속한다. 애플(Apple)은 '독창적 아이디어'를, 그리고 더바디 숍(The Body Shop)은 '환경 친화'를 약속한다. 차별적 편익은 기능적인 것에서부터 심리 · 사회적인 것에 이르기까지 다양하다.

- 우리 브랜드의 차별적인 개성(personality)은 무엇인가? 우리 브랜드가 사람이라면 어떤 성격을 소유한 사람에 비유될 수 있는가?

▣ 브랜드 포지셔닝과 브랜드 이미지

브랜드 포지셔닝과 함께 가장 많이 혼용되는 개념은 브랜드 이미지이다. 브랜드 전략가에 따라 브랜드 포지셔닝과 브랜드 이미지는 같은 의미로 사용되기도 하며, 브랜드 이미지가 브랜드 포지셔닝의 하위 요소로 사용되기도 한다. 하지만 엄격히 말하자면 브랜드 포지셔닝과 브랜드 이미지는 구분되어야 한다. 브랜드 포지셔닝과 브랜드 이미지의 차이를 살펴보자.

브랜드 포지셔닝의 핵심은 경쟁적이며 상대적인 차별성에 있다. 브랜드 포지셔닝은 표적 소비자의 마음속에서 일어나는 '상대적인' 인식의 싸움이다. 한편, 브랜드 이미지는 반드시 상대적인 차별적 우위를 전제하지 않는다. 상대적으로 차별적이든 아니든, 또는 우위에 있든 아니든 현재 있는 그대로의 브랜드에 대한 소비자 인식의 조직체(organized set of perceptions)가 브랜드 이미지이다.

브랜드 이미지는 다차원이다. 브랜드 이미지가 브랜드 개성과 동일하게 사용되는 경향이 있는데, 브랜드 개성은 브랜드 이미지를 구성하는 하나의 차원이다. 브랜드 이미지를 구성하는 차원은 다음과 같다(Foxall & Goldsmith, 1994).

- 브랜드 개성: 브랜드에 대해 소비자가 가지는 인상이다. 브랜드를 사람으로 비유했을 때 표현되는 '세련된' '활기찬' '섹시한' '진보적인' 등의 인상과도 같다.

- 브랜드 암시: 소비자가 브랜드를 마주쳤을 때 떠오르게 하는 것, 즉 브랜드가 소비자에게 제안하는 것을 브랜드 암시라고 한다. 예를 들면, 신라면은 소비자에게 매운 맛, 얼큰한 국물 맛을 상기시킨다.
- 브랜드 이점: 특정 브랜드를 사용함으로써 소비자가 얻는 구체적인 편익을 말한다. 브랜드 이점은 '나에게 무엇을 약속하는가?'로 집약된다. 이런 이점은 기능적인 것일 수도 있고, 상징적 · 심리적인 것일 수도 있다. 동일한 제품유목에 속한 것이라도 브랜드마다 이점은 당연히 다를 수 있다.
- 사용자 프로필: 특정 브랜드의 사용자 유형을 말한다. 브랜드를 사용하는 사람은 누구인가? 사용자 프로필은 브랜드 관리 전략에 따라 소비자가 이상적으로 되고자 하는 사람을 표방할 수도 있고, '현재의 나'를 확인시키고 강화하는 것일 수도 있다.
- 사용 상황: 어떤 브랜드는 특정 시점이나 날에 강한 연상작용을 일으킬 수 있다. 예를 들어, 밀러(Miller)는 하루 일을 마치고 마시는 맥주, 뢰벤브로이(LöWenbräu)는 주말에 마시는 맥주로 알려져 있다. 사용 상황은 사용자를 포함할 수도 있다. 밀러는 주량이 센 육체노동자가 하루 일을 마치고 마시는 맥주, 뢰벤브로이는 가볍게 술을 즐기는 남녀 직장인이 주말에 즐기는 맥주로 알려져 있다.

브랜드 포지셔닝 과정에서 브랜드 이미지를 점검함으로써 어떤 이미지 차원에 마케팅 커뮤니케이션을 집중할 것인지 결정하기가 용이해진다. 이런 결정은 경쟁적 차별성을 고려하여 이루어져야 하고, 브랜드 포지셔닝 전략 수립의 중요한 자료가 되며, 나아가 통합 마케팅을 통한 전략적인 브랜드 이미지 관리에도 도움이 된다.

브랜드 아이덴티티

현대는 '마케팅 유사성'의 시대라고 할 만큼 기업 간 마케팅 활동은 차별성을 잃어 가고 있다. 기술의 발전으로 과거에 비해 경쟁사의 선도적인 제품을 모방하는 데 소요되는 시간이 급격히 단축되었다. 거의 모든 제품유목에서 브랜드 간 품질은 비슷해지고 핵심 기술은 브랜드 간에, 심지어 경쟁 브랜드 간에도 공유된다. 시장은 미 투(me-too) 제품으로 넘쳐나고 브랜드 간에도 엇비슷한 마케팅 전략들로 큰 차이를 찾아보기가 어렵다. 광고나 판매촉진 전략도 예외가 아니다.

또 다른 환경 변화는 '브랜드 확장'의 성행이다. 최근 들어 브랜드 확장 전략을 구사하는 기업은 점차 증가하고 있다. 신규 브랜드를 개발하여 시장에 정착시키는 비용이 과거에 비해 급등하기도 했지만 많은 비용을 들여 출시한 신규 브랜드가 반드시 성공하리라는 보장도 할 수 없기 때문이다. 신규 브랜드를 출시하거나 제품마다 독립적인 브랜드를 운영하기보다는 자산 가치가 높은 기존의 브랜드를 자사의 다른 상품이나 서비스 또는 사업 영역에 활용하는 브랜드 확장 전략을 구사하는 추세이다.

이러한 환경 변화의 대처 방안으로 브랜드 관리자는 브랜드를 보다 건강하고 강력하게 유지하는 것과 동시에 장기적인 브랜드 가치를 창출하기 위해 브랜드 포지셔닝을 넘어 '브랜드 아이덴티티(brand identity)'에 눈을 돌리기 시작하였다. 유니레버(Unilever)의 브랜드 키(brand key), 존슨 앤드 존슨(Johnson & Johnson)의

풋 프린트(footprint), 루이비통(Louis Vuitton), 모엣 & 샹동(Moët & Chandon), 헤네시(Hennesy)의 아이덴티티 휠(identity wheel) 등의 브랜드 아이덴티티 관리를 위한 전략 모형의 활발한 사용 역시 현대 브랜드 관리에서 브랜드 아이덴티티 관리에 기울이는 기업들의 관심이 어느 정도인지를 잘 보여 준다. 카페러(Kapferer, 1997)와 켈러(Keller, 2003)도 '이제 브랜드 관리는 브랜드 이미지나 브랜드 차별점 창출에서 브랜드 아이덴티티로 초점을 이동해야 한다'고 하면서 브랜드 아이덴티티의 중요성을 강조하였다.

아이덴티티는 '나는 누구인가?'에 대한 자기 정의이다. 사람은 성장하면서 아이덴티티, 즉 정체성을 확립하기 위해 다양한 역할 이행을 통해 자기를 확인하려고 한다. 그 과정에서 정체 위기(identity crisis)를 경험하기도 한다. 기업 아이덴티티(corporate identity)는 기업의 응집되고 고유한 문화를 일컫는데, 인간의 정체성과 유사한 개념으로 볼 수 있다. 브랜드 아이덴티티도 다르지 않다. 그러면 브랜드 아이덴티티에 대해 좀 더 구체적으로 알아보자. 다음의 질문을 보자.

- 우리 브랜드 고유의 비전과 목표는 무엇인가?
- 우리 브랜드가 추구하는 핵심 가치(사명)는 무엇인가?
- 무엇이 우리 브랜드를 다른 브랜드와 구별 짓는가?
- 우리 브랜드만이 자신 있게 내세울 수 있는 것은 무엇인가?
- 우리 브랜드를 차별적으로 인식시킬 수 있는 상징은 무엇인가?

이와 같은 거시적이며 장기적인 다섯 가지 질문은 브랜드 아이덴티티 작업을 할 때 가장 빈번하게 사용된다. 물론 앞서 살펴본 브랜드 포지셔닝 수립을 위한 질문과도 다름을 알 수 있다. 질문을 들여다보면 마치 한 개인이 자신의 정체 위기를 해결하기 위해 스스로에게 던지는 물음과 유사하기 때문이다. 브랜드 아이덴티티도 결코 크게 다르지 않다. 여기서는 두 가지 브랜드 아이덴티티 모형에 대해 알아본다.

카페러의 브랜드 아이덴티티

카페러는 브랜드 아이덴티티의 관리를 커뮤니케이션 관점에서 정리하였다. 브랜드는 기업과 고객 간의 커뮤니케이션을 중개하는 매개체이다. 따라서 브랜드 아이덴티티를 구축하려면 기업의 일방적인 메시지 전달이 아니라 브랜드 메시지 송신자(기업)와 수신자(고객) 모두를 고려해야 한다.

브랜드 아이덴티티 프리즘(brand identity prism; Kapferer, 2004)은 기업과 고객의 양자 간 소통을 토대로 한 모형으로, 브랜드 아이덴

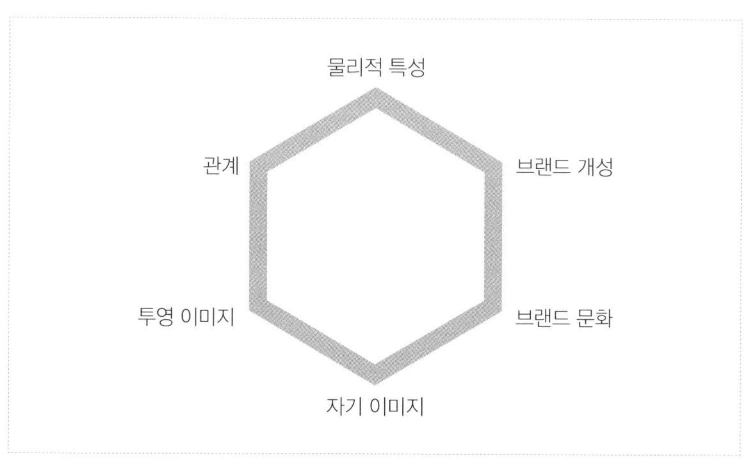

그림 2-6 카페러의 브랜드 아이덴티티 요소

출처: Kapferer (2004).

티티를 정리하는 유용한 틀이 될 수 있다. 브랜드 아이덴티티 프리즘은 브랜드 메시지 송신자와 수신자, 그리고 이를 중개하는 연결고리를 중심으로 여섯 개의 브랜드 아이덴티티 구축 요소로 구성된다.

- 물리적 특성: 브랜드는 물리적 실체를 가지며, 이는 유형의 부가가치이자 브랜드 중추이다. 브랜드가 꽃이라면 상품이나 서비스 유형의 실체는 가지와도 같다. 실체가 없다면 브랜드가 유지되기는커녕 브랜드 결실을 맺을 수도 없다. 앞서 살펴본 브랜드 포지셔닝이 브랜드 유형의 차별적 속성과 편익을 그토록 중시하는 것도 같은 맥락에서이다. 브랜드의 물리적 실체는 누적되면서 브랜드 원형(brand archtype)이라고 부르는 주력 제품이 소비자의 머릿속에 각인된다. 브랜드 원형인 주력 제품은 곧 브랜드의 기원과 유전자를 표방하는 매우 중요한 요소이기도 하다. 강력한 원형을 통해 브랜드 기원과 유전자를 지속적으로 소비자에게 커뮤니케이션할 수 있다. 브랜드 원형, 즉 주력 제품은 상징으로서 브랜드의 기능, 약속, 나아가 그 이상의 의미를 전달한다. 브랜드 아이덴티티를 구축하고 관리하고자 한다면 다음의 질문에 명확하게 답할 수 있어야 한다. '우리 브랜드의 원형(또는 주력 제품)은 무엇인가? 그것은 소비자에 대해 어떤 상징적 의미를 내포하는가?'
- 브랜드 개성: 브랜드는 사람과도 같다. 인간은 어떤 사물도 의인화하는 경향이 있다. 브랜드는 가격, 유통, 광고 등의 다양한 마케팅 요소를 통해 마치 사람처럼 어떤 개성을 구축하게 된다. 이를 토대로 고객은 브랜드와 무언의 의사소통을 한다.

소비자는 광고나 판매촉진 행위에 대해 브랜드가 자기에게 '말 걸기'를 한다고 여긴다는 연구 결과도 있다. 브랜드 개성이 표적청중의 개성과 유사한지 아니면 다른지 또는 브랜드 개성이 얼마나 명확하냐에 따라 반응도 다를 것이다. 브랜드 개성은 브랜드 아이덴티티에서는 절대 빠트려서는 안 될 필수 요소이다.

- 브랜드 문화: 브랜드 문화는 브랜드 지침과 같다. 한 나라의 문화가 규범과 제재를 통해 그 나라에 사는 사람들이 어떻게 행동해야 하는지에 대한 지침을 제공하는 것과 같다. 브랜드가 명확한 문화를 가지면 가질수록 브랜드 아이덴티티 역시 탄탄해진다. 애플은 신개척지를 상징하는 캘리포니아 문화와 관계가 있다. 이는 애플이 끊임없이 개혁하고 영감을 중시한다는 브랜드 문화를 구축하게 하였다. 브랜드 문화는 제품 개발이든, 광고이든 모든 브랜드 행위에 '일관성'과 '에너지'를 부여한다. 나아가 브랜드 문화는 기업과 브랜드를 연결시킨다. 특히 기업 브랜드나 마스터 브랜드인 경우에는 브랜드 문화가 더욱 중요하다. 네슬레(Nestle)는 재미와 즐거움의 이미지를 지닌 신제품을 출시하였지만 고유의 브랜드 문화와 상충되었기 때문에 성공하지 못하였다. 그러나 버진(Virgin)은 창의성을 중시하는 브랜드 문화와 잘 어울리는 독특한 아이디어의 제품을 다양한 영역에서 출시하여 성공적으로 사업을 확장하였다.
- 관계: 브랜드는 소비자 교환 과정의 핵심에 있기 때문에 브랜드는 결국 '관계'라고 할 수 있다. 특히 서비스나 유통 브랜드의 경우에 브랜드 관계의 역할은 무엇보다 중요하다. 브랜드 개성과 마찬가지로 특정 브랜드에 대해 소비자는 다양한 형태

의 관계를 가진다. 나이키(Nike)는 뭔가 적극적으로 추진하도록 부추기는 관계를, 아이비엠(IBM)은 질서를 중시하는 관계를, 그리고 네슬레(Nestle)는 친절하고 사려 깊은 친구 같은 관계를 내포한다. 금융 서비스 브랜드의 아이덴티티를 구축할 때 브랜드 관계의 역할은 매우 중요하다. 은행의 경우 브랜드 관계는 상품이나 서비스의 종류, 그리고 고객 관리 방법에 상징성을 부여한다. 브랜드 관계는 상품이나 서비스의 개발뿐만 아니라 광고와 마케팅 커뮤니케이션 메시지를 개발할 때에도 중요한 지침으로 작용한다.

- 투영 이미지: 브랜드는 누가 소비자인지를 암시하는 투영물이다. 특정 브랜드를 주로 어떤 소비자가 구입하거나 사용할 것 같은지 물어보면 곧바로 알 수 있다. 하지만 투영 이미지가 곧 표적청중의 이미지는 아니다. 물론 투영 이미지와 표적청중이 일치하는 브랜드도 있기는 하지만 항상 그런 것만은 아니다. 특히 광고에서 이 두 가지에 대한 혼동이 자주 야기된다. 통상 기업의 브랜드 관리자는 자사 브랜드의 주 구입자나 사용자를 광고에서 표현해 주기를 바란다. 하지만 소비자는 특정 브랜드를 구입하거나 사용함으로써 자신이 이런 또는 저런 사람으로 보이기를 원한다. 브랜드는 이렇게 또는 저렇게 보이고자 원하는 투영 이미지를 관리해야 한다.
- 자기 이미지: 자기 이미지는 특정 브랜드의 구입자나 사용자가 자기 스스로를 거울에 비춰 본 결과이다. 투영 이미지와 자기 이미지는 일치할 수도 있고 그렇지 않을 수도 있다. 일치하면 할수록 브랜드 아이덴티티는 일관성을 가진다.

이상에서 살펴본 6개의 브랜드 아이덴티티 요소는 서로 독립적이지 않다. 이들 요소는 톱니바퀴처럼 맞물려 브랜드 아이덴티티 구축에 기여한다.

▣ 아커의 브랜드 아이덴티티

카페러의 브랜드 아이덴티티 모형이 커뮤니케이션 관점이라면, 아커(Aaker)의 브랜드 아이덴티티 체계는 마케팅 지향적이다. 아커는 브랜드 아이덴티티란 어떤 지향점이며, 기업이 브랜드를 통해 표현하고자 하는 '목표 이미지'라고 규정하였다. 아커에 의하면, 브랜드 아이덴티티는 브랜드 전략가가 창조하고 유지하고자 하는 브랜드 연상의 묶음이다. 이 연상의 묶음에는 기업이 고객에게 제시하는 약속도 포함한다. 브랜드 아이덴티티는 모든 브랜드 구축 노력을 주도하기 때문에 그 내용이 깊고 풍부해야 한다. 브랜드 아이덴티티의 정교화란 브랜드 아이덴티티를 풍부하게 하고, 짜임새 있게 하며, 명확하게 하는 일련의 방법이다. 정교화 과정이 없으면 브랜드 아이덴티티 요소들이 모호해져서 어떤 아이덴티티 요소가 브랜드를 지원하고, 어떤 요소가 그렇지 않은지를 결정할 수 없다. 브랜드 아이덴티티가 구체화되면 기능적 · 정서적 · 자기 표현적 편익이 포함되는 가치 제안과 보증된 브랜드에 신뢰를 부여함으로써 브랜드와 고객과의 관계 수립을 지원한다.

아커의 브랜드 아이덴티티는 12개의 요소로 구성되는데, 이는 다시 4개의 유목으로 분류된다. 4개의 유목은 ① 제품으로서의 브랜드, ② 조직으로서의 브랜드, ③ 개인으로서의 브랜드, 그리고 ④ 상징으로서의 브랜드이다. 브랜드 아이덴티티 구조에는 핵심 아이덴티티, 확장 아이덴티티, 그리고 브랜드 에센스가 포함된다. 핵심 아이덴티티는 기업의 전략과 가치를 반영하고, 브랜드가 새로운 시장이나 제품으로 확장할 때에도 지속적으로 유지되어야 한다. 핵심 아이덴티티는 고객과 조직 모두에 초점을 맞춘다. 확장 아이덴티티는 핵심 아이덴티티에 포함되지 않는 모든 요소를 포괄한다.

아커의 모형에서 브랜드 에센스란 브랜드의 핵심을 파악하게 해주는 단일의 개념으로, 브랜드 에센스를 설정함으로써 핵심 아이덴티티가 더욱 명확해진다. 브랜드 에센스는 브랜드가 상징하는 많은 요소를 포괄하지만 다른 역할도 한다. 브랜드 에센스는 핵심 아이덴티티의 요소를 한데 묶어 주는 접착제라고도 할 수 있고, 모든 핵심 아이덴티티 요소에 연결된 바퀴의 중심축이라고도 할 수

그림 2-7 아커의 브랜드 아이덴티티 요소

출처: Aaker & Joachimsthaler (2000).

있다. (카페러 역시 6개 아이덴티티 요소의 응축을 브랜드 에센스로 규정하였다) 브랜드 에센스는 몇 가지 특성을 갖추고 있어야 한다. 첫째, 고객이 공감해야 하고, 둘째, 가치 제안을 주도하며, 셋째, 시간이 지나도 지속적으로 경쟁자와의 차별성을 제공해야 한다. 마지막으로, 조직 구성원과 이해관계자를 격려하고 활기를 불어넣을 수 있을 만큼 강력해야 한다.

▣ 브랜드 아이덴티티와 브랜드 포지셔닝

브랜드 아이덴티티와 브랜드 포지셔닝은 다른가? 다르다면 어떻게 다른 것일까? 브랜드 아이덴티티와 브랜드 포지셔닝은 통합 마케팅 기획에서 통합 마케팅의 목표를 수립하는 데 중요한 역할을 하기 때문에 그 차이를 이해할 필요가 있다.

첫째, 브랜드 아이덴티티가 장기간에 걸쳐 지속되는 한 브랜드의 추구 가치라면, 브랜드 포지셔닝은 '특정 시점'에 '특정 표적'에 대해 상대적인 차별적 선호를 창출하는 과정이다.

둘째, 브랜드 아이덴티티가 기업의 입장을 반영한다면, 브랜드 포지셔닝은 전적으로 소비자나 고객의 입장에서 수립한다.

'특정'이라는 표현에서 알 수 있듯, 브랜드 포지셔닝은 브랜드 아이덴티티와 달리 탄력적으로 변화가 가능하다. 아니 변화해야 한다. 브랜드 포지셔닝이 추구하는 일관성과 반복이란 시장이나 경쟁 환경, 그리고 소비자 욕구의 변화와 무관해서는 안 된다. 그렇다고 하여 어떤 지침이나 방향 없이 변화해서도 안 된다. 포지셔닝이 변화를 필요로 할 때 바로 변화의 범위나 방향성을 제공하는 역할을 하는 것이 브랜드 아이덴티티이다. 브랜드 아이덴티티의 범위에서 일관성을 유지하면서 브랜드 포지션을 변화 및 강화해 나가야 한다. 이것이 진정한 브랜드 포지셔닝에서의 일관성과 반복이다.

브랜드 확장

브랜드 확장(brand extension)은 브랜드의 중요성에 대한 인식 고조, 시장의 성숙, 그리고 광고 미디어 환경 변화의 결과물이다. 이런 환경 변화에서 브랜드 확장은 기업의 성장과 이익을 보장하는 가장 효율적인 브랜드 관리 전략이다. 그 무엇보다 브랜드가 기업의 중요한 자산이라는 인식이 없었다면 브랜드 확장은 이토록 성행하지 않았을 것이다. 브랜드 확장은 기존 브랜드의 자산을 활용하는 유용한 방법인 동시에 기존 브랜드의 힘을 강화하는 선순환 전략의 일환으로 인식된 것이다. 브랜드 확장이 가져다주는 재무적 이점도 간과할 수 없다. 신규 브랜드를 내놓는 것보다 기존 브랜드를 활용하게 되면 그만큼 신제품 도입에 따른 시장 진입 비용을 줄일 수 있어서 더 나은 이익을 보장하리라는 기대 때문이다.

▣ 브랜드 위계와 제품 포트폴리오

통합 마케팅은 개별 제품 브랜드 또는 여러 제품에 사용되는 모 브랜드 모두에 적용되므로 브랜드 위계를 이해하는 것은 매우 중요하다. 브랜드명은 전략에 따라 여러 방법으로 사용될 수 있다. 리바이스(Levi's)라는 브랜드는 시장에 출시된 새로운 제품에, 또는 기존의 진 제품에 단독으로 사용된다. 리바이스 '501'과 같이 하위 브랜드와 결합하여 사용되기도 한다. 리바이스의 예는 브랜드가 위계적으로 사용될 수 있다는 것을 시사한다. 위계는 기업 브랜드 또는 모 브랜드, 그룹 브랜드, 그리고 단일 브랜드로 계층화할 수 있다. 유니레버나 벤츠가 기업 브랜드의 예이다. 그룹 브랜드는 두 개 이상의 제품유목에 사용되는 브랜드이다. 피아노와 모터사이클에 사용되는 야마하(Yamaha)가 그 예이다. 단일 브랜드는 프링글스와 같이 단지 하나의 제품에 사용되는 브랜드이다. 물론 이러한 위계가 두부 자르듯이 명료하게 구분되는 것은 아니지만 확장 브랜드를 대상으로 통합 마케팅을 기획할 때 도움이 된다.

시장은 역동적이며 변화하기 때문에 기업의 제품 포트폴리오는 지속적으로 관리의 대상이 된다. 기업은 소유한 브랜드 간의 관계를 지속적으로 모니터링하고 관리하여야 한다. 브랜드명을 운영하는 전략은 시간에 따라 변화될 필요가 있다. 소비자의 욕구가 변하고 시장이 변하기 때문이다. 기존 시장에 새로운 브랜드를 출시할 수도 있고 또는 유망 시장에 기존 브랜드나 신규 브랜드로 진출할 수도 있다. 예컨대, 앤호이저 부시(Anheuser-Busch)는 맥주 시장이 변함에 따라 기존의 제품 포트폴리오를 수정하였다. 처음에는 버드와이저가 있었다. 하지만 수입 맥주 시장이 성장하자 기존의 포트폴리오에 미첼롭을 추가하여 수입 맥주 영역의 경쟁자에 대응하였다. 그러다 양조 생산 능력이 증가하자 일반 맥주음용자를 끌어들이기 위해 부시 비어를 포트폴리오에 추가하였다. 저칼로리 맥주에 대한 소비자의 욕구가 증가했을 때에는 내추럴 라이트를 추가하였다. 앤호이저 부시의 경우처럼, 제품 포트폴리오를 수정하는 것은 시장 환경의 변화에 따른 경쟁구도에 전략적으로 대처하는 데 매우 중요하다.

하지만 제품 포트폴리오의 변화가 반드시 새로운 브랜드 도입을 전제로 하는 것은 아니다. 새로운 브랜드를 도입할 수도 있지만 기존 브랜드를 활용할 수도 있기 때문이다. 새로운 브랜드를 도입할지 또는 기존 브랜드를 활용할지를 판단하는 것은 중요한 작업이다. 이러한 판단을 위해 '유목 개발지수(Category Development Index: CDI)'와 '브랜드 개발지수(Brand Development Index: BDI)'가 자주 이용된다. 유목 개발지수는 특정 제품유목이 시장에 얼마나 많이 침투했는지를 나타낸다. 유목 개발지수가 높다는 것은 특정 제품이 시장에서 널리 사용되고 있음을 나타내고, 낮은 지수는 그 반대 현상을 나타낸다. 신제품이거나 또는 새로운 기술이 등장하여 제품이 노후화될 때 유목 개발지수는 통상적으로 낮아진다. 시장 규모 자체가 작을 때에도 유목 개발지수는 낮을 수 있다. 브랜드 개발지수는 어떤 제품유목에서 경쟁 브랜드와의 상대적인 시장 침투 정도를 나타낸다. 높은 브랜드 개발지수는 표적시장에서 다른 브랜드에 비해 점유율이 높음을, 그리고 낮은 브랜드 개발지수는 그 반대현상을 나타낸다.

두 가지 지수는 브랜드 확장을 고려할 때 판단의 지침으로 유용하다. 브랜드 관리자가 어떤 유목에서 자사의 브랜드 포트폴리오를 들여다볼 때 유목의 개발과 브랜드 점유에 관한 전략적 질문들을 던져 볼 수 있기 때문이다. 유목 개발지수의 높고 낮음, 그리고 브랜드 개발지수의 높고 낮음에 따라 네 가지 경우의 조합을 놓고 전략적인 질문과 판단을 할 수 있다. (물론 두부 자르듯이 이분법적으로 위치가 결정되지는 않는다. 현실적으로는 두 지수의 연속선상의 어딘가에 위치한다고 보아야 한다) 브랜드 개발지수가 낮은 경우를 보자. 시장에 진입한 지 오래되었지만 브랜드의 점유율이 보잘것없다면 점유율을 끌어올리기 위해 어떤 방식으로든 브랜드 확장의 가능성을 모색할 필요성이 제기된다. 만약 유목 개발지수가 높은 경우라면 브랜드 확장의 검토 가능성은 높아지게 된다. 하지만 유목 개발지수가 낮다면 사정은 달라진다. 이 경우에는 성장 가능성이 없는 시장에서 점유율을 높이기 위해 노력을 하는 것은 별 가치가 없을 수 있다. 한편, 유목 개발지수는 낮으나 브랜드 개발지수가 높으면? 이 경우에는 브랜드 확장을 하더라도 별 재미를 못 볼 것이다. 유목 개발지수가 높으면 브랜드 확장을 고려하는 편이 낫다.

▣ 브랜드 확장의 유형

브랜드 확장은 계열 확장(line extension)과 유목 확장(category extension)으로 구분할 수 있다. 계열 확장이란 현재의 제품유목 내에서 새로운 세분시장을 대상으로 하는 새로운 제품에 모 브랜드를 그대로 사용하는 것이다. 예를 들면, 비달 사순 샴푸, 비달 사순 린스, 비달 사순 헤어 살롱, 그리고 도브 비누, 도브 바디 워시, 도브 방취제 등이 계열 확장에 해당한다. 계열 확장은 기존의 브랜드를 사용하여 다음과 같은 목적 달성을 통해 기업 성장을 꾀하려는 것이다.

- 동종 유목 내의 제품을 다양화함으로써 브랜드의 핵심적인 약속을 강화하고자 함(식품의 경우, 새로운 맛이나 향 등을 추가)
- 소비자의 욕구를 더욱 세분화하고 충족함(나이, 피부 상태에 따라 다양한 종류의 스킨 케어 제품을 출시)
- 보완 제품을 출시함(탈모 방지 욕구 해결을 위해 발모제의 보완 제품인 샴푸, 염색약 출시)

유목 확장은 현재의 제품과는 이질적인 제품유목이나 사업 영역에 모 브랜드를 사용하는 것이다. 예컨대, 버진은 항공, 신용카드, 음료 등 이질적인 사업 영역에 모두 모 브랜드를 사용하고 있다. 휴렛팩커드(Hewlett-Packard Co)의 디지털 사진 인화, 야마하의 모터사이클, 그리고 건설 중장비 브랜드인 캐터필러(Caterpillar)의 패션, 가전 브랜드인 GE의 금융 등이 그 예이다. 전략의 안전성 측면에서 보면 계열 확장에 비해 유목 확장을 할 때 브랜드 확장으로 인해 감수해야 할 위험의 정도가 더 높다고 할 수 있다.

브랜드 확장은 계열 확장과 유목 확장으로 구별되지만 대부분의 경우에는 이 두 가지 확장의 연속선상의 어딘가에 위치할 가능성이 높다. 확장은 좀 더 다양한 유형을 취할 수 있다. 타우버(Tauber, 1993)가 제안한 브랜드 확장의 일곱 가지 유형을 소개하면 다음과 같다.

- 동일한 제품에 다양한 맛이나 성분을 변형 및 추가하여 브랜드 확장
- 기존 제품의 맛이나 원료 또는 성분을 공유한 새로운 형태의 제품으로 브랜드 확장
- 기존 제품의 보완 제품으로 브랜드 확장
- 기존 브랜드의 특징적인 편익을 적용한 신제품으로 브랜드 확장
- 브랜드가 지닌 소비자 프랜차이즈를 통한 신제품이나 서비스로 브랜드 확장(유목 확장에 해당)
- 기업의 핵심 역량을 활용한 신제품이나 서비스로 브랜드 확장 (유목 확장에 해당)

• 기존 브랜드의 이미지나 명성을 활용한 신제품으로 브랜드 확장(유목 확장에 해당)

소비자의 욕구나 시장 상황의 변화로 인해, 때로는 경쟁 환경의 압력으로 인해 기업은 현재보다 낮거나 혹은 높은 가격대의 상품이나 서비스를 시장에 도입하게 된다. 이 경우 기업은 기존 브랜드의 이점을 최대한 활용하려고 신제품에 브랜드를 확장하게 된다. 이때 낮은 가격대의 제품에 브랜드를 확장하는 것을 '하향식(top-down) 브랜드 확장'이라고 한다. 메르세데스-벤츠의 이코노미 클래스 출시를 예로 들 수 있다. 물론 그 반대의 경우도 있다. 높은 가격대의 제품을 출시하면서 기존 브랜드를 활용하는 것이다. 더 높은 가격의 제품으로 브랜드를 확장하는 것을 '상향식(bottom-up) 브랜드 확장'이라고 한다.

쉽게 예상할 수 있듯이, 하향식 브랜드 확장을 구사할 경우에는 모 브랜드의 이미지나 위상이 손상 당할 위험이 있다. 기존 브랜드 이미지의 가치가 약화되는 것이다. 이런 잠재 위험을 방지하기 위해서 하향 브랜드 확장을 할 때에는 하위 브랜드 전략을 적용하는 것이 효과적이다. 예컨대, 질레트의 'Good News'처럼 모 브랜드 노출을 최소화하거나 또는 유나이티드 항공사의 'Shuttle by United'나 메리어트 호텔의 'Courtyard by Marriott' 같이 모 브랜드가 전면에 나서기보다는 단지 보증 역할을 할 수 있다. 이렇게 하면 모 브랜드는 자신의 이미지를 하향 확장 상품이나 서비스로부터 일정 거리를 유지하면서 보존할 수 있다.

상향식 브랜드 확장은 하향식 브랜드 확장과는 다른 문제에 직면한다. 가장 큰 골칫거리는 저가 브랜드에 대해 형성된 소비자의

'첫인상 효과'를 어떻게 관리하느냐는 것이다. 갈로(Gallo) 와인은 양질의 고가 신제품 와인에 새로운 브랜드를 부여하기보다는 기존의 저가 브랜드인 갈로를 확장 사용하였다. 고가의 신제품 와인의 우수성에도 불구하고 제품의 판매는 지지부진하였다. 소비자는 갈로에 대한 첫인상을 고가의 신제품에도 적용했던 것이다. 조니워커도 유사한 상황에 직면했는데, 기존의 조니워커의 첫인상 때문에 고가인 조니워커 블루에 대한 소비자의 인식을 바꾸기가 쉽지 않았다.

상향식 확장에서 이러한 문제를 해결하는 효과적인 전략은 별도의 브랜드를 적용하는 것이다. 즉, 기존의 브랜드 지식이 전이되는 것을 근원적으로 차단하는 것이다. 닛산의 인피니티나 도요타의 렉서스, 그리고 우리나라의 가전 하우젠이나 디오스는 모두 브랜드 분리 전략의 전형이다. 물론 도요타나 닛산, 삼성전자 모두 기술이나 하드웨어적 측면에서 별다른 문제가 없다. 하지만 고가 제품은 기능적 편익보다는 상징적 · 사회적 편익이 중요한 요소로 작용한다. 따라서 브랜드를 분리하는 것이 효과적이다. 만약 기능적 편익이 중요하게 작용하는 제품이라면 브랜드를 분리하기보다는 브랜드 수식어를 사용하는 것도 효과적 전략이다.

▣ 브랜드 확장과 통합 마케팅

결론부터 이야기하자면, 개별 제품 브랜드 전략에 비해 브랜드 확장 전략일 때 통합 마케팅 계획은 더욱 정교하게 수립되어야 한다. 그리고 계열 확장보다는 유목 확장일 때 기획자가 고려해야 할 요인은 더욱 많아지며 미시적 · 거시적 관점을 넘나드는 전략 역량을 필요로 한다.

개별 제품의 브랜드 전략일 때에는 확장 브랜드에 비해 통합 마케팅의 초점은 브랜드 포지셔닝 수준에서 진행될 가능성이 크다. 과거 프록터 앤드 갬블처럼 철저하게 '하나의 제품에 하나의 브랜드(one product, one brand)' 전략일 때에는 통합 마케팅 계획은 개별 브랜드의 포지셔닝에 오롯이 초점을 맞추어야 한다. 하지만 개별 제품 브랜드 전략을 구사하더라도 기업 브랜드명이 보증 역할을 할 경우에는 기업의 사회 공헌 활동이나 연구 개발 등에 대한 퍼블리시티나 마케팅 PR과 같은 커뮤니케이션 활동을 전략적으로 포함하는 것이 개별 브랜드의 포지셔닝 간에 충돌을 일으키지 않으면서 개별 제품 전체에 대해 호의적인 의도를 가지게 하는 효과적인 방법이다.

브랜드 확장 전략을 구사하는 경우에는 개별 확장 브랜드의 통합 마케팅 계획을 수립하기 전에 모 브랜드나 마스터 브랜드의 아이덴티티를 명료하게 검토해야 한다. 그리고 개별 확장 브랜드를 위한 통합 마케팅 계획은 모 브랜드나 마스터 브랜드의 아이덴티티를 일관되고 공통적으로 반영해야 한다. 계열 확장보다는 유목 확장일 때 브랜드 아이덴티티의 비중은 더욱 커질 수 있다. 마치 우산의 꼭지와 같이 각각의 우산살을 한데 묶어 주기 때문이다. 그렇지 않다면 소비자는 모 브랜드나 마스터 브랜드에 대해 통합된 인식을 가지지 못하고 개별 확장 제품에도 긍정적인 시너지를 미치기 어렵다.

브랜드 관계

마케팅의 초점이 '교환'에서 '고객 관계'로 변화한 것처럼, 기업은 소비자와 브랜드 간의 관계에 관심을 기울이기 시작하였다. 브랜드 관리에서 전통적 마케팅 개념인 욕구의 충족과 교환은 여전히 중요한 역할을 하지만 현대의 브랜드 전략가는 고객과 브랜드 간의 관계를 유지하고 강화하는 데 더 많은 주의를 기울이고 있다. 통합 마케팅의 지향점도 고객과 브랜드의 관계 강화로 이동하고 있다.

브랜드 관계란 브랜드와 고객 간의 반복된 상호작용으로 인해 사람 간의 관계에서 발생하는 사랑, 친숙, 그리고 몰입과 같은 인간적 특징을 지니게 되는 것이다. 소비자와 브랜드 간의 관계는 사람 간의 관계와 그다지 다르지 않다고 본다. 현대의 소비자는 과거와는 달리 더 이상 우수한 기능이나 성능의 상품이나 서비스에 목말라하지는 않으며 그 이상의 것을 원한다. 현대에서는 '주고받기' 식의 경제적인 거래 관계에 의한 고객 관리는 더 이상 먹혀들지 않는다. 환경이 변했기 때문이다.

정보 기술의 발전으로 과거에 비해 고객 정보를 더욱 체계적이고 과학적으로 다룰 수 있게 되었다. 구매나 사용 관련 정보를 가지고 고객을 분류하는 것이 용이해지면서 현재의 고객이 기업에 어느 정도 기여하며, 기존의 고객을 잃게 되었을 때 얼마나 손실을 입을 것인지 분명하게 인식하게 되었다. 특히 신규 고객을 창출하기가 점차 어려워지고 신규 고객을 개척하는 데 드는 비용이 기존 고객을 유지하는 것보다 훨씬 많이 소요되는 시장 환경 변화도 관계의 중요성을 인식하는 데 많은 영향을 미쳤다.

자사 고객을 유지하거나 또는 새로운 소비자를 개척하려면 무엇이 더 중요한가에 대한 인식의 변화도 무관하지 않다. 시장에는 기능이나 품질 면에서 엇비슷한 브랜드가 넘쳐나는 상황에서 소비자를 자사의 고객으로 더 오래 머물게 하는 것이 생존의 필수 요건이

되고 있다. 과거와 달리 제품이나 가격과 같은 하드웨어 요소보다는 브랜드에 대한 소비자의 느낌이나 정서, 그리고 구매 결과로 얻게 되는 심리적인 만족과 같은 소프트웨어 요소가 더욱 중요함을 인식하게 된 것이다. 제품이나 기술, 그리고 가격 중심의 전략 또는 구매나 사용 실적 중심의 고객 관리 프로그램조차 기업 간의 차별화가 무의미해지면서 소비자의 기능적 · 심리적 욕구나 원망의 충족에서 자사 브랜드에 대한 소비자의 심리적 경험의 질을 심화하는 것이 무엇보다 중요하다. 이러한 환경 변화로 인한 고객과 브랜드 관계의 변화를 살펴보면 다음과 같다.

첫째, 소비자와 브랜드 관계는 상품의 거래에서 인간적인 상호작용으로 이동하고 있다. 나이키와 같은 강력한 브랜드들은 고객 커뮤니티나 다양한 디지털 커뮤니케이션 상호작용에 많은 투자를 하고 있다. 또한 제품 그 자체보다는 제품에 대한 고객의 체험을 극대화하는 데에도 적극적이다.

둘째, 소비자와 브랜드 관계는 서비스의 거래를 넘어 개인적인 상호작용으로 이동하고 있다. 삼성 아멕스 카드는 고객 서비스 센터를 통해 고객의 질문과 요청을 받고 단순히 처리하는 것을 넘어 고객의 자료를 참고하면서 고객에 맞춘 개인적인 대화 수준으로 끌어올리고 있다.

셋째, 소비자와 브랜드 관계는 마케팅 거래에서 소비자의 요구로 이동하고 있다. 이제 마케터는 소비자가 자신의 브랜드를 이렇게 또는 저렇게 경험하도록 더 이상 통제하지 않는다. 대신에 소비자의 삶 속으로 뛰어든다. 소비자가 스스로 제품을 그들의 삶 속에서 체험하도록 만드는 것이 더욱 효과적이라는 것을 알게 되었다.

소비자와 브랜드 간의 관계에 개입하는 심리 기제는 다음과 같다. 첫째, 브랜드는 의인화된다. 인간은 감정, 의지, 그리고 사고의 소유자이다. 브랜드도 이런 것을 소유한다. 둘째, 브랜드는 소비자와 친밀하거나 절친했던 사람과 정서적으로 결합되어 결국에는 그 사람을 대체한다. 브랜드를 접하게 되면 그 사람을 대할 때와 유사한 심리적 경험을 하게 된다. 셋째, 브랜드는 소비자의 동반자이다. 브랜드가 제품이나 패키지 또는 다른 마케팅 커뮤니케이션 요소에 변화를 주었을 때 소비자는 마치 사랑하는 사람이 자신을 달리 대하는 것 같은 심리적 경험을 한다.

그러면 소비자가 브랜드를 의인화하는 데 영향을 미치는 요인은 무엇인가? 광고에 등장하는 모델과 같이 어떤 구체적인 인물과 굳이 결합되지 않더라도 브랜드는 인간적 특성을 소유한다. 광고를 하지 않더라도, 또는 광고를 하더라도 광고의 모델과 브랜드가 결합하지 않아도 브랜드는 인간적인 특성을 가진다. 반드시 광고가 브랜드에 인격을 불어넣는 핵심 요인은 아니라는 것이다. 광고가 아니더라도 매장의 인테리어, 매장 직원의 행동, 그리고 이벤트나 기사 등 다양한 마케팅 커뮤니케이션을 통해 브랜드는 개성을 획득한다. 만약 브랜드가 특정 인물과 지속적으로 결합되면 특정 인물의 개성이 브랜드에 전이됨으로써 브랜드가 개성을 소유하기는 더욱 용이해진다. 광고모델은 일정 기간 브랜드와 반복적으로 결합된다. 어느 시점에 가면 결국 광고모델의 특성은 브랜드에 이식된다. 결합의 빈도와 강도가 높아지면서 브랜드는 마침내 광고모델과 동등한 지위를 가진다.

통합 마케팅은 브랜드에 개성을 부여하는 데 중요한 역할을 한다. 소비자는 광고나 판매촉진, 그리고 포장 디자인 등과 같은 다양한 커뮤니케이션 행위를 마치 대인 관계에서 상대의 행위처럼 받아들이며, 이를 토대로 브랜드에 대한 총체적인 인상을 형성한다. 광고나 판매촉진과 같은 마케팅 커뮤니케이션 행위는 하나의 인격체로서 브랜드 행위에 비유되며, 소비자는 이를 통해 브랜드에 개성을 부여한다.

▣ 문화와 브랜드 관계

브랜드는 제품의 본질적인 기능 이외의 의미를 획득하고 이를 소비자에게 전달한다. 소비자가 브랜드로부터 어떤 유형의 상징적 · 심리적 가치를 획득하느냐는 브랜드가 지닌 의미에 의해 영향을 받는데, 이에는 문화의 역할이 지대하다.

브랜드 관계의 측면에서는 문화 아이콘의 역할이 중요하다. 문화 아이콘은 사람들의 존경과 동경의 대상이 되는 한 문화의 우상이나 상징적 존재로 자리 잡은 사람이나 대상(지역, 조직, 기관, 기업 등)이다. 홀트(Holt, 2004)에 의하면, 문화 아이콘은 어떤 문화적 · 역사적 시점에서 사회가 절실하게 필요로 하는 특정 신화를 수행하는 기능을 한다. 아이콘 브랜드(iconic brand)는 사회의 욕망과 불안을 해결하는 역할을 하는데, 소비자가 일상적으로 맞닥뜨리는 실제 세계가 아니라 상상의 세계를 통해 불안을 해결하는 신화, 즉 허구적 스토리를 수행하기 때문에 이것이 브랜드로 전이될 때 소비자와 브랜드 관계는 심화하게 된다. 브랜드가 특정한 문화 아이콘과 결합될 때 이를 아이콘 브랜드라고 한다.

아이콘 브랜드는 한 사회의 첨예한 갈등 구조를 해결하는 기능을 한다. 예컨대, 청년 실업, 부의 양극화, 그리고 성차별 등은 개인과 관련성이 높은 이슈가 될 수 있다. 아이콘 브랜드는 한 사회에 내재한 집단 욕망을 해결하는 역할을 함으로써 소비자의 자아를 대변하고 갈등을 해결하는 데 도움을 준다. 기업의 사회 참여와 공익을 위한 공유 가치에 초점을 둔 통합 마케팅 활동은 브랜드에 대한 소비자의 몰입을 높이는 데 중요한 역할을 한다. 브랜드와 문화 아이콘 간의 결합이 강해지면 아이콘 브랜드는 문화 아이콘을 대체하게 된다. 한 브랜드가 아이콘 브랜드가 됨으로써 그 브랜드는 소비자와 더욱 깊은 유대관계를 형성할 수 있다.

▣ 정서와 브랜드 관계

브랜드 관계를 이해하는 데 반드시 고려해야 할 것은 바로 정서이다. 소비자가 브랜드와 상호작용할 때 정서가 배제된 상태란 가정하기 어렵다. 오늘날 강력한 브랜드가 갖추어야 할 요건으로 소비자와의 정서적인 유대를 꼽는 데 주저하는 브랜드 관리자는 아마 없을 것이다. 관계의 동력원이라고도 할 수 있는 정서에 대한 고려를 하지 않고 소비자와 브랜드와의 관계를 제대로 이해하기는 어렵다.

소비에서 정서가 에너지를 수반하는 것은 무엇 때문일까? 그것은 바로 소비자의 자아와 브랜드가 지닌 의미가 상호작용하기 때문이다. 자아가 개입한다는 것은, 첫째, 소비의 맥락에서 소비자는 홀로 존재하는 것이 아니라 환경과의 관계 속에 놓임을 의미하며, 둘째, 브랜드를 통해 자아를 표현하려면 브랜드는 특정한 의미를 제공해야 함을 의미한다. 자아는 사회적인 실체이다. "나는 이 브랜드가 너무 마음에 들어" 또는 "친구가 이번에 새 차를 샀는데 부럽더라"와 같은 반응에는 그 브랜드 자체에 대한 소비자 개인의 주관적인 평가가 주를 이루는 것 같지만 거기에는 다른 사람의 인식이나 시선이 반영되어 있다. 즉, 비교 대상이 있는 것이다. 소비자의 자아는 하나가 아니라 실제적 자아, 이상적 자아, 그리고 사회적 자아의 다차원적 구성체이다. 실제적 자아이든, 이상적 자아이든 또는 사회적 자아이든 거기에는 다른 사람과의 비교가 개입하기 때문에 소비에는 언제나 정서 경험이 동반된다고 보아야 한다. 이러한 비교 과정에서 정서적인 반응을 강화하는 역할을 브랜드 의미가 하는 것이다. 그러면 소비 정서는 어떻게, 왜 일어나는가?

현대에서 소비는 곧 문화 체계이다. 문화 체계는 한 문화에서 공유되는 이미지나 상징, 그리고 개념으로 구성된다. 현대 사회에서 소비는 이러한 이미지나 상징, 개념의 소유와 사용 행위이다. 그런데 이러한 공유 이미지나 상징은 정서와 결합되는 경향이 있다. 두말할 필요 없이 현대 소비에서 가장 강력한 문화 체계의 하나는 브랜드일 것이다. 광고 등의 다양한 커뮤니케이션은 브랜드에 의미 체계를 지속적으로 제공한다. 브랜드는 광고의 등장인물을 통해 브랜드 사용과 관련된 정서를 대리 경험하게 만든다. 이러한 대

그림 2-8 체험 마케팅과 통합 마케팅 믹스

리 정서 경험 역시 그 브랜드를 구성하는 체계로 통합된다(우석봉, 2010).

현대에서 대부분의 브랜드는 감각 체험의 형태를 띤다는 점도 소비 정서의 유발과 관련이 있다. 체험을 제공하는 브랜드들을 보라. 『체험 마케팅』의 저자인 슈미트(Schmitt)가 주장한 것처럼, 현대의 광고와 브랜드 마케팅은 소비자에게 체험을 제공하는 데 주력할 뿐만 아니라 체험의 제공이야말로 소비자와 브랜드 관계를 강화하는 매우 중요한 수단이다. 통합 마케팅은 브랜드가 제공하는 다양한 체험과 그로 인한 정서 경험을 브랜드의 한 부분이 되게 하는 역할을 한다([그림 2-8] 참조). 제품의 패키지나 디자인, 그리고 매장의 인테리어가 제공하는 다양한 감각 체험, 심지어 웹의 가상 스토어에 들렀을 때의 느낌 이 모든 것이 브랜드를 구성한다.

CHAPTER 3

통합 마케팅 효과의 심리 기제

INTEGRATED MARKETING COMMUNICATION

통합 마케팅의 효과를 결정하는 주체는 기업이나 브랜드 커뮤니케이터가 아니라 소비자이다. 통합 마케팅의 목적을 성취하고 효과적인 통합 마케팅을 기획하려면 소비자에 대한 이해가 반드시 필요하다. 여기서는 마케팅 커뮤니케이션 효과를 결정하는 심리학적 현상을 지각, 정서, 인지, 그리고 설득으로 분류하고, 각 영역별로 통합 마케팅 효과와 관련되는 심리학적 기제를 살펴본다.

커뮤니케이션 과정

통합 마케팅은 커뮤니케이션 행위이다. 통합 마케팅과 관련된 심리학적 기제를 살펴보기 이전에 커뮤니케이션의 본질에 대해 먼저 살펴보자. 마케팅 커뮤니케이션은 어떻게 작동하는 것일까? 당신이 기억하는 광고나 광고 외의 다른 커뮤니케이션 메시지는 무엇인가? 그러한 광고나 커뮤니케이션 메시지는 당신의 구입 행동에 어떠한 영향을 미쳤는가? 이러한 질문들은 모두 커뮤니케이션의 작동 방식과 관련된 것이다.

광고는 제품이나 브랜드의 구매를 유발하는 마케팅 수단인가? 아니면 제품이나 브랜드에 대한 정보를 전달하고 긍정적인 이미지와 태도를 형성하는 수단인가? 통합 마케팅에서는 구매와 설득을 모두 고려해야 한다. 커뮤니케이션이 어떻게 작동하는지를 이해해야만 통합 마케팅에 대한 표적청중의 반응을 예측하고 통제할 수 있으며, 보다 효과적인 통합 마케팅의 기획이 가능하다.

커뮤니케이션 요소

통합 마케팅에서 광고 커뮤니케이션과 그 밖의 다양한 마케팅 커뮤니케이션은 모두 표적청중에게 어떤 영향력을 발휘하기 위해 설계된 메시지의 커뮤니케이션이다. 라틴어 어원에 의하면, 커뮤니케이션은 광고주와 같은 메시지 송신자와 수신자인 표적청중 간의 생각의 공통성 또는 하나 됨을 확립하는 과정이다. 커뮤니케이션이 발생하려면 메시지 송신자와 수신자 간에는 단순한 메시지 보내기가 아닌 생각의 공통점이 있어야 한다. 따라서 청중으로부터 커뮤니케이션 효과를 거두려면 커뮤니케이션의 작동 원리를 이해해야 한다.

모든 커뮤니케이션 활동은 ① 커뮤니케이션 목적을 지닌 메시지 송신자 또는 출처, ② 커뮤니케이션 목적이 반영된 메시지, ③ 메시지가 전달되는 경로, ④ 메시지의 수신자인 표적청중, ⑤ 표적청중의 메시지에 대한 커뮤니케이션 결과와 피드백, 그리고 ⑥ 커뮤니케이션 전체 과정을 방해하거나 장애를 일으키는 소음 요소로 구성된다([그림 3-1] 참조). 이들 요소에 대해 구체적으로 살펴보자.

- 커뮤니케이션에서 출처(source)란 광고주, 카피라이터, 또는 페이스북 페이지나 블로그 운영자와 같은 커뮤니케이션 메시지의 송신자이다. 메시지 송신자는 표적청중과 공유하고자 기대하는 어떤 아이디어나 판매 요소를 가진다. 그리고 메시지 송신자는 커뮤니케이션 목적을 달성하기 위해 메시지를 부호

그림 3-1 마케팅 커뮤니케이션 모형

출처: Moriarty, Mitchell, & Wells (2012).

화한다. 부호화란 생각이나 아이디어를 상징적인 형태로 옮기는 과정이다. 예컨대, 카피라이터나 그래픽 디자이너는 표적청중과 효과적으로 커뮤니케이션하기 위한 메시지를 설계하기 위해 다양한 단어나 문장, 그림, 상징, 또는 비언어적 요소들 중에서 특정 기호(sign)를 선택한다.

- 커뮤니케이션의 목적은 브랜드 인지의 형성, 호의적인 브랜드 이미지를 만들기 위한 긍정적인 브랜드 연상을 소비자 기억 속에 구축하기, 그리고 브랜드를 구입하게 만들기에 이르기까지 다양하다. 마케팅 커뮤니케이션 효과를 창출하려면 커뮤니케이션의 목적이 모호해서는 안 된다. 명확하고 구체적인 목적이 있어야 한다. 메시지는 커뮤니케이션 목적을 성취하기 위한 수단으로 커뮤니케이터가 얻고자 하는 것에 대한 상징적인

표현이다. 광고물, 판매촉진물, 포장 디자인, 그리고 판매 시점 광고물 등은 마케팅 커뮤니케이션 메시지의 형태들이다.

- 메시지 경로는 메시지가 송신자로부터 수신자에게 전달되는 도구이다. TV, 라디오, 신문, 잡지, 인터넷, 소셜 웹, 패키지, 그리고 빌보드(billboard)나 회사 차량 등은 브랜드 메시지를 전달하는 경로이다. 이것 외에도 브랜드 메시지의 전달 경로는 제품이나 브랜드 특성에 따라 더욱 다양하다. 구전도 메시지 전달 경로로서 중요하다. 통합 마케팅은 다양한 메시지 경로를 이용하는 마케팅 커뮤니케이션이므로 메시지 경로의 특성과 시너지를 이해하는 것은 매우 중요하다.
- 수신자는 메시지 출처 또는 송신자가 그들의 생각이나 아이디어를 공유하고자 하는 표적청중이다. 마케팅 커뮤니케이션에서 수신자는 현재의 고객이나 잠재 고객이다. 커뮤니케이션에서 마케터가 관심을 집중해야 하는 것은 수신자가 브랜드 메시지를 어떻게 해독하고 해석하는가이다. 표적청중은 브랜드 관리자나 마케팅 커뮤니케이터의 의도대로 메시지를 해석하지 않는다. 이러한 수신자의 메시지에 대한 주관적인 해석이 곧 커뮤니케이션의 결과이자 효과이다. 만약 송신자의 의도대로 수신자가 해석한다면 긍정적인 결과를 얻게 되지만 항상 그렇게 되지 않을 수도 있다.
- 피드백은 메시지에 대한 표적청중의 반응이며, 메시지 수신자인 표적청중이 송신자의 의도대로 메시지를 해석했는지를 모니터링하는 것이다. 즉, 커뮤니케이션 목적을 달성했는지 여부를 감시하도록 허용하는 것이다.
- 마지막으로, 소음(noise)은 마케팅 커뮤니케이션 과정에서 통

제하기 어려운 골칫거리 요소이다. 송신자로부터 표적청중에게 메시지가 이동하는 과정에서 메시지에 방해를 일으키는 다양한 자극이 바로 소음 요소이다. 소음은 커뮤니케이션의 어떤 단계에서든 발생할 수 있다. 송신자의 메시지가 명료하지 않을 수도 있고, 미디어의 혼잡도가 극심하여 자사의 광고 메시지가 눈에 잘 띄지 않을 수도 있다. 또는 경쟁사의 광고 크리에이티브가 독창적이어서 자사의 광고가 묻힐 수도 있다.

구분하자면 내적 소음은 광고 메시지를 수용하는 데 영향을 미치는 표적청중의 욕구, 구매 역사, 정보처리 능력, 성격이나 취향 등 메시지 수신자의 개인적인 요인들이다. 한편, 외적 소음은 표적청중의 메시지 수용을 저해하는 것으로, 메시지 수용에 영향을 미치는 기술적 · 사회경제적 트렌드 등과 같은 환경 요인이 이에 해당된다. 예컨대, 건강에 대한 관심의 증대는 패스트푸드의 광고나 마케팅 커뮤니케이션 메시지를 해석하고 수용하는 데 장애를 초래할 수 있다. 광고 미디어 환경도 외적 소음에 포함될 수 있다. 점차 심화되는 미디어의 분화와 미디어 수의 증가는 메시지 혼잡도를 야기하고 이는 다시 메시지 효과에 부정적인 영향을 미칠 수 있다.

커뮤니케이션 효과 모형

커뮤니케이션은 기본적으로 커뮤니케이션의 결과로 수신자에게 어떤 영향을 미치고자 하는 행위이다. 광고를 포함한 다양한 마케팅 커뮤니케이션 메시지의 목적은 소비자로부터 의도한 반응을 이끌어 내는 것이며, 의도한 반응을 얻었을 때 비로소 그 메시지는

'효과적'이라고 말할 수 있다. 마케팅 커뮤니케이션이 수신자인 표적청중에게 미치는 '영향'은 곧 표적청중이 메시지에 어떻게 반응하는가의 문제이다. 광고와 마케팅 커뮤니케이션이 제대로 작동하는지 그렇지 않은지를 결정하는 영향에는 어떤 것들이 있을까? 이와 관련된 대표적인 효과 모형을 살펴보자.

▣ AIDA

어떻게 커뮤니케이션이 효과를 발휘하는가에 대해 가장 널리 알려지고 사용되는 모형이다. AIDA는 주의(attention), 관심(interest), 바람(desire), 그리고 행위(action)를 나타낸다. AIDA는 1900년경에 루이스(Lewis)라는 광고인이 처음 사용한 것으로, 광고가 효과를 발휘하는 일련의 예측 가능한 단계를 가정하는데, '효과의 위계 모형'이라고도 한다. 이후에 AIDMA(attention, interest, desire, memory, action), 그리고 래비지(Lavidge)와 스타이너(Steiner)의 6단계 모형(awareness, knowledge, liking, preference, conviction, purchase) 등 다양한 위계 모형이 개발되었다. 위계 모형은 광고 효과가 단계적으로 진행된다고 가정한다. AIDA의 경우, 처음에 광고에 주의를 기울이고, 관심을 가지게 되며, 그 결과로 광고 제품에 대해 욕구가 유발되어 최종적으로 구매에 이른다고 가정한다.

▣ Think/Feel/Do

이 모형은 1970년대에 개발된 것으로, 모형을 개발한 광고대행사의 이름을 따서 FCB(Foot, Cone, and Belding) 모형이라고도 한다. FCB 모형은 광고는 소비자가 광고 메시지에 대해 생각하도록 동기를 부여하고, 브랜드에 대해 무언가 느끼도록 하며, 그리고 제품을 구매하는 것과 같이 어떤 행위를 하도록 만든다고 가정한다. 사고(think), 느낌(feel), 행위(do)는 인간의 인지, 정서, 그리고 행동에 대응하는 차원이며, FCB 모형은 광고가 소비자에게 미치는 영향을 포괄적으로 설명하는 효과 모형이다.

▣ 영역 모형

AIDA와 같은 선형적인 모형이 지닌 문제를 해결하기 위해 개발된 것으로, 광고 메시지는 소비자에 대해 단계적이 아니라 동시에 영향을 미친다고 가정한다. 영역 모형은 지각(perception), 학습(learning), 그리고 설득(persuasion)의 세 가지 효과 영역이 있다고 전제한다. 광고 메시지는 소비자의 주의와 관심(지각)을 끌고, 사고하고, 학습하게 하며, 그리고 태도와 행동에 변화(설득)를 일으키는데, 이것은 위계적이 아니라 동시에 발생할 수 있다고 가정한다.

앞에서 살펴본 모형들은 통합 마케팅 효과를 평가하는 데 유용한 지침이 된다. 하지만 문제가 없는 것은 아니다. 특히 AIDA와 같이 위계를 가정하는 모형의 경우가 그렇다. 위계 모형의 가장 큰 한계는 소비자가 언제나 정해진 단계를 따라 광고나 마케팅 커뮤니케이션에 반응하지 않는다는 것이다. 광고에 대한 주의 단계를 지나면 그다음 단계는 어떠한 순서로도 발생할 수 있다. 예컨대, 제품이나 브랜드가 개인에게 얼마나 중요한지, 또는 제품이나 브랜드를 잘못 구입했을 때 입게 되는 경제적 · 심리적 손실이 얼마나 큰지에 따라 위계는 바뀔 수 있다.

다른 한 가지 한계는 진정한 효과를 잘못 파악한다는 것이다. 최근 심리학은 인지와 정서의 역할에 대해 흥미로운 결과를 제시하기 시작하였다. 과거에는 정서를 인지에 후속하는 것 또는 인지의 부산물로 보았다. 하지만 최근에는 정서가 인지에 선행한다는 주장이 제기되고 있다. 이런 연구 결과는 기존의 효과 모형에는 반영되고 있지 않다. 마지막 한계는 최근 들어 새로운 브랜드의 출시가 급격히 줄어들고 기존의 브랜드를 이용한 브랜드 확장이 대세를 이루고 있다는 것이다. 기존의 브랜드를 이용한다는 것은 이미 소비자의 머릿속에는 브랜드에 대한 상당한 지식이 저장되어 있음을 말한다. 이럴 경우에 그것이 신제품이든 아니면 기존 제품이든 간에 광고에 대한 소비자의 반응은 과연 위계를 따를까? 또는 인지 반응이 먼저 일어날까? 아니면 정서적인 반응이 먼저 일어날까?

커뮤니케이션 효과의 영향 요인

커뮤니케이션 효과에 영향을 미치는 요인은 메시지 출처, 메시지, 그리고 커뮤니케이션 미디어와 수신자 특성으로 구분할 수 있다.

▣ 메시지 출처

출처 또는 메시지 송신자가 지닌 외모와 같은 신체적 매력, 그리고 친근감이나 수신자와의 유사성과 같은 심리적인 매력은 광고와 마케팅 커뮤니케이션 효과에 영향을 미치는 요인이다. 신체적으로 매력적인 송신자(예, 광고모델)에 대해서는 표적청중이 호의적인 감정을 가질 가능성이 증가하고, 호의적인 감정은 메시지에 대한 반응에도 영향을 미친다. 특히 신체적인 매력은 제품이나 브랜드에 대한 표적청중의 관여가 낮을 때 더욱 영향력이 증대한다. 친근감이나 유사성은 메시지 송신자와 수신자 간의 관계 지각, 나아가 커뮤니케이션 상호작용을 촉진하여 커뮤니케이션 효과에 영향을 미친다. 출처나 송신자의 전문성 또는 신뢰성은 표적청중이 메시지의 주장의 수용에 작용한다. 특히 해당 제품이나 브랜드가 전문적 지식을 필요로 할수록 출처나 송신자의 전문성의 영향이 커진다.

▣ 메시지

메시지 주장의 강도나 질은 설득이 일어날지 말지, 그리고 설득이 일어나는 정도에 영향을 미치는 요인이다. 소비자는 약한 주장보다는 신빙성 있고 신뢰하는 메시지에 설득 당하기 쉽다. 특히 메시지가 개인에게 중요하거나 관심이 클 때 이러한 경향은 강하다. 그럼에도 불구하고 대부분의 제품 광고는 이러한 메시지를 던지기가 어렵다. 그 이유는 브랜드 간에 실질적인 차이가 없기 때문이다. 브랜드 메시지가 객관적 사실보다는 주관적 이미지에 의존하는 경향이 강한 이유도 이성적인 정보보다는 정서가 소비자를 움직이는 힘이 더 크기 때문이다.

메시지를 어떤 방식으로 표적청중에게 호소하는지도 중요하다. 소구(appeal)는 메시지의 주장을 수신자에게 호소하는 방식으로, 대표적인 분류는 감성적 소구와 이성적 소구로 나눈다. 감성적 소구는 수신자의 느낌, 정서를 자극하여 메시지 수용을 높이려는 것이고, 이성적 소구는 정보의 제공을 통해 수신자의 메시지에 대한 이해를 촉진함으로써 커뮤니케이션 효과를 기하고자 하는 것이다.

메시지가 자사 제품이나 브랜드의 긍정적 측면만 전달하는지 또는 긍정적 · 부정적 측면 모두를 전달하는지도 커뮤니케이션 효과에 영향을 미친다. 이미 자사 브랜드에 대해 긍정적인 기존 고객의 경우에는 장점만을 전달하는 것이 효과적이지만 경쟁 브랜드의 고객이 표적청중이라면 장점과 단점 모두를 제공하는 것이 효과적일 수 있다. 단, 이 경우에도 단점은 장점을 부각하기 위한 도구로 사용되어야 한다.

▣ 커뮤니케이션 미디어

커뮤니케이션 효과는 미디어 유형에 의해서도 영향을 받는다. 브랜드 메시지는 TV, 라디오, 신문, 잡지, 블로그, 소셜 미디어, 그리고 옥외 미디어 등 다양한 형태의 미디어를 통해 전달된다. 물론 어떤 미디어를 통해 메시지가 전달되는지에 따라 커뮤니케이션 효과도 달라진다. 방송 미디어의 경우에는 메시지 출처를 소비자가 선호할 때 효과적이며, 반면에 소비자가 메시지 출처를 그다지 선호하지 않는다면 방송보다는 지면을 통해 커뮤니케이션하는 것이 더욱 효과적이다. 소비자는 방송 미디어에 비해 인쇄 미디어일 때 출처보다는 메시지의 주장의 질에 더욱 주의를 기울이기 때문이다. 송신자와 수신자 또는 수신자 간의 상호작용을 촉진하려면 소셜 미디어가 더욱 효과적이다.

▣ 수신자 특성

마케팅 커뮤니케이션 메시지에 대한 수신자의 개인적인 관련성이나 중요도는 커뮤니케이션 효과를 결정하는 매우 중요한 요인이다. 제품이나 브랜드 메시지에 대한 수신자의 개인적인 관련성이나 중요도가 높을 때에는 마케팅 커뮤니케이션 메시지에 노출되었을 때 메시지를 처리하려는 동기가 발생하지만 그렇지 않을 때에는 메시지의 주장에는 주의를 덜 기울이는 대신 메시지 이외의 주변 요소에 주의를 기울인다. 메시지의 주장과 표적청중과의 관련성이나 개인적인 중요도가 어떠하냐에 따라 커뮤니케이션 효과가 작동하는 방식은 다르다.

커뮤니케이션 효과는 커뮤니케이션 메시지 그 자체에 의해서만 결정되는 것은 아니며, 표적청중이 커뮤니케이션 메시지에 대해 자발적으로 만들어 내는 생각인 인지 반응(cognitive response)에 의해서도 영향을 받는다. 표적청중이 스스로 생성하는 내적인 반응은 인지적인 것이기도 하고 정서적인 것이기도 하다. 이러한 반응들은 마케팅 커뮤니케이션 메시지의 주장이나 실행 요소(크리에이티브 요소)에 관한 것이기도 하고 또는 브랜드에 대한 정서적인 반응이나 이미지이기도 하다.

인지 반응은 지지주장과 반박주장의 두 가지 유형으로 구분할 수 있다. 지지주장과 반박주장은 커뮤니케이션 메시지에 반응하여 자발적으로 생성되는 사고이다. 지지주장은 표적청중이 메시지에 동의할 때 생성된다. 반박주장은 메시지에 동의하지 않을 때 생성된다. 반박주장은 메시지에 대한 이해와는 무관하다. 비록 메시지를 충분히 이해했다고 하더라도 주장에 동의하지 않는다면 반박주장이 생성된다. 물론 하나의 커뮤니케이션 메시지에 대해 지지주장이나 반박주장 모두 생성될 수 있다. 이때에는 어떤 주장이 우세하냐에 따라 설득 효과가 결정된다.

지각

우리는 깨어 있는 동안에 광고를 포함한 외부의 수많은 환경자극에 끊임없이 노출된다. 그럼에도 폭주하는 환경자극을 관리하는 데 별다른 어려움을 느끼지 않는다. 이것이 가능한 것은 감각기관에 입력되는 외부 자극 정보 중에서 특정 정보를 선택하고 그에 적절하게 행동하는 놀라운 능력 때문이다. 광고나 마케팅 커뮤니케이션 같은 외부 자극은 시각, 청각, 미각, 촉각, 그리고 후각의 특정 감각기관의 수용기 세포를 자극한다. 더 정확하게 이야기하자면, 특정 형태의 에너지가 감각기관의 수용기 세포를 자극한다. 시각 수용기는 빛의 파장 에너지에 의해, 그리고 청각 수용기는 공기 압력 에너지에 의해 자극된다. 감각 수용기가 에너지에 반응하려면 이들 에너지는 일정 범위 내에 있어야만 한다. 개가 들을 수 있는 소리를 인간이 듣지 못하는 것은 공기 압력 에너지가 인간의 청각 수용기를 자극할 수 있는 범위 밖에 있기 때문이다.

각 감각기관의 수용기 세포가 에너지를 받아들이면 수용기에서는 전기화학적 신경신호가 발생하며, 이 신경신호는 중추신경계를 따라 대뇌로 전달된다. 대뇌로 전달되는 신경신호는 감각 수용기가 받아들인 에너지 형태에 따라 다르다. 음식에 의해 후각 수용기가 생성한 신경신호와 옥외 광고의 비주얼에 대해 시각 수용기가 생성한 신호는 같지 않다. 신경신호에 의해 대뇌는 비로소 감각 경험을 만들어 낸다. 이처럼 감각이란 해당 감각기관이 광고 등과 같은 환경자극에 반응하여 환경자극이 신경충동으로 번역되고, 그것이 대뇌로 전달되는 자극 탐지 과정이다. 그리고 감각기관으로부터 수집된 정보를 분류, 분석, 해석하고 통합하여 의미를 부여하는 능동적 정신 과정을 **지각**(perception)이라고 한다.

지각에 영향을 미치는 요인

인간은 주위의 모든 자극정보를 다 관리할 수 없다. 길을 가면서 눈으로 들어오는 수많은 광고물을 소비자가 모두 처리하기란 불가능하다. 그러므로 소비자는 '선택적 지각'이라는 과정을 통해 수많은 광고 중에서 주의를 기울일 메시지를 선택해야만 한다. 광고가 소비자에게 '선택'되려면 그 광고는 소비자의 주의와 한 판 전쟁을 벌여야 한다. 소비자는 마케팅 커뮤니케이션에 언제나 관심을 기울이지 않기 때문이다. 마케팅 커뮤니케이션이 소비자의 관심을 불러일으켜서 눈길을 끌고 주의를 받게 되면 비로소 소비자는 어떤 식으로든 반응을 하게 된다. 하지만 이때에도 조건이 충족되어야 한다. 커뮤니케이션 메시지는 어떤 식으로든 소비자의 욕구와 관련된 것이어야 마침내 소비자는 커뮤니케이션 내용이나 브랜드가 무엇인지 알아채게 된다. (더욱 운이 좋다면 그 광고는 소비자의 기억 속에 저장될 것이다) 그러면 어떤 요인이 선택적 지각에 영향을 미치는 것일까?

지각의 첫 번째 관문은 '노출(exposure)'이다. 마케팅 커뮤니케이션 메시지가 표적청중의 감각기관에 전달되는 것을 노출이라고 하며, 노출이 되어야만 지각이 가능하다. 마케팅 커뮤니케이션 메시지가 노출의 관문을 통과하지 못하면 그다음 단계로 진행하는 것은 불가능하다. 노출은 마케팅 커뮤니케이션 메시지를 어떻게 하면 표적청중에게 최대한 효과적으로 도달시킬 것인지를 고심하는 미디어 기획자에게는 매우 중요한 과제이다.

노출이라는 관문을 통과하면 다음으로는 '선택적 주의(selective attention)' 단계를 성공적으로 통과해야 한다. 선택적 주의는 표적청중이 주의를 기울일 메시지를 선택하는 과정이다. 현대와 같이 광고혼잡도가 극심한 환경에서 선택적 주의는 마케팅 커뮤니케이션 메시지의 효과를 좌우하는 매우 중요한 요인이다.

표적청중의 선택적 주의를 결정하는 요인은 '개인 요인'과 '자극 요인'으로 나뉜다. 개인 요인으로는 표적청중의 신념과 지식, 관심과 관련성, 욕구, 지각적 경계와 지각적 방어가 있다. 일반적으로 제품이나 브랜드 메시지가 표적청중이 지닌 신념이나 지식과 일치할수록 주의를 끌기에 유리하다. 평소의 신념이나 지식과 상충하는 메시지가 주의를 끌 수도 있다. 하지만 상충 메시지를 사용할 때에는 표적청중의 욕구와 관련성이 있어야 한다.

'관심'도 선택적 주의를 극복할 수 있는 매우 강력한 요인이다. 관심은 표적청중이 광고에 정신적으로 몰입하게 하는 요인이다. 어떤 광고가 잠시 주의를 끌었다고 하더라도 지속적인 관심을 받지 못하면 결국 소비자는 다른 것에 주의를 기울이게 된다. 관심은 커뮤니케이션 메시지에 지속적으로 주의를 기울이게 만드는 요인인 것이다. 소비자의 관심을 끄는 요인 중의 하나는 바로 '관련성'이다. 관련성이란 개인적인 이슈와의 연관성이다. 베네통이 광고와 소셜 미디어를 연계하여 집행한 청년 창업 아이디어 응모 캠페인은 핵심 표적인 청년 구직자와 관련성이 매우 높은 메시지이어서 캠페인은 매우 성공적이었다.

욕구는 생리적 또는 심리적인 결핍 상태이다. 무언가 결핍되었을 때에는 결핍을 메워 주는 자극이 주의를 끌기 마련이다. 배가 고프면 먹는 것이 주의를 끌고, 사회적으로 인정받기를 원하면 사회적으로 인정받을 수 있는 자극에 주의를 기울이기 마련이다. 한편, 지각적 경계는 표적청중이 광고 메시지에 부여하는 가치와 관련된

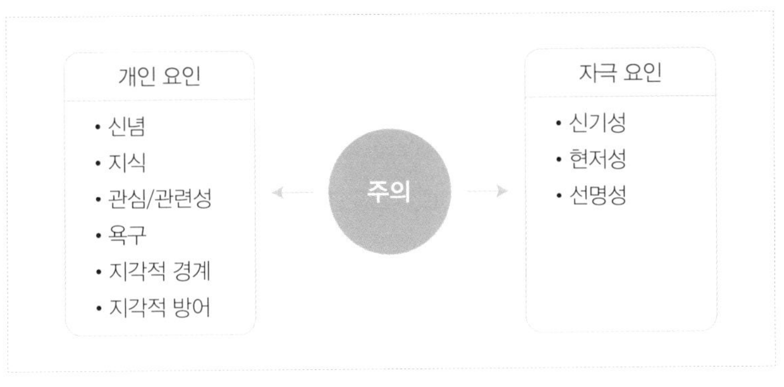

그림 3-2 주의의 영향 요인

다. 소비자는 메시지의 가치가 높은 정보에 주의를 더 기울인다. 하지만 소비자 개인이 평소에 지닌 신념이나 태도와 일치하지 않는 메시지에 대해서는 의도적으로 외면하려는 경향이 있는데, 이를 지각적 방어라고 한다.

자극 요인은 개인 요인에 비해 상대적으로 마케팅 커뮤니케이터의 통제가 용이하다. 주의에 영향을 미치는 자극 요인에는 신기성, 현저성, 그리고 선명성이 있다. 신기성(novelty)은 소비자의 기대와 호기심을 유발한다. 기대와 불일치하거나 호기심을 유발하는 광고나 마케팅 커뮤니케이션이 주의를 더 잘 끈다. 불완전하거나 기대하지 않은 고정 관념을 깨는 방식이나 위치에 광고 메시지를 제시하는 것은 주의를 끄는 데 효과적이다. 환경 미디어(ambient media)를 이용한 광고를 예로 들 수 있다. 화장실의 변기나 공원의 벤치, 또는 공항버스의 손잡이, 에스컬레이터의 계단 등과 같이 환경에 놓인 다양한 물체를 이용한 기대하지 않았던 독특한 방식의 마케팅 커뮤니케이션은 소비자의 주의를 끄는 데 효과적이다.

현저성(salience)은 마케팅 커뮤니케이션 자극과 배경의 대비 원리에서 비롯된다. 마케팅 커뮤니케이션 메시지 자체보다는 주위의 경합하는 마케팅 커뮤니케이션 메시지 간의 대비가 현저성에 영향을 미친다. 예컨대, 옥외 광고는 자극이 클수록, 컬러가 독특할수록, 정지되기보다는 움직일 때, 그리고 메시지가 적을수록 현저성에서 유리하다. 현저성 효과를 높이려면 경합해야 하는 경쟁 광고물들의 물리적 특성을 사전에 파악하여 상대적으로 부각되게 해야 한다. 마지막 요인인 선명성(vividness)은 광고나 마케팅 커뮤니케이션 자극이 지니는 구체성이다. 자극이 추상적이지 않고 구체적일수록 주의를 끌기에 유리하다. 구체적인 광고 카피나 슬로건은 이미지를 떠올리기 용이하며, 이미지를 떠올리기 쉬우면 더 다양한 감각을 동원하기 때문에 기억 효과에도 긍정적이다.

지각과 브랜드 인식

소비자는 다양한 마케팅 커뮤니케이션 자극을 있는 그대로 받아들이지 않는다. 소비자는 시각, 청각, 또는 촉각, 미각, 후각의 감각기관에 입력되는 물리적 에너지대로 외부 자극을 받아들이지 않는다는 것이다. 우리는 세상을 있는 그대로 보는 것이 아니라 보이는 대로 본다. 소비자도 마찬가지이다. 기업이 집행하는 광고나 다양한 마케팅 커뮤니케이션 메시지를 있는 그대로 받아들이지 않는다. 만약 외부 자극에 대해 사전 경험이나 지식이 없다면 소비자는 전적으로 감각기관에 입력되는 대로 자극을 해석하지만 외부 자극에 대한 경험이 있을 경우에는 사전 경험을 토대로 그 자극을 인식하는 경향이 있다. 그것도 일관되게.

소비자는 브랜드의 경우에도 있는 그대로 보는 것이 아니라 보이는 대로 본다. 광고나 판매촉진 또는 이벤트 같은 브랜드 행위에 대한 인식도 예외는 아니다. 새로 출시된 브랜드와 과거에 사용 경험이 있는 브랜드가 집행하는 다양한 마케팅 커뮤니케이션 행위 간에는 소비자 반응이 다르기 때문에 커뮤니케이션 효과도 당연히 같을 수 없다. 새로 출시된 브랜드에 대해서는 소비자의 사전 경험이나 지식이 없기 때문에 브랜드 행위를 실체대로 받아들일 가능성이 높다. 하지만 사용 경험이 있는 브랜드일 때에는 있는 그대로 보려고 하는 것이 아니라 소비자가 보려고 하는 대로 볼 가능성이 크다. 마케팅 커뮤니케이션 행위도 실체에 관계없이 브랜드에 대한 사전 경험이나 지식을 토대로 비교적 일관되게 인식한다.

▣ 지각 태

소비자는 보이는 대로 믿기보다는 믿는 대로 보려는 경향이 있다. 특징이나 성능 등 물리적 실체에서 별반 차이가 없는 상품이나 서비스라도 브랜드가 무엇인가에 따라 소비자는 얼마든지 다르게 인식할 수 있다. 두 개의 손목시계 브랜드가 있다고 가정해 보자. A는 디자인이 뛰어난 브랜드로 인식되고, B는 기능적 실용성이 우수한 브랜드로 인식된다고 하자. 그런데 두 브랜드가 디자인이나 기능이 동일한 신제품 손목시계를 출시한다면 어떻게 될까? 디자인이나 기능의 객관적인 실체가 같기 때문에 두 브랜드의 신제품에 대한 소비자의 반응도 같을까? 아마도 아닐 것이다. 가역성 도형([그림 3-3] 참조)을 보는 것처럼, 브랜드 A 신제품은 디자인이 전경으로 부각되며, 브랜드 B 신제품은 기능이 전경으로 부각된다. 브랜드 A 신제품은 B에 비해 디자인이, 그리고 브랜드 B 신제품의 경우에는 A에 비해 기능이 더 나은 제품으로 인식될 가능성이 크다.

소비자는 하나의 브랜드에 대해서도 다르게 볼 수 있다. 가역성 도형에서 주의를 어디에 두는지에 따라 전경과 배경은 전환이 일어난다. [그림 3-3]에서 어떤 것을 전경으로 보고 또 어떤 것을 배경으로 보는지에 따라 도형이 역전되는(좌측을 전경으로 볼 경우에는 색소폰을 부는 남자가, 우측을 전경으로 볼 경우에는 여인의 얼굴이 보임) 것처럼 하나의 브랜드에 대해서도 동일한 현상이 일어날 수 있다. 새로운 브랜드가 건강 기능을 강조할 경우에는 소비자의 주의는 원료나 성분, 함유량에 쏠린다. 하지만 라이프스타일에 어필한다면 소비자는 기능적 측면에 주의를 기울이기보다는 사용 상황이나 사용자의 이미지에 주의를 기울인다.

이처럼 소비자가 주의의 초점을 어디에 두느냐에 따라 브랜드에 대한 인식은 달라진다. 제품이나 브랜드를 인식할 때 전경으로 작용하는 것을 지각 태(perceptual set)라고 한다. 지각 태에 따라 소비자가 브랜드를 바라보는 인식은 달라진다. 새로 출시된 승용차의 차체가 크다고 할 경우 사고로부터 안전하다고 생각할 수도 있지

그림 3-3 가역성 도형

만 연료비가 많이 들 것으로 생각할 수 있다. 브랜드의 특징이나 속성의 어떤 면을 전경으로 부각시키느냐에 따라 브랜드에 대한 소비자의 인식은 판이하게 달라진다.

브랜드에 대해 구체적으로 판단할 기준이나 근거가 모호할 때, 즉 물리적 측면에서 다른 브랜드와 구체적 차이를 알아내기 어려울수록 지각 태는 브랜드 인식에 강력한 영향을 미친다. 이 같은 현상은 맛, 디자인, 외관, 끝마무리 같은 제품에 대한 감각 경험에도 영향을 미친다(우석봉, 2010).

▣ 맥락 효과

브랜드 인식은 외부 요인에 의해서도 영향을 받는다. 브랜드가 놓이는 장소, 위치, 그리고 상황 등과 같은 환경 요인에 의해 브랜드에 대한 지각이 영향을 받는 것을 '맥락 효과(context effect)'라고 한다.

'구성적 지각' 이론에 의하면, 우리는 외부 대상을 분석할 때 두 가지 처리 기제를 사용한다. 한 가지는 상향식(bottom-up) 처리이며, 다른 한 가지는 하향식(top-down) 처리이다. 상향식 처리는 대상이 놓인 환경 요인의 영향을 받지 않고 오롯이 대상 그 자체의 특성만을 가지고 분석을 하는 것이다. 반면, 하향식 처리를 할 때에는 외부의 환경 단서나 사전 지식이 대상을 분석할 때 동원되고 영향을 미친다. 맥락 효과는 대상이 놓인 환경 요인과 단서가 대상에 대한 지각에 영향을 미치는 하향식 처리 때문에 일어난다.

[그림 3-4]의 '13'을 보라. '13'이 수직의 숫자 맥락에 놓이면 13으로 보이지만 수평의 알파벳 맥락에 놓이면 B로 보인다. 추상화를 감상할 때 제목이 있을 때와 없을 때 추상화에 대한 해석은 달라

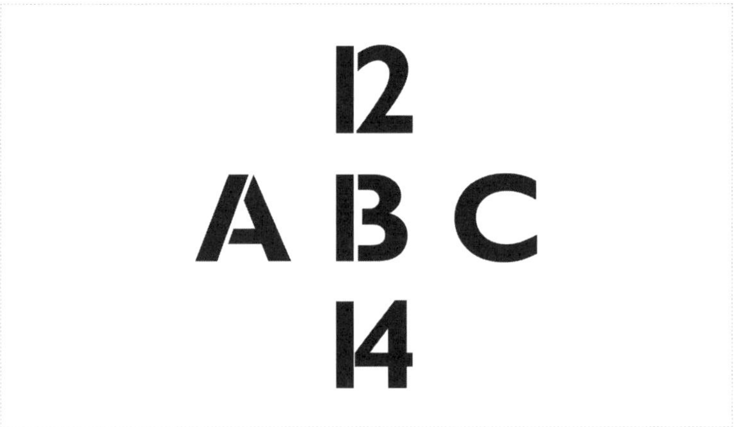

12

A B C

14

그림 3-4 맥락 효과

진다. 제목이 추상화에 대한 해석을 안내하기 때문이다. 한 연구에 의하면, 매장 바닥의 느낌과 편안함에 따라 제품에 대한 평가는 달라진다. 매장 바닥이 마루와 같이 편안하고 안락함을 줄 경우에는 매장에 진열된 제품의 질을 더욱 긍정적으로 평가하였다. 매장 바닥이 맥락으로 작용하기 때문이다(Meyers-Levy, Zhu, & Jiang, 2010).

소비자 선택에 영향을 미치는 맥락 효과의 유형은 세 가지가 있다. '타협 효과'는 선택 세트의 브랜드들 중에서 중간 가격대의 브랜드를 더욱 선호하게 되는 현상이다. 소비자는 중간 가격대를 최적의 타협점으로 지각한다. 낮은 가격이나 높은 가격이 맥락으로 작용한다. '매력 효과'는 두 가지 제품이 있을 때 열등한 브랜드가 우월한 브랜드에 대한 매력을 더욱 증가시켜 주는 현상이며, '유사성 효과'는 유사한 브랜드들이 소비자의 주의를 오히려 분산시키기 때문에 선택에 방해를 주어 판매에도 부정적인 영향을 미치는 현상이다.

브랜드가 어떤 환경에서 판매되며, 어떤 마케팅 커뮤니케이션 도구를 이용하느냐에 따라 브랜드에 대한 인식은 달라질 가능성이 크기 때문에 맥락 효과는 마케팅 커뮤니케이션 효과에서도 매우 중요하다. 길거리에 있는 매장보다는 유명 백화점에서 판매되는 브랜드, 무릎 위치가 아니라 눈높이의 진열대에 위치한 브랜드에 대해 소비자가 더욱 긍정적으로 반응할 가능성이 높은 것은 브랜드가 놓인 맥락(판매 장소, 매대의 위치 등) 때문이다. 유명 수입 화장품이나 의류, 액세서리 등의 브랜드는 단순히 백화점에 입점하는 것이 아니라 '명품 백화점'에 입점하려고 한다. 명품 브랜드는 일반 백화점에 입점하기를 오히려 꺼릴 것이다. 이 역시 맥락 효과를 염두에 두기 때문이다. 동일한 백화점 내에서도 가급적 명품 브랜드 매장이 몰려 있는 곳에 매장을 오픈하려고 한다. 이 역시 맥락 효과 때문이다.

광고를 집행하는 미디어와 미디어 브랜드도 맥락으로 작용한다. 통합 마케팅에서 미디어 믹스 전략을 수립할 때에는 도달률이나 빈도, 그리고 메시지의 노출 환경도 고려하지만 미디어와 미디어 브랜드에 대한 표적청중의 인식도 고려해야 한다. 미디어나 미디어 브랜드가 맥락으로 작용하여 통합 마케팅 메시지의 시너지 효과에도 영향을 미친다.

지각과 마케팅 커뮤니케이션 시너지

브랜드에 대한 인식은 대중 미디어 광고, PR, 이벤트, 패키지, 판매촉진, 그리고 PPL에 이르기까지 매우 다양한 마케팅 커뮤니케이션 행위를 토대로 형성된다. 그렇다면 표적청중은 한 브랜드의 다양한 마케팅 커뮤니케이션을 어떻게 지각하는 것일까? 흥미로운 점은 표적청중은 브랜드의 다양한 커뮤니케이션 행위를 하나씩 독립적으로 분리하지 않는다. 소비자는 다양한 브랜드 행위를 의미 있고 조화로운 '하나의 형태'로 파악한다. 이런 현상은 어떻게 인간의 마음이 감각 정보를 의미 있는 것으로 조직화하는가에 관심을 가진 20세기 초의 독일 심리학자들에 의해 입증되었다. 이들은 외부에서 감각 정보가 주어지면 우리는 이를 조직화하여 의미 있는 형태로 구성한다고 보았으며, 이를 게슈탈트(gestalt)라고 하였다. 게슈탈트는 '형태'나 '전체'를 의미한다. 게슈탈트 심리학자들은 '전체는 부분의 단순 합 그 이상'이라고 말한다. 1+1이 반드시 2인 것은 아니며, 3 또는 그 이상일 수도 있다.

게슈탈트 원리는 마케팅 커뮤니케이션 시너지에도 적용된다. 소비자는 한 브랜드가 집행하는 광고, 판매 촉진, PR 등의 다양한 마케팅 커뮤니케이션 메시지를 별개로 받아들이지 않는다. 각각의 마케팅 커뮤니케이션 메시지를 하나의 전체로 '조직화'한다. 통합 마케팅에 대해 게슈탈트 원리가 주는 시사점은 조화와 일관성에 의한 시너지이다. 이것은 통합 마케팅이 추구하는 기본 원리와 맞아떨어진다. 다양한 마케팅 커뮤니케이션 행위는 조화를 이루어야 하며 일관성이 유지되어야 한다. TV 광고에서는 행복을 콘셉트로 집행하고, PPL은 행복과는 거리가 먼 드라마나 영화에 집행한다면? 브랜드의 마케팅 커뮤니케이션 행위나 메시지가 조화를 이루지 않는 사례는 무수히 많다. 이런 경우 브랜드의 개별 행위나 메시지는 상충되어 시너지 효과를 기대하기 어렵다. 광고에서는 철저한 애프터서비스를 약속하는 브랜드가 실제에서는 애프터서비스 체계가 엉망이라면 오히려 광고를 하면 할수록 브랜드에 대한 부정적 인식은 강해질 뿐이다. 차라리 광고를 하지 않는 편이 낫다. 커뮤니케이션 시너지는 마케팅 커뮤니케이션의 게슈탈트에서 비롯됨을 기억하자. 소비자는 브랜드의 다양한 커뮤니케이션 행위와 메시지를 독립적으로 분해하지 않는다는 사실을 잊지 말자.

인지

기억은 정보를 받아들이고 저장하며 조직화하고 변형하고 복구하는 능동적인 정신 시스템이다(Baddeley, 1990). 기억에 대해 이해하지 못하면 효과적인 통합 마케팅 메시지의 고안도 어렵다. 커뮤니케이션 효과는 기억에 의해 좌우된다고 해도 과언이 아니다. 기억은 새로운 정보를 학습하는 것을 돕는 과거 경험에 대한 개인적인 기록이며, 자극의 지각은 물론 행동에도 영향을 미치는 중요한 인지 과정이다.

소비자의 구매 결정은 마케팅 커뮤니케이션 메시지에 노출되는 즉시 일어나지는 않는다. 짧게는 수 시간에서 길게는 수일 혹은 몇 달 후에 일어나기도 한다. 시간에 구애받지 않고 메시지가 구매에 영향을 미치려면 메시지는 소비자의 머릿속에 잘 저장되고 또 필요할 때 무리 없이 떠올라야 된다.

기억 시스템은 부호화, 저장, 그리고 인출 과정으로 작동된다. 부호화(encoding)는 정보가 기억에 저장될 수 있는 형태로 변환되는 것이다. 부호화는 자극을 잘 인식하고 충분히 이해할 때 일어난다. 자극이 모호하거나 이해하기 어려우면 기억에 저장될 수 없다. 정보가 부호화되고 나면 기억에 저장되고, 이후에 필요할 때 끄집어

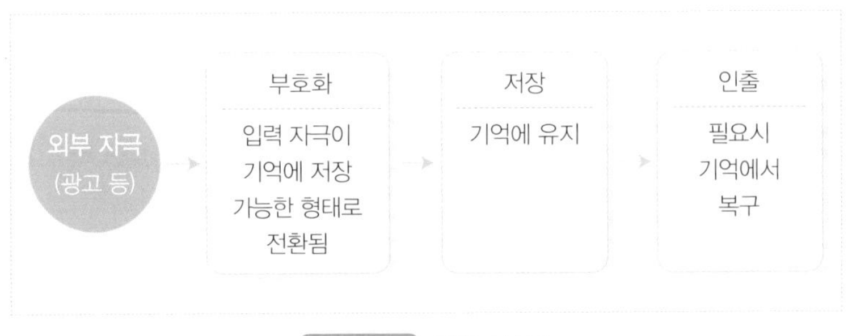

그림 3-5 기억 시스템

내게 된다. 제품이든, 브랜드이든, 또는 광고이든지 간에 어떤 정보를 기억에서 끄집어내는 것은 노드의 활성화에서 출발한다. 노드(node)란 장기기억에 저장된 특정한 정보의 조각으로, 노드들은 서로 네트워크를 이룬다. 노드가 활성화되면 장기기억의 정보를 작업기억으로 불러들이게 되고, 소비자는 비로소 정보를 의식한다.

기억 시스템

단기기억은 짧은 시간 동안 정보를 저장하는 시스템이며, 용량도 제한적이다. 단기기억은 작업기억(working memory)이라고도 하는데, 새로 입력되는 정보의 순간적인 유지뿐만 아니라 이미 장기기억에 저장된 정보를 불러들여 특정 시점에서 처리하는 기능도 한다. 예컨대, 소비자가 매장에서 어떤 브랜드를 보면서 그 브랜드의 광고를 떠올리고 있다면 그 광고는 작업기억 시스템에 있는 것이다.

단기기억의 용량은 밀러(Miller)가 '신비의 숫자 7'이라고 불렀던 것처럼, 낱개 정보 단위로 대략 7±2개 정도의 용량에 지나지 않는다. 하지만 낱개 정보를 의미 있는 덩어리로 관련지어 묶는다면 묶음이 하나의 정보 단위가 되기 때문에 그 용량은 확장될 수도 있다. 소비자가 의미 있게 묶을 수 있도록 마케팅 커뮤니케이션 메시지를 구성한다면 정보처리의 부하를 줄여 정보의 손실을 막을 수도 있다. 하지만 거의 무한대의 용량인 장기기억에 비해 단기기억의 용량이 매우 제한적이라는 점은 커뮤니케이션 기획자가 명심해야 할 중요한 사실이다. 소비자에게 많은 장점을 전달한다고 해도 단기기억은 그 정보를 모두 처리할 수 없기 때문이다. 바로 이것이 하나의 메시지 주장에 초점을 맞추는 단일집약제안(Single-Minded Proposition: SMP)이 강조되는 이유이다.

단기기억의 또 다른 특징은 정보 제시의 순서에 영향을 받는다는 것이다. 순서와 관련해서 두 가지 현상이 있는데, 초두 효과(primacy effect)와 최신 효과(recency effect)이다. 초두 효과는 처음에 제시된 정보가, 그리고 최신 효과는 마지막에 제시된 정보의 기억 효과가 증가하는 현상이다. 만약 다른 조건이 동일하다면, 소비자가 10개의 광고를 연속해서 보았을 때 처음에 본 광고와 마지막에 본 광고를 더 잘 기억한다. 한 편의 TV 광고의 경우에도 처음 장면이나 문구와 마지막 장면이나 문구를 기억하기 쉽다. TV 광고에서 첫 장면이나 첫 멘트, 그리고 태그라인(tag line)이 중요한 이유이기도 하다.

장기기억은 단기기억과는 달리 용량의 제한이 없다. 단기기억에서 탈락하지 않은 정보는 장기기억 시스템으로 넘어간다. 장기기억으로 전이된 정보는 이미 장기기억에 저장되어 있는 기존 정보와도 연결된다. 새로운 정보가 장기기억의 정보와 통합이 잘될수록 이후에 회상하기도 쉬워진다. 새로운 정보를 장기기억의 정보와 결합하는 정신 과정을 정교화(elaboration)라고 한다. 소비자가 커뮤니케이션 메시지를 정교화할 수 있도록 제작한다면 회상 효과도 커지게 된다. 소비자의 제품이나 브랜드에 대한 경험, 지식, 또는 개인적인 이슈 등 다양한 기존 정보가 메시지 정교화에 동원될 수 있다.

장기기억의 구조는 마치 방대한 그물망과 같다. 장기기억의 정보는 분리되어 독립적으로 저장되지 않는다. 서로가 연결되어 거대한 네트워크 형태로 저장된다. 심리학자인 콜린스와 로프터스(Collins & Loftus, 1975)에 따르면, 머릿속의 지식은 계층적이기보다는 마치 그물망과 같은 네트워크로 구성된다. 네트워크는 노드(node)와 링크(link)로 구성된다. 노드는 특정 브랜드나 브랜드의 속성 또는 브랜드의 편익 등과 같은 지식의 매듭으로 볼 수 있으며, 링크는 이 매듭들을 서로 이어 주는 연결이다. 예컨대, '배스킨라빈스 31'은 '아이스크림' '여러 가지 맛' '아이스크림 케이크' 등의 노드들을 가질 것이며, 이 노드들은 서로 링크에 의해 연결된다.

네트워크로 구성된 지식의 노드들이 링크에 의해 서로 연결되는

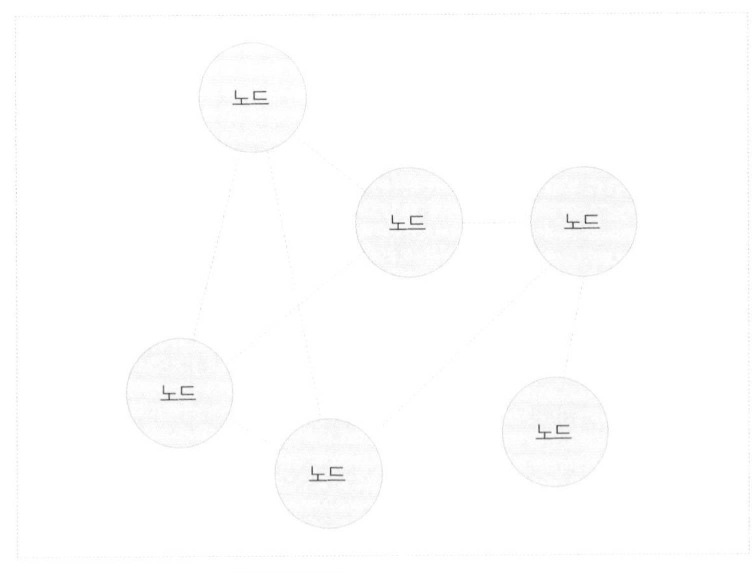

그림 3-6 장기기억의 네트워크

강도(strength)는 같지 않다. 배스킨라빈스 31은 '아이스크림 케이크'보다는 '다양한 맛'과 더 강력하게 연결된다. 왜 그럴까? 과거의 사용이나 구매 경험이 다르기 때문이다. 네트워크상에서 특정 지식의 노드들이 서로 얼마나 빈번히 연결되었는가, 얼마나 자주 사용되었는가에 따라 연결 강도가 결정된다. 그리고 연결 강도가 강한 노드의 지식이 더 잘 떠오른다. 연결된 많은 노드(그것은 특정 브랜드의 네임이나 로고 또는 타이포그래피일 수도 있고, 디자인, 기능, 가격 등 브랜드에 관한 지식일 수도 있다) 중에서 어떤 노드가 가장 빨리 활성화될 것인지는 연결 강도에 의해 결정된다.

점화 효과

점화란 사전 정보에 의해 자극의 탐지나 확인 능력이 촉진되는 현상을 말한다. 단어 인식 검사에서 실험 참가자에게 어떤 단어를 순간노출기를 통해 매우 짧은 시간 노출시킨 뒤 그것이 어떤 단어인지 알아차리는 순간에 재빨리 버튼을 누르게 하는 실험을 보자. 이 실험의 핵심은 반응해야 하는 표적단어를 제시하기 직전에 어떤 단어를 매우 짧은 순간 노출하는 것이다. 표적단어를 제시하기 전에 노출하는 자극을 점화자극(prime)이라고 한다.

두 명의 소비자가 있다고 하자. 한 소비자에게는 '조깅'이라는 점화자극을 제시하고 곧 이어 '운동화'라는 표적단어를 순간노출기로 제시한다. 다른 한 명의 소비자에게는 '조깅'이라는 동일한 점화자극을 노출하지만 운동화 대신 '샌들'이라는 표적단어를 제시한다. 이 경우에 운동화와 샌들 중에서 단어를 알아차리는 데 걸리는 시간은 어느 소비자가 더 빠를까? 운동화에 대한 반응 시간이 더 빠르다. 조깅이라는 점화자극을 보여 주면 그 순간 '조깅' 노드가 점화된다. 그러면 가장 연결이 강한 노드로 불길이 번져 가도록 준비 상태를 마련한다. 샌들보다는 운동화가 조깅과 더 자주 연결되었고, 두 노드 간의 동시 발생 빈도가 높기 때문에 운동화는 샌들에 비해 더욱 쉽게 활성화된다. 이것이 점화 현상이다.

점화는 구매나 선택 시점에서 특정 브랜드를 떠올리는 것을 촉진할 뿐만 아니라 브랜드의 마케팅 커뮤니케이션 행위나 메시지를 해석하는 데에도 지대한 영향을 미친다. 어떤 패션 브랜드가 자사의 청바지는 '착용감이 좋다'는 주장을 한다고 하자. 착용감이 좋다는 것은 편안하다는 것으로 해석될 수도 있고, 또는 입었을 때 다리 라인이 살아난다는 것으로 해석될 수도 있다. 흥미로운 현상은 하나의 정보가 여러 가지로 해석 가능함에도 불구하고 소비자는 한 가지 의미에 주의를 기울인다는 것이다.

맥락점화(contextual priming)는 소비자가 브랜드 메시지를 특정한 방향으로 해석하게 하는 데 영향을 미친다. 잡지 속의 광고는 다른 광고와 섞여 있거나 기사 속에 또는 기사와 인접해 제시되는 등 다양한 맥락에서 노출된다. (이런 현상은 인터넷 배너 광고 상황에서도 일어난다) 두 명의 소비자가 잡지를 읽는다고 하자. 두 명의 소비자 모두 어떤 대형할인점 광고를 보았다. 대형할인점 광고는 '모든 품목을 가장 싼 가격에 판매한다'는 메시지를 전달한다. 그런데 한 명의 소비자는 이 광고를 보기 전에 대형할인점이 납품 회사에 압력을 가하여 부당한 공급 가격을 요구하는 것이 문제라는 기사를 읽었고, 다른 한 명의 소비자는 대형할인점 간의 경쟁이 치열해져 이익을 낮추면서까지 고객만족을 위해 가격을 내리고 있다는 기사를 읽었다고 가정해 보자. 이 경우 '모든 품목을 가장 싼 가격에 판매

한다'는 대형할인점 광고에 대한 태도는 같을까? 아마 전자의 기사를 읽고 광고를 본 소비자는 대형할인점에 대해 부정적인 태도를 가질 가능성이 크다. 왜 그럴까? 이는 광고를 보기 직전에 읽은 기사가 광고 메시지를 부정적인 방향으로 해석하는 맥락으로 작용했기 때문이다.

맥락점화는 인접한 광고에 의해서도 발생한다. 어떤 디지털 카메라 브랜드가 업그레이드된 사양의 A라는 신제품 광고를 하면서 다양한 제품 기능을 전달하는 광고를 잡지에 게재했다고 하자. 기능이 다양하다는 것은 여러 가지로 해석될 수 있다. 활용 영역이 넓다는 것으로 해석될 수도 있고, 복잡하고 사용하기 어려운 것으로 해석될 수도 있다. 만약 한 잡지에는 이 디지털 카메라의 광고 앞 지면에 기능의 다양성을 주장하는 노트북 브랜드의 광고가 게재되었고, 다른 잡지에는 사용의 편리성을 주장하는 노트북 브랜드의 광고가 게재되었다고 하자. 이 경우 디지털 카메라 광고에 대한 해석은 소비자가 어떤 노트북 광고가 선행된 잡지를 보느냐에 따라 달라진다. 먼저 본 광고가 특정 정보를 활성화하고, 이것이 특정 방향으로 인접한 광고의 메시지를 해석하도록 영향을 미치기 때문이다(Yi, 1990).

미디어도 맥락으로 작용한다. 미디어가 제공하는 맥락점화 효과는 미디어 자체가 활성화하는 지식에 의해 유발된다. 브랜드는 고유의 콘셉트를 가진다. 캐논 프린터는 색상의 선명도를, 휴렛팩커드는 인쇄 속도나 경제성을 주장할 수 있다. 미디어가 활성화하는 정보가 브랜드 콘셉트와 일치할수록 맥락점화 효과의 덕을 볼 수 있다. 휴렛팩커드 프린터가 빠른 인쇄 속도를 주장한다면, 자동차 경주대회 협찬을 통해 레이싱 카나 온라인 자동차 경주 게임 화면의 도로에 간접 광고를 하는 것이 축구장 펜스에 광고를 하는 것보다 효과적이다.

인출

소비자가 제품이나 브랜드에 대해 많은 정보를 머릿속에 저장하고 있더라도 구매 선택과 같이 필요할 때 제대로 떠오르지 않는다면 아무런 소용이 없다. 대부분의 경우에 저장된 정보가 떠오르지 않는 것은 정보가 상실된 것이 아니라 끄집어내는 데 실패하기 때문이다. 따라서 소비자가 정보를 잘 떠올리게 하는 것은 커뮤니케이션 효과를 높이는 데 매우 중요하다. 인출이란 기억 속에 저장된 정보를 필요한 시점에 끄집어내어 사용하는 것이다.

어떻게 하면 인출이 촉진될까? 소비자가 정보를 인출할 때 그 정보를 입력하는 데 사용한 단서를 제시하면 인출에 도움을 줄 수 있다. 이런 현상을 '부호화 특수성 원리(encoding specificity principle)'라고 한다. 예컨대, 구매 시점 광고(Point of Purchase: POP)에서 TV 광고에 사용한 특정 정보(광고의 비주얼이나 카피, 슬로건 등)를 인출 단서로 사용하면 소비자가 매장에서 TV 광고 내용을 인출하는 것을 촉진할 수 있다. 이 원리는 통합 마케팅을 운영할 때 매우 유용하다.

정보적인 인출 단서 외에 기분 상태도 인출에 영향을 미친다. 인출 시점의 기분 상태와 인출해야 하는 광고 등의 정보가 지닌 정서가 일치할 때 인출이 촉진된다. 만약 특정 구매 시점에서 소비자의 기분이 즐겁다면 슬픈 감정을 일으키는 광고보다는 유머러스한 광고가 인출될 가능성이 증가한다. 이런 현상을 '기분 일치 효과'라고 한다. 머릿속에서 정보를 끄집어낼 때의 기분과 그 정보를 저장할 때의 기분과 일치하면 인출이 촉진된다. 어떤 광고를 보았을 때 즐거운 기분이었고, 그 광고의 브랜드를 구매하는 시점에서도 기분이 즐겁다면 그 광고가 인출될 가능성이 커진다. 이런 현상을 '상태 의존 효과'라고 한다. 독립 매장을 운영하는 경우에는 운영 중인 광고의 톤이나 무드와 매장의 분위기를 일치시키는 것이 효과적이다. 마케팅 커뮤니케이션 자극이 경쟁적인 커뮤니케이션 자극에 비해 독특하거나 개인적인 관련성이 높을 때에도 기억이 향상된다.

브랜드 스키마

우리는 정보를 가능한 한 신속하고 효율적으로 처리하려는 경향이 있다. 그래서 인지심리학자는 인간을 '인지적 구두쇠'라고 한다. 우리는 가능한 한 시간이 덜 소요되는 방식으로 정보를 처리하며, 모든 정보가 없더라도 사용이 가능한 몇몇 정보만으로 누락된 정보를 메꾸기도 한다. 심지어 새로운 제품이어서 그 제품에 대한 세세한 정보가 없더라도 기존의 정보를 통해 추론이나 예측을 하기도 한다. 이런 기능을 하는 것이 바로 스키마(schema)이다.

스키마란 어떤 자극 영역과 관련된 속성들, 그리고 속성들 간의 상호 관계로 구성된 기억에 저장된 조직화된 지식 구조이다. 스키마는 특정 대상에 대한 잘 조직화된 지식 덩어리이다. 스키마는 어떤 대상에 대한 구체적이고 세세한 원 자료 그 자체가 아니라 이들 자료가 압축 및 요약된 추상적인 지식 체계이다. 스키마는 우리가 살아오면서 누적된 직간접적인 경험을 토대로 형성된다. 우리는 다양한 대상에 대해 스키마를 가진다. 제품 브랜드나 기업 브랜드도 예외는 아니다. 소비자는 이들 브랜드에 대해서도 잘 조직화된 축약된 지식의 덩어리를 가진다. 브랜드 스키마를 구성하는 지식의 유형은 대체로 다음과 같이 분류할 수 있다.

- 브랜드의 제품 속성: 성능, 원료, 소재 등
- 브랜드의 비제품 속성: 가격, 사용자, 개성, 체험 등
- 브랜드의 편익: 기능적 · 상징적 또는 사회적 · 심리적 편익 등
- 브랜드에 대한 느낌, 감정, 태도 등
- 브랜드에 대한 경험

소비자는 브랜드의 다양한 행위, 즉 브랜드의 마케팅 커뮤니케이션 행위 그 자체에 대해서도 스키마를 가진다. 앞서 맥락 효과를 알아보았다. 우리는 어떤 브랜드가 유명 백화점에 입점할 경우, 그 브랜드에 대해 긍정적인 반응을 보일 가능성이 높은 것은 맥락 효과 때문임을 논의하였다. 백화점이라는 맥락도 결국은 하나의 대상이기 때문에 우리는 그 대상에 대해 스키마를 지닌다. 맥락 효과도 대상에 대한 스키마가 있기 때문에 발생한다. 신규 브랜드가 백화점에 입점했을 때 그렇지 않은 경우에 비해 더 긍정적으로 평가한다면, 이는 소비자의 백화점에 대한 긍정적 스키마가 신규 브랜드에 대한 인식 형성에 영향을 미치기 때문이다.

소비자는 가격, 판매촉진의 유형, 판매촉진 시 제공하는 사은품, 광고의 빈도, 광고 미디어, 그리고 심지어 광고 시간대에 대해서도 스키마를 가진다. 소비자는 "제품에 대해 잘 모를 때에는 무조건 비싼 브랜드를 구입하라"는 직관에 의존한다. 아내가 남편에게 퇴근 때 식용유를 사서 오라고 부탁했다고 하자. 남편은 식용유 브랜

드들에 대해서도 모르고 제품에 대한 지식도 없다. 이때 가장 안전한 선택은 가격이 비싼 제품을 구입하는 것이다. 왜 그럴까? '고가'에 대한 스키마 때문이다. 제품 자체의 단서도 예외는 아니다. 자동차의 경우에는 문 닫히는 소리에 대해서도 스키마가 작용한다. 무게감 있고 중후한 문 닫힘 소리는 '견고' '고급' '중형' 등으로 구성된 스키마를 가진다.

▣ 브랜드 스키마의 기능

브랜드 스키마는 브랜드 행위를 신속하고 간편하게 처리함으로써 시간을 절약하고 정신적인 에너지 부하를 줄여 준다. 하지만 이로 인해 정보를 과잉 일반화하기도 한다. 소비자는 구체적이고 세세한 정보에 주의를 기울이기보다는 기존의 스키마를 적용해 새로운 정보를 일반화한다. 이는 긍정적 지식으로 구성된 스키마를 가진 브랜드에는 유리하게 작용하지만 부정적 지식으로 구성된 스키마를 가진 브랜드에는 불리하게 작용한다. 소비자가 어떤 청바지 브랜드에 대해 '착용감이 좋지 않음' '세탁 후 탈색이 예쁘게 되지 않음'이라는 스키마를 가지고 있을 경우, 그 브랜드에서 신제품 청바지가 나오더라도 '이 제품도 착용감이 좋지 않고 세탁 시 탈색에 문제가 있을 것'이라고 일반화할 수 있다. 후광 효과(halo effect)라고 부르는 것도 바로 스키마의 과잉 일반화 작용의 산물이다. 소비자는 어떤 기업의 제품에 대해 긍정적인 인상을 가지면 그 기업에서 신제품이 나오더라도 기존 제품에 대한 것과 유사한 반응을 한다.

스키마가 브랜드 인식에 미치는 또 다른 효과는 정보의 왜곡이다. 소비자는 새로운 정보를 기존 스키마에 짜맞추어 지각하고 해석하는 경향이 있다. 즉, 스키마와 일치하는 정보에는 더 주의를 기울이고, 스키마와 일치하는 방식으로 정보를 부호화하며, 스키마와 일치하는 방향으로 추론한다. 스키마에 의한 정보의 왜곡 현상은 긍정적인 스키마를 가진 브랜드에는 긍정적 순환 효과를, 부정적인 스키마를 가진 브랜드에는 악순환 효과를 일으키기 쉽다. 물론 브랜드 스키마는 한 번 형성되면 수정이 불가능한 것은 아니지만 수정이 용이한 것도 아니다. 일단 형성된 브랜드 스키마를 수정하려면 오랜 시간과 비용이 소요된다.

감정

브랜드를 잘 선택했을 때 느꼈던 기쁨이나 안도감을 기억하는가? 좋아하는 브랜드나 또는 좋아했던 브랜드와 왜 그 브랜드를 좋아했는지 기억하는가? 특정 브랜드를 좋아하는 것과 광고나 기타 마케팅 커뮤니케이션은 어떤 관련이 있을까? 이제부터 브랜드를 선택하고, 평가하고, 의견을 형성하는 데 감정이 어떤 역할을 하는지 살펴보기로 한다.

소비자 선택 과정에 관한 지배적인 이론은 인지 정보처리 모형에 기반을 두고 있다. 하지만 그동안 수행된 여러 연구에 의하면, 인지는 총체적인 행동 평가의 20% 정도만 설명할 뿐이다. 인지와 함께 커뮤니케이션 기획자들이 관심을 기울여야 하는 것은 감정이다. 인간의 감정은 인지 처리에 영향을 미침에도 불구하고 소비자의 행동을 이해하는 데 있어서 그 역할은 무시되어 왔다. 하지만 우리 자신을 보더라도 알 수 있듯이 소비 경험은 결코 감정과 분리될 수 없다. 소비자가 브랜드를 평가할 때에도 감정은 결정적인 역할을 한다. 충동구매도 본질적으로는 감정의 산물이다. 감정은 브랜드에 대한 정보를 처리하는 데, 그리고 구매를 하는 동안에 브랜드에 대한 판단을 하는 데 심대한 영향을 미친다. 소비자의 감정을 이해하지 않고 마케팅 커뮤니케이션을 기획하거나 커뮤니케이션 효과를 논하는 것은 불가능하다.

감정이란 무엇인가

감정적(affective)이라는 용어는 원망을 자극하고, 정서를 유발하고, 분위기를 만들고, 애호를 창출하며, 그리고 느낌을 끄집어내는 것을 나타낸다. 감정이란 개인이 의식적으로 경험하는 주관적인 정신 상태로 정서(emotion), 느낌(feeling), 분위기(mood) 등을 총칭하는 개념이다. 정서는 감정이라는 용어와 혼용되기도 한다. (이 책에서도 정서와 감정을 혼용하기로 한다)

전통적으로 심리학자들은 감정의 특징을 세 가지로 본다. 슬픔, 기쁨, 놀람 등의 감정은 주관적 경험이며, 주관적 경험은 생리적인 흥분과 각성을 일으키고, 이러한 흥분과 각성은 표정이나 행동을 통해 외부로 표현된다. 정서 심리학자는 정서는 인지, 동기, 평가, 그리고 신체 반응을 동시에 포함하는 내적인 '에너지'로 본다.

이를 소비 맥락에 대입하면, 정서가 활성화되려면, 첫째, 제품이나 브랜드 또는 광고 등 어떤 대상에 대한 인지나 신념이 수반되어야 한다. 예컨대, '명품 핸드백은 사회적 성공을 나타내는 표시이다'거나 '저 광고의 브랜드는 내가 추구하는 가치를 대변한다'와 같은 신념은 정서가 유발되기 위해 필요하다. 둘째, '나는 명품 핸드백이 좋다. 다른 사람들이 나를 알아봐 주니까'와 같은 평가적인 판단이 동원된다. 셋째, 명품 핸드백을 생각하거나 보았을 때 일어나는 (비록 미세하여 알아차리기 쉽지 않지만) 신체 반응이 있을 경우 '명품 핸드백을 사고 싶다'와 같은 행위 동기가 유발된다.

인간의 정서를 집중적으로 연구한 플러치크(Plutchik)라는 심리학자는 인간의 감정을 수용, 두려움, 놀라움, 슬픔, 거부, 분노, 기대, 그리고 기쁨의 여덟 가지로 분류한 바 있다. 여덟 가지의 정서는 강도에 따라 달라진다. 예컨대, 강한 혐오는 증오, 약한 혐오는 지루함으로 느껴진다. 새로운 정서는 여덟 가지 기본 정서의 혼합으로 형성된다. 사랑은 기쁨과 수용, 경멸은 혐오와 분노, 그리고 향수는 기쁨과 슬픔이 뒤섞인 것이다. 소비자가 마케팅 커뮤니케이션에 대해 경험하는 감정은 여덟 가지의 기본 정서에서부터 여

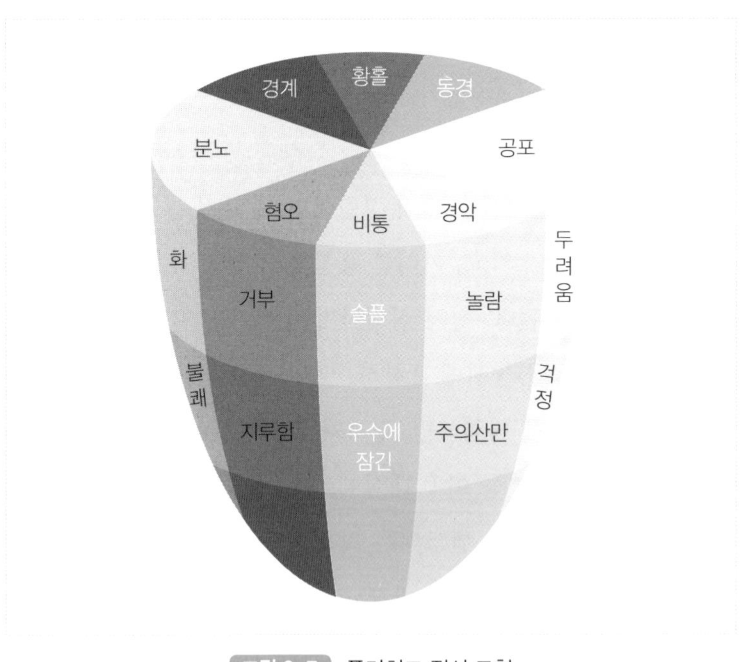

그림 3-7 플러치크 정서 모형

출처: Plutchik(2000/2004).

덟 가지의 정서가 혼합된 수백 가지의 혼합 정서에 이르기까지 매우 다양하다.

한편, 에크만(Ekman, 1992)은 놀람, 분노, 공포, 혐오, 슬픔, 그리고 기쁨의 여섯 가지 일차 정서를 제안하였다. 일차 정서는 문화권에 따라 차이가 없이 인간이라면 누구나 공통적으로 경험하는 가장 기본적인 정서이다. 문화에 따른 성장 환경에서 경험하는 정서는 차이가 있는데, 이를 이차 정서 또는 사회적 정서라고 한다(Damasio, 1999). 예컨대, 당혹감이나 죄책감 같은 정서는 기본적이라기보다는 '획득한' 정서이다. 획득한 정서는 당연히 문화권에 따라 차이가 있다. 이러한 정서는 특히 여러 나라에서 마케팅 커뮤니케이션을 운영하는 경우에 매우 중요한 이슈이다.

소비자는 마케팅 커뮤니케이션에 대해서도 다양한 감정을 경험한다. 일반적으로 마케팅 커뮤니케이션은 브랜드와 소비자의 구매 결정을 긍정적인 감정으로 포장하기를 추구한다. 때로 어떤 브랜드 메시지는 공포나 혐오와 같은 정서를 일으키려고 한다. 금연 공익 광고는 의도적으로 흡연에 대해 사람들이 부정적으로 느끼게 하려고 한다. 거슬리는 광고는 브랜드에 대한 비호감이라는 부정적인 결과를 낳기도 한다. 광고대행사 사치 앤 사치의 CEO를 지낸 로버츠(Roberts)는 충성 고객이 자신들이 좋아하는 브랜드에 대해 느끼는 열정을 '러브마크(lovemarks)'라는 개념으로 묘사하기도 하였다.

감정과 소비자 행동

전통적인 소비자 행동 모형은 인지가 먼저 일어나고 이어서 감정이 유발되며, 그리고 행동이 뒤따른다는 효과의 위계를 가정한다. 인지가 정서를 매개하고, 정서가 행동을 매개한다는 가정이다. 즉, 인지를 통해 정서가 유발된다는 것이다. 하지만 자이언스(Zajonc, 1980)는 정서가 인지를 포함하지 않는 독립적인 처리 체계일 뿐만 아니라 선호를 유발하는 일차적인 영향원이며, 때로는 인지에 선행하기도 한다고 주장하였다. 자이언스의 '단순 노출 효과(mere exposure effect)'는 이러한 주장을 뒷받침한다. 단순 노출 효과에 의하면, 어떤 자극을 형태를 인식할 수 없을 정도의 짧은 시간 동안 반복적으로 노출했음에도 불구하고 실험 참가자는 빈번히 노출된 자극을 더욱 선호한다. 이는 의식적인 인지가 없어도 대상에 대한 선호가 형성될 수 있으며, 감정이 인지에 의해 매개되는 것이 아니라 감정과 인지는 독립적일 수 있음을 시사한다. 출근 때마다 노출되는 도로의 옥외 광고에 대해서는 운전자가 의식적으로 인지하지 않더라도 선호가 형성될 수 있다. 이후의 여러 연구도 감정이 이성적인 결정 과정에 전혀 방해가 되지 않으며, 오히려 감정이 개입하지 않으면 결정을 제대로 내리는 것도 지장을 받는다는 것을 보여 준다.

'고전적 조건화(classical conditioning)'도 감정과 선택 행동의 관련성에 대한 시사점을 제공한다. 고전적 조건화란 조건 자극이 무조건 자극과 빈번히 결합함으로써 조건 자극이 무조건 자극의 역할을 하는 것이다. 무조건 자극은 광고의 경우, 배경 음악이나 광고모델 또는 배경 장면과 같이 청중으로부터 자동적으로 어떤 감정 반응을 끌어내는 자극이다. 무조건 자극과는 달리 조건 자극은 신규 브랜드나 신제품과 같이 처음에는 감정을 유발하는 힘이 없는 중립적인 자극이다. 하지만 광고를 반복적으로 보게 되면 광고의 무조건 자극이 일으킨 감정이, 즉 무조건 자극이 브랜드와 결합하게 되고 일정한 반복 후에는 무조건 자극 없이 브랜드만 보거나 떠올려도 무조건 자극이 일으킨 감정이 유발된다. 이렇게 되면 조건화가 일어났다고 한다. 이러한 고전적 조건화 역시 브랜드에 대한 감정 반응은 인지 과정의 개입 없이 유발될 수 있음을 보여 준다.

고른(Gorn, 1982)은 인지 반응의 개입 없이 감정이 소비자의 선택 행동에 영향을 미친다는 것을 최초로 입증하였다. 고른은 두 개의 실험 참가자 집단을 구성하고 이들에게 슬라이드를 통해 펜을 보여 주었다. 이때 집단별로 펜을 보는 동안 듣게 되는 배경 음악을 달리하였다. 한 집단에게는 미국 음악을, 다른 한 집단에게는 인도 음악을 들려주었다. 그리고 실험 후에 자신이 원하는 펜을 선택하도록 하였다. 결과는 어떠했을까? 75%의 실험 참가자는 긍정적 감정을 유발한 미국 음악이 배경 음악이었던 펜 슬라이드를 선택하였다! 긍정적인 감정과 연합된 펜 슬라이드를 선택한 비율이 월등히 높았던 것이다.

뇌 과학 연구에 의하면, 정서를 처리하는 뇌의 시스템은 의식적인 주의 수준에 미치지 않는 정보를 지각하고 저장할 수 있지만 의식적으로 검토되고 행동을 계획할 수 있는 서술기억 체계에도 관여한다. 서술기억 체계란 세상사에 관한 지식과 정보를 간직하는 것으로, 인지 처리가 일어나는 핵심임에도 별개의 경로가 정서에 개입하는 것 같다(Eichenbaum, 2002). 이런 연구 결과는 무엇을 의미하는 것일까? 대부분의 의사결정에는 고차의 인지 처리가 개입하지만 다 그런 것은 아니며, 고차적인 인지 과정도 무의식적인 정서 반응에 의해 매개될 수 있다는 것이다. 미탈(Mittal, 1988)의 '감정 선택 모형'은 소비자 선택에서 비인지적 방식으로 정서를 바라보는 한 예이다. 이 모형은 특히 패션이나 향수 등과 같은 상징적인 제품의 구매에 적용되는데, 정서 기반의 선택은 총체적이며, 자기초점적이고, 언어화될 수 없다는 특징이 있다. 총체적 선택이란 소비자가 제품의 개별 속성을 분리하기보다는 전반적인 인상에 의존하는 것이다. 자기 초점 선택은 상징 제품에 대한 정서 판단은 우회적이 아니라 직접적으로 이루어진다. 차가 '호화롭다'는 것은 차의 내재적인 이성적 특성 이상의 판단의 가치와 성격을 반영한다.

감정이 주의와 인지에 미치는 영향

마케팅 커뮤니케이션 메시지에 대한 정서 반응은 메시지에 주의를 기울일지 말지를 결정한다. 이런 사실은 모든 커뮤니케이션 자극을 처리할 때 가장 선행하는 것은 정서라는 결과를 내놓은 최근의 신경과학 연구와도 일치한다. 자극으로부터 의미를 끌어내는 과정인 지각은 무의식적인 정서 시스템이 우선하는 정교한 심포니에 비유되곤 한다. 지각의 방향을 잡는 데 있어 정서의 역할은 브랜드 메시지에 대한 반응을 구조화한다. 정서 반응은 지각을 좌우할 뿐만 아니라 무의식적인 반응을 의식화하기 때문에 강력하다. 나아가 긍정적인 정서 반응은 기억에도 영향을 미친다.

감정과 인지는 상이한 심리적 반응임에도 불구하고 상호 관련성이 높기 때문에 서로 영향을 미친다. 전통적 서구 철학은 인간의 정신 과정을 인지 중심으로 보았다. 감정은 인지 과정을 촉진하거나 방해하는 부수적인 과정이라고 본 것이다. 예컨대, 감정 일치 가설(mood congruency hypothesis)에 의하면 마케팅 커뮤니케이션 자극의 입력, 처리, 저장, 인출, 그리고 좋고 싫음의 판단과 접근-회피 행동은 감정과 일치하는 방향으로 이루어진다. 긍정적인 감정 상태일 때에는 긍정적인 정보의 입력과 처리가 잘 이루어지며, 부정적인 감정 상태일 때에는 부정적인 정보의 입력과 처리가 촉진된다. 마케팅 커뮤니케이션 자극에 노출되기 전의 감정 상태가 메시지의 효과에 영향을 미친다.

감정점화(affective priming)도 마케팅 커뮤니케이션 자극에 대한 인지 과정에 영향을 미친다. 감정점화란 사전에 형성된 감정이 뒤이은 자극에 대한 평가나 판단에 영향을 미치는 현상이다. 마케팅 커뮤니케이션 자극에 노출되기 전에 긍정적인 감정을 경험하면 마케팅 커뮤니케이션 자극에 대한 평가도 긍정적이며, 반면에 부정적인 감정을 경험하면 마케팅 커뮤니케이션 자극에 대해 부정적인 평가를 하게 된다. 이처럼 감정은 마케팅 커뮤니케이션 자극에 대한 평가와 판단에 영향을 미치는데, TV 광고의 경우에 광고에 선행한 프로그램이 긍정적 또는 부정적인 감정을 유발하면 브랜드에 대한 평가가 영향을 받을 수 있다. 드라마 등과 같은 프로그램에 의해 유발된 감정은 후속 광고나 광고 브랜드에 대한 평가에 영향을 미칠 수 있기 때문에 미디어 기획자는 시간대 이외에 프로그램이 유발하는 감정의 유형에 대해서도 주의를 기울여야 한다.

감정이 동기에 미치는 영향

감정은 강력한 동기로 작용한다. 동기란 인간을 특정한 방향으로 움직이게 만드는 힘이다. 정서는 인간을 특정한 방향으로, 특정 강도로 움직이게 만드는 힘인 것이다. 감정은 감정을 유발한 자극이나 자극 상황에 대해 접근하려거나 또는 회피하려는 경향을 일으킨다. 접근하려는 경향은 대상으로 향하려는 것이며, 회피하려는 경향은 대상으로부터 멀어지려는 경향이다. 유쾌한 감정을 일으키는 브랜드에 대해서는 구매하려는 경향이 증가하며, 불쾌한 감정을 유발하는 브랜드에 대해서는 구매를 꺼리는 경향이 증가하는 것이다. 결국 감정은 소비자의 구매 욕구를 창출하는 강력한 요인이다.

감정은 특정 브랜드가 아닌 전반적인 소비나 구매 행동에도 영향을 미친다. 매장의 음악은 매장에 머무는 시간과 의사결정 속도를 결정한다. 빠른 음악은 쇼핑을 서둘게 하며 의사결정도 신속하게 내리게 한다. 반대 현상도 성립한다. (물론 브랜드의 특징이나 전략에 따라 어떤 감정 상태를 유발할지도 달라진다) 충분한 시간을 가지고 자사 제품을 천천히 둘러보게 해야 한다면 빠른 템포의 음악은 별반 도움이 되지 않는다. 음악을 비롯한 다양한 마케팅 커뮤니케이션 요소는 정서를 일으키고, 정서는 브랜드와 결합된다.

감정과 브랜드 연합

효과적인 통합 마케팅의 기획을 위해 브랜드에 대한 정서연상의 역할에 대해 알아보자. 인간의 기억 유형에는 '정서기억'이란 것이 있다. 정서기억은 우리가 학습은 하였지만 망각된 기억에 대한 정서연상으로부터 무의식적인 반응이 일어나는 것이다. 우리는 브랜드에 대해서도 정서연상을 가지며, 이것은 브랜드에 대한 기억과 연결된다.

우리가 어떤 브랜드를 생각할 때에는 편익이나 특징과 같은 인지적인 연상뿐만 아니라 정서적인 연상도 함께 떠오른다. 만약 마케팅 커뮤니케이션 관리자가 브랜드에 대한 정서연상을 측정할 수 있다면 강력한 도구로 활용할 수 있다. 브랜드에 대한 정서연상을 알게 되면 고객이 브랜드에 대한 정보를 어떻게 처리할 것인지도

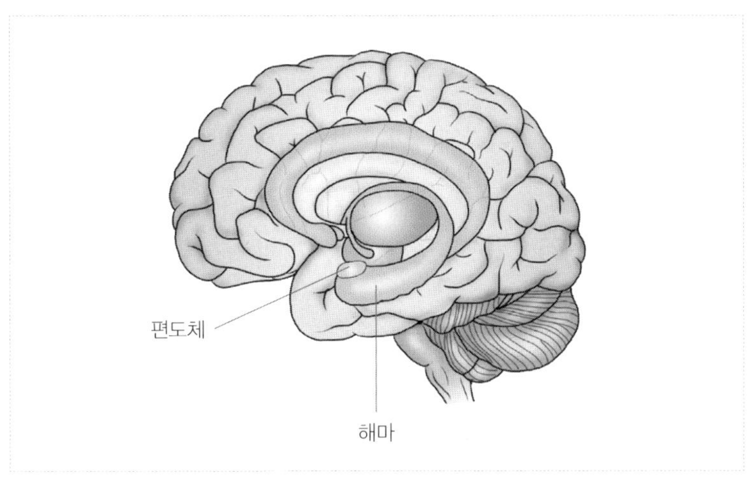

그림 3-8 변연계의 편도체와 해마

예측이 가능하기 때문이다.

정서는 고차 인지 처리 기제와는 독립적인 신경계의 부분임을 앞서 살펴보았다. 하지만 정서는 인지 과정과 통합될 수도 있다. 정서는 변연계(limbic system)의 한 부분을 차지하는 편도체(amygdala)가 담당한다. 고차 인지 과정과 통합이 일어나는 곳은 바로 변연계이다. 변연계는 정서와 인지적인 정보 모두의 처리를 통제하는 역할을 하는 것으로 알려져 있다. 변연계에서 인지 처리는 해마(hippocampus)가, 그리고 정서 처리는 편도체가 담당한다.

서술기억(서술기억은 의식이 있는 상태에서 회상해 낼 수 있는 기억이다. 지식과 알고 있는 사실들이 서술기억에 포함된다)과 상호작용하는 정서는 의식을 벗어난 반사적 반응을 촉발하기보다는 행위에 대한 정교한 계획을 촉발하는 역할을 한다. 정서는 인지 처리와 통합되어서 더욱 장기적인 계획 수립이나 의사결정으로 이끄는 것으로 알려져 있다. 이것은 진화론적으로 볼 때에도 상당한 적응적 가치가 있다. 장기 계획을 수립할 때에는 일일이 고려하기에는 너무 많은 요인이 있기 때문에 정서적인 느낌을 가지는 것은 정신적인 노력의 절감 측면에서 경제적이기 때문이다. 비록 정서가 인지 신경 시스템에 속하는 부분은 아니지만 그럼에도 인지 처리와는 통합된다. 이는 정서가 의식적인 인지 처리의 '틀'을 짠다는 것을 의미한다.

브랜드를 선택할 때 암묵적 기억이 어떤 영향을 미치는지를 기능적 자기공명영상(fMRI)을 사용해서 알아본 흥미로운 연구가 있다(Deppe et al., 2005). 암묵적 기억은 무의식적이며 비인지적인 기억이다. 연구 결과에 의하면, 피험자가 브랜드에 대해 이전부터 가지고 있던 정서 경험은 진행 중인 의사결정 처리와 통합되는 것으로 나타났다. 소비자가 좋아하는 브랜드를 선택할 때에는 뇌의 인지 영역 활성화는 감소하지만 정서 처리가 일어나는 영역의 활성화는 증가한다(코크와 펩시를 대상으로 한 기능적 자기공명영상 연구를 보라). 정서가 브랜드 선택에 관여한다는 것은 의심의 여지가 없다.

브랜드 선택 결정을 할 때 긍정적인 정서기억은 거의 모든 경우에 긍정적인 정보로 작용한다. 그 결과, 브랜드의 정서적인 중요성은 얼마나 주의를 기울이며 얼마나 신경을 쓰는지에 영향을 미친다. 이는 브랜드에 대한 정서연상은 소비자가 브랜드 선택 결정을 할 때 어떤 정보를 회상할지를 결정함을 의미한다.

퍼시와 동료들(Percy et al., 2004)은 브랜드에 대한 정서연상을 측정하는 방법을 제안하였다. 브랜드에 대한 정서연상은 소비자가 브랜드에 대한 정보를 어떻게 처리하는지에 대한 시사점을 제공하기 때문에 브랜드의 포지셔닝이나 마케팅 커뮤니케이션을 설계하는 데 매우 유용하다. 예를 보자. 〈표 3-1〉에는 3개의 샴푸 브랜드

표 3-1 **정서연상 강도**

브랜드	정서연상 강도(절대 평정값)
브랜드 A	74.2
고객	91.0
비고객	83.2
브랜드 B	−9.9
고객	265.0
비고객	−52.5
브랜드 C	128.1
고객	169.4
비고객	113.3

의 정서연상 값이 제시되어 있다. 표의 값은 전반적인 정서연상 강도이다. 브랜드 C와 A의 정서연상은 강하지만 브랜드 B의 정서연상 값은 마이너스이다. 하지만 각 브랜드의 정서연상 값을 고객과 비고객으로 분리하면 완전히 다른 결과를 얻게 된다. 브랜드 A와 C는 고객과 비고객 간에 정서연상 강도가 별 차이가 없지만 브랜드 B는 고객과 비고객 간에 상당한 차이가 있다. 브랜드 B는 높은 고객 충성도를 즐기고 있지만 현재 비고객을 끌어들이기에는 문제가 있음을 알 수 있다.

■ 감정과 브랜드 구축

브랜드 구축에서도 정서적인 유대가 중요하다. 경제 불황기에는 긍정적인 정서를 유발하는 브랜드 커뮤니케이션이 부정적인 것보다 효과적이다. 경제적으로 힘든 시기에는 분위기를 띄우는 메시지가 효과적이다. 아울러 어떤 유형의 정서적인 메시지는 더욱 공명을 일으킨다. 마케팅 컨설팅사인 '뉴 솔루션(New Solution)'의 리서치 디렉터인 우즈(Woods)는 "이제 브랜드 마케팅은 제품 편익이 아니라 소비자와의 정서 결합을 파는 시대에 접어들었다"고 하였으며,『Emotional Branding』의 저자인 고베(Gobe, 2001)도 정서 브랜딩이 브랜드 관리를 위한 새로운 패러다임임을 강조하였다.

브랜드 관계에 관한 연구로 널리 알려진 포르니에(Fournier, 1998)의 연구에서는 소비자와 브랜드의 관계에는 정서가 깊이 관여함을 보여 주었다. 사랑과 열정은 강력한 브랜드 관계의 핵심을 구성하는 정서 유대이며, 사랑과 열정의 브랜드 관계는 '브랜드를 좋아한다'는 차원 그 이상의 유대라고 하였다. 소비자가 특정 브랜드와 사랑의 관계에 빠질 때, 한동안 그 브랜드를 사용하지 않게 되면 소비자는 뭔가를 상실한 느낌을 가진다. 그 기간이 길어지면 마치 아이가 엄마와 헤어져 있을 때 느끼는 감정과 같은 '분리 불안'을 경험한다. 브랜드와 사랑의 관계에 있을 때 소비자는 그 브랜드를 '편애'하게 된다. 사랑에 빠지면 좋은 점은 더 좋아지고, 나쁜 점도 그다지 문제 삼지 않게 된다. 몰입은 브랜드와 오랜 관계를 유지하려는 높은 수준의 정서적 · 행동적 의도이다. '나는 다른 브랜드는 사지 않는다'라든지 '나는 브랜드를 고집한다'는 행동을 유지하게 된다. 또한 친교는 브랜드에 대한 많은 지식에 토대한 정서 유대이다. 브랜드에 대한 확신 그리고 경쟁 브랜드의 공격에 대해 강한 저항을 가지게 한다.

▣ 소비와 감정

현대의 브랜드 관리자라면 '브랜드는 실용적인 제품 편익의 제공자가 아니라 소비의 의미나 체험의 제공자'라고 말하길 주저하지 않을 것이다. 화장품은 '영원한 젊음'을 이야기한다. 자동차는 '사회적인 우월이나 성취'를, 그리고 다이아몬드는 '변치 않는 사랑'을 이야기한다. 그리고 정보통신 브랜드는 '마음먹은 대로 할 수 있음'을 이야기한다. 이렇듯, 브랜드가 소비의 의미나 체험을 제공한다면 소비는 곧 '정서 체험'이 된다.

점차 소비가 감각 체험의 형태를 띤다는 점도 소비와 정서의 관련성을 말해 준다. 『체험 마케팅(Experiential Marketing)』의 저자인 슈미트(Schmitt)의 주장처럼, 현대의 브랜드 마케팅은 제품의 내재적인 특징이나 편익이 아니라 소비자에게 체험을 제공하는 데 주력하고 있다. 브랜드가 제공하는 다양한 체험과 그로 인한 정서 경험 역시 브랜드의 한 부분이 되는 것이다. 제품의 패키지나 디자인, 매장의 인테리어, 그리고 이벤트나 소비자 참여 행사가 제공하는 다양한 감각 체험, 심지어 웹의 가상 스토어나 브랜드 엔터테인먼트로부터 얻는 느낌 등 이 모든 것이 브랜드의 정서를 구성한다.

하나의 브랜드가 언제나 특정한 정서만을 제공하는 것은 아니다. 특히 사회적인 맥락을 고려할 때에는 더욱 그렇다. 이런 현상은 정서가 지니는 정적 · 부적 유인가 때문이다. 소비는 다양한 정적 · 부적 정서를 통해 일어난다. 왜 동일한 제품이라도 브랜드에 따라 소비 형태에서 차이가 생기는 것인가? 하나의 브랜드라도 왜 정서 상태에 따라 다르게 소비되는 것인가? 예를 들어, 발렌타인데이에 남자 친구에게 초콜릿을 선물하는 경우를 생각해 보자. 어떤 경우에는 친구에게 지지 않으려는 질투심 때문에 더 값비싼 초콜릿을 구입할 수 있다. 하지만 남자 친구와 소원해진 것 같아서 이전의 관계로 되돌리기 위해 정성을 들여 더 고급스러운 초콜릿을 구입할 수도 있다. 정서는 복합적인 것이며, 때로는 사랑과 질투와 같은 양극의 정서가 동시에 발생할 수도 있다.

정서는 소비자의 목표나 가치관 등을 통해 세상에 대한 소비자 개인의 관점을 표현하는 도구이다. 소비 정서는 소비자 개인의 중요성 또는 가치에 대해 주관적으로 세상을 표현하는 것이다. 다시 말해, 정서는 소비자 개인의 선호에 우선순위를 정하는 기능을 한다. 통합 마케팅 기획자는 표적청중에게 자사 브랜드의 일관된 정서를 끊임없이, 하지만 신선하고 새롭게 제공해야 한다. 수시로 자사 브랜드의 포지셔닝을 바꾸라는 말이 결코 아니다. 브랜드의 이이덴티티나 포지셔닝은 전략적으로 일관되게 유지하면서 지속적으로 새로움, 즉 '쾌'를 제공해야 한다. 새로운 제품에 대한 체험 기회의 제공, 웹 페이지의 리뉴얼 또는 브랜드 정서를 경험할 수 있는 소비자 접점을 개발하고 다양화하는 등의 노력을 전개해야 한다.

설득

설득(persuasion)은 메시지 수신자가 믿게 하거나, 뭔가를 하도록 영향을 미치거나, 동기화시키려는 메시지 발신자의 의식적인 의도이다. 태도를 형성하고 변화하며 확신을 하도록 하는 설득 커뮤니케이션은 대부분의 마케팅 커뮤니케이션이 지향하는 중요한 목표이다. 설득은 인지적 · 감정적 요인이 상호작용하는 영역이다. 설득은 이성적인 주장을 통해서, 그리고 정서의 자극을 통해 작동한다. 설득 전략은 머리와 가슴 모두를 자극하기 위해 사용될 수 있다.

태도

태도는 반응 경향성 또는 정신적인 준비 상태로, 사람이나 대상 또는 이슈에 대한 일반적이며 비교적 지속적인 긍정적이거나 부정적인 느낌 또는 평가판단으로 정의한다. 제품이나 브랜드, 그리고 광고를 포함한 마케팅 커뮤니케이션 자극도 당연히 태도의 대상이다. 태도의 특징은 세 가지로 정리된다.

첫째, 태도는 경험을 통해 학습된다. 경험은 제품의 사용과 같은 직접적인 것일 수도 있고, 다른 사람에게서 전해 들은 제품에 대한 평가나 블로그의 내용과 같은 간접적인 것일 수도 있다.

둘째, 태도는 한 번 형성되면 비교적 지속되는 경향이 있다. 어떤 브랜드에 대한 긍정적이거나 부정적인 느낌은 평생 지속되는 것은 아니지만 다른 요인이 개입하지 않는다면 지속된다.

셋째, 태도는 행동에 영향을 미친다. 바로 이것이 마케팅 커뮤니케이션 기획자가 태도에 관심을 기울이는 핵심 이유이다.

특정 제품이나 브랜드에 대한 태도를 알면 소비자가 그 브랜드를 구매할지 아닐지를 예측할 수 있기 때문이다. 물론 태도와 행동이 반드시 일치하지는 않지만 많은 경우에 태도는 행동의 훌륭한 예측 요인이다. '나는 레드불을 정말 좋아해.' '나는 콜드스톤 아이스크림을 좋아해.' '나는 액션 영화를 싫어해.' 브랜드나 영화 장르에 대한 이러한 태도는 모두 학습된 것이며, 어떤 특별한 계기나 이유가 없다면 지속된다. 나아가 소비자는 그러한 태도와 일치하는 행동을 한다. 레드불과 콜드스톤 아이스크림을 계속 구입할 것이며, 액션 영화는 보지 않을 것이다.

▣ 태도 모형

태도의 삼원 모형은 태도가 감정, 인지, 그리고 행동의도로 구성된다고 본다. '나는 레드불을 좋아한다'는 것은 태도의 감정 요소에 해당한다. 인지적인 구성 요인은 대상이나 이슈에 대한 개인의 지식이나 생각, 그리고 신념이다. '어떤 승용차 브랜드가 소비자 고객 만족도에서 1위를 차지했다' '운전 중 전화 통화는 위험하다' '어떤 식품 브랜드는 유기농 재료만을 사용한다' 등의 예는 모두 태도의 인지 요소이다. 행동의도 요소는 대상을 향한 개인의 행동 경향이나 선유(先有) 경향이다. 소비 상황에서는 대상에 대한 구매 의도가 행동의도 요소에 해당된다. 태도는 소비자가 특정 제품이나 브랜드에 대해 일관되게 좋거나 싫은 방식으로 반응하게 만든다. 비만

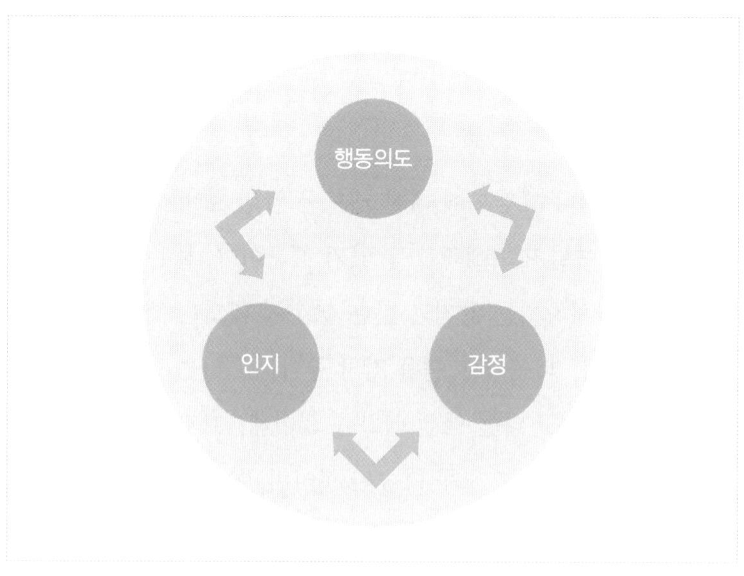

그림 3-9 태도의 삼원 모형

을 싫어하는 소비자는 칼로리가 높은 식품을 구매하려고 하지 않을 것이다.

태도의 세 가지 구성 요인이 작동하는 위계는 관여도(involvement)에 따라 달라진다. 고관여 위계 또는 표준학습 위계일 때에는 인지, 감정, 행동의도의 순으로 진행된다. 새로운 브랜드일 경우, 소비자는 처음에 브랜드를 알게 되고, 정보를 획득하며, 그리고 브랜드가 욕구를 충족시키는 능력에 대한 신념을 형성한다. 신념들은 통합되고, 이를 토대로 느낌과 평가, 판단이 이루어진다. 신념과 느낌, 그리고 평가, 판단을 토대로 새로운 브랜드에 대한 구매 의도가 형성된다.

한편, 저관여 위계에서는 인지, 감정, 행동의도의 진행 순서에 변화가 일어난다. 인지의 개입은 최소화되고, 구매와 같은 행동이 먼저 일어나며, 이어서 감정을 가지게 된다. 갈증을 느끼고 편의점을

그림 3-10 태도의 위계 모형

출처: 김재휘 외(2009).

방문하여 거기서 새로 출시된 음료를 발견한다. 구매를 하고 마신다. 그리고 음용 경험을 토대로 느낌을 가지게 되는 식이다. 고관여 위계와 저관여 위계 이외에 쾌락적 위계 모형도 있다. 쾌락적 위계 모형은 먼저 대상에 대한 감정이 형성되고, 이를 기초로 구매가 이루어지며, 구매 이후에 대상에 대한 지식과 신념을 가지는 식으로 진행된다. 정서를 자극하는 광고, 매력적인 포장이나 POP 등의 마케팅 커뮤니케이션 도구는 감정에 기초한 구매 행동을 촉발하는 데 매우 효과적이다.

▣ 태도의 형성과 변화

마케팅 커뮤니케이션이 추구하는 중요한 목표 중의 하나는 자사 제품이나 브랜드에 대해 표적청중이 긍정적인 태도를 갖게 만들거나 또는 부정적인 태도를 긍정적으로 변화시키는 것이다. 그런데 태도의 형성과 변화 과정은 어떤 절대적인 과정을 따르는 것이 아니라 상황에 따라 유동적임을 명심해야 한다.

태도의 삼원 모형에서 살펴보았듯이, 고관여 상태에서 소비자가 마케팅 커뮤니케이션 메시지를 처리할 때에는 메시지 정보를 꼼꼼히 살펴서 신념이 형성되고, 이를 토대로 태도가 형성되어 구매 의도로 연결된다. 따라서 태도가 변화하려면 신념의 변화가 있어야 한다. 신념에 변화를 주기 위해서는 적절하며 관련성 있는 메시지를 제공할 필요가 있다. 하지만 대부분의 소비자 구매 의사결정은 고관여 상태보다는 저관여 상태에서 일어난다. 저관여 상태에서 광고와 마케팅 커뮤니케이션은 비록 소비자가 메시지에 주의를 기울이지 않더라도 자주 노출되는 것만으로도 태도에 영향을 미치는 효과를 발휘할 수 있다. 이런 현상을 단순 노출 효과(mere exposure effect)라고 한다. 단순 노출 효과에 의하면, 대상에 대한 인지적인 이해가 없더라도 단지 빈번히 노출되기만 해도 그 대상에 대해 선호가 형성된다. 즉, 대상에 대한 의식적인 인지나 이해가 없어도 태도가 형성될 수 있다. 만약 자사의 제품이 소비자의 관여도가 낮은 것이라면 가능한 한 브랜드를 자주 노출시키는 것이 효과적이다. 메시지의 질보다는 양이 더욱 중요하다.

제품이든, 구매 상황이든 언제나 고관여 또는 저관여인 경우는 드물다. (물론 마니아와 같은 예외적인 경우도 있기는 하다) 자동차는 구매의 중요도나 개인적인 중요도 등에서 고관여 제품에 속한다. 하지만 소비자가 언제나 자동차에 높이 관여되는 것은 아니다. 만약 차를 바꾸려고 계획 중이라면 자동차 광고나 마케팅 메시지에 높은 관심을 가지게 된다. 하지만 최근에 이미 자동차를 바꾼 상태라면 자동차에 관한 광고에는 그다지 많은 관심을 기울이지 않을 것이다.

정교화 가능성 모형(elaboration likelihood model)은 메시지를 처리할 때 소비자의 관여도에 따라 태도가 형성되는 과정이 다르다고 제안한다(Petty & Cacioppo, 1986). 정교화란 제품이나 브랜드에 대한 메시지를 주의 깊게 처리하기 위해 기울이는 정신적인 노력이다. 고관여일 때에는 소비자는 커뮤니케이션 메시지 자체에 대한 정교화 가능성이 높아진다. 만약 메시지 내용에 공감하거나 수용한다면 그 결과로 제품이나 브랜드에 대해 긍정적인 태도가 형성된다. 하지만 제품에 별반 관심이 없거나 개인적인 중요도가 낮은 저관여 상태라면 소비자는 제품이나 브랜드에 관한 중심 메시지보다는 광고모델, 배경 음악, 배경 장소 등과 같은 주변 요소에 관심을 둘 것이다. 이때는 제품이나 브랜드에 대한 태도는 주변 요소의 영향을 받게 된다. 물론 광고 제작자는 제품이나 브랜드의 핵심 메시지와 관련성이 없는 광고모델이나 배경 음악, 장소 등을 사용하지는 않는다. 제품이나 브랜드 메시지와는 동떨어진 주변적인 광고 요소란 없을 것이다. 하지만 저관여 처리의 가능성이 크다면 주변 요소와 브랜드 메시지와의 연계를 더욱 강화하는 것이 광고 효과를 높이는 데 중요하다.

효과적인 마케팅 커뮤니케이션 메시지를 고안하려면 소비자가 관여되는 대상이 무엇인지를 알면 도움이 된다. 소비자는 다양한 대상에 대해 중요성이나 관련성을 가진다. 많은 제품이나 이슈 중에서 특정 제품이나 이슈에 유독 높게 관여되기도 한다. 어떤 소비자는 환경 이슈와 친환경 제품에 특별한 관심을 가진다. 어떤 소비자는 액세서리에 특별한 관심을 가지기도 한다. 제품이나 이슈에 대한 관여도는 정보 탐색이나 브랜드 선택, 그리고 구매 과정에도 영향을 미친다. 특정 제품에 대한 관여도는 성, 나이, 직업, 또는 라이프스타일 등 다양한 소비자 변수에 따라 차이가 있을 수 있다.

▣ 열린 틈

관여되는 대상과 함께 '언제' 관여되는가도 중요하다. 브랜드나 제품에 대한 소비자의 관여가 증가하는 특정 시점에 대한 통찰을 가지는 것이야말로 통합 마케팅 기획에서 필수이다. 표적청중이 언제 특정 브랜드에 주의를 기울이고 관심을 가지게 되는지를 안다면 통합 마케팅의 메시지와 마케팅 커뮤니케이션 도구의 믹스를 더욱 효과적으로 개발할 수 있다. 샴푸에 대한 관여는 평상시에는 낮지만 머리를 감기 전에 자신의 머릿결에 어떤 문제를 발견한다면 그 순간에는 샴푸에 대한 관여는 높아지게 된다. 엔진 오일이나 엔진 세정제에 대한 관심은 출근 때 시동을 켜는 순간, 그것도 추운 겨울에 가장 높아진다. 표백제에 대한 관여는 세탁을 하기 전보다는 오히려 세탁 후에 얼룩이 제거되지 않은 세탁물을 발견할 때 더 높아진다. 숙취제거 음료는 술 마시기 전보다는 과음한 다음 날 아침에 더 높을 것이다. 이처럼 브랜드에 대해 소비자의 마음이 열리는 순간에 적합한 메시지와 그 순간에 메시지를 노출할 수 있는 미디어를 조합한다면 커뮤니케이션의 효과를 더욱 높일 수 있다.

동기

효과적인 광고와 마케팅 커뮤니케이션 메시지를 고안하려면 무엇이 소비자를 움직이는지 이해해야만 한다. 동기는 무엇이 소비자를 특정한 방향으로 움직이게 하는가에 관한 것이다. 왜 소비자는 고가의 명품 손목시계를 구입할까? 왜 몸매 관리에 신경 쓰는 것일까? 왜 친환경 기업의 제품을 고집할까? 무언가 그렇게 움직이도록 만드는 '힘'이 작용하기 때문이다.

동기란 특정한 방식으로 행동하도록 이끄는 과정으로, 방향, 강도, 그리고 지속성이란 세 가지 요소를 가진다. 방향은 얻고자 하는 목표이다. 배가 고프면 먹을 것을 찾게 되고, 목이 마르면 마실 것을 찾는다. 사회적으로 인정받기 위해 고급 승용차를 구입하려고 한다. 강도는 추구하는 목표를 성취하기 위해 얼마나 많은 노력을 기울이는가이다. 배가 많이 고플수록 먹을 것을 얻기 위해 더 많은 노력을 할 것이다. 지속성은 목표를 성취하기 위해 얼마나 오랫동안 시도하는가이다. 동기는 저절로 생기지는 않는다. 동기는 그 유형이 생리적이든, 심리적이든, 또는 사회적이든 간에 무언가 결핍

된 상태일 때 발생하는 심리적인 긴장 상태를 해소하기 위해 작동한다. 이러한 긴장 상태가 욕구(needs)이다. 욕구는 현재의 상태와 바람직한 상태가 균형을 이루지 않을 때 발생한다. 다양한 사회적 인맥을 추구하지만 현재의 인맥에 만족하지 않는다면 소셜 네트워크 사이트에 가입할 가능성이 커진다. 불균형이 심할수록 욕구의 강도 역시 크다.

매슬로(Maslow)나 매클렐런드(McClelland)가 제안하였듯이, 인간은 다양한 욕구에 의해 움직인다. 기본적인 생존을 위한 생리적인 욕구로부터 타인에 대한 친화와 권력욕, 그리고 인정받고 자신의 존재를 확인하고 자기 인식을 얻고자 하는 욕구에 이르기까지 여러 유형의 욕구가 작동한다. 매슬로는 다섯 가지의 욕구로 구성된 욕구의 위계를 제안하였다. 생리적인 욕구는 배고픔, 목마름과 같은 인간의 생존에 필수인 기본적인 욕구이다. 안전의 욕구는 신체를 안전하게 보존하려는 욕구로, 위험으로부터 회피하고 안전한

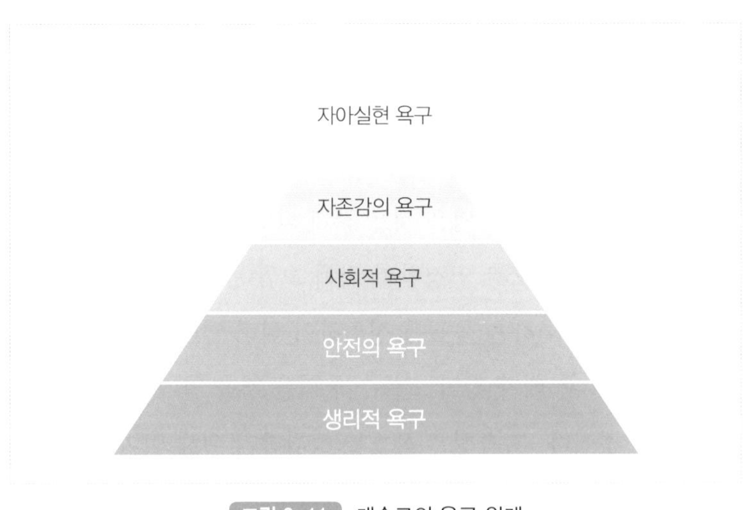

그림 3-11 매슬로의 욕구 위계

출처: Maslow (1987).

환경에서 지내려는 욕구이다. 사회적 욕구는 타인과 사회적 관계를 맺고 유지하려는 욕구로, 가족이나 친지, 그리고 그 밖의 타인으로부터 애정, 사랑, 소속감 등을 얻으려고 하는 것이다. 자존감의 욕구는 자신의 이상과 목표를 성취하고 타인으로부터 인정받고자 하는 욕구이다. 위계의 최상위에 있는 자아실현 욕구는 자신의 존재를 확인하고, 자기에 대한 인식을 획득하려는 욕구이다.

욕구 모형을 마케팅 커뮤니케이션에 적용하고자 할 때 한 가지 유념해야 할 점은 동일한 제품유목이더라도 브랜드 콘셉트에 따라 다른 욕구를 적용할 수 있다는 것이다. 미네랄워터는 갈증의 해소라는 생리적인 욕구에 부합하는 제품이다. 하지만 기능적 또는 상징적 콘셉트 전략에 따라 어떤 미네랄워터 브랜드는 물의 기능에 충실하게 포지셔닝하고, 다른 브랜드는 패션성이라는 상징을 포지셔닝할 수 있다. 만약 어떤 제품유목에 처음 진입하는 브랜드라면 제품의 본질적인 욕구를 포지셔닝할 수 있지만 선도 브랜드가 본질적인 욕구를 이미 점유하였다면 후발 브랜드는 차별적인 욕구를 고려해야 한다.

욕구 외에 가치(values) 역시 동기의 중요한 구성 요인이다. 가치는 특정 상황에 구애되지 않고 행동에 영향을 미치는 것으로, 바람직한 어떤 결과에 대해 개인이 지속적으로 가지는 신념이다. 가치는 개인의 삶을 안내하는 원리이며, 어떤 행동 양식에 대한 상대적인 선호라는 특징을 가진다. 굳이 비교하자면 가치는 욕구에 비해 더욱 장기적이며 지속적으로 개인의 행동에 영향을 미친다.

가치는 '도구적 가치'와 '궁극적 가치'로 구분된다. 도구적 가치는 '어떻게 행동해야 하는가?'에 대한 신념이며, 궁극적 가치는 바람직한 인생의 최종 목표에 대한 신념이다. 도구적 가치는 궁극적 가치를 위한 '도구'인 셈이다. 만약 표적 소비자가 추구하는 인생의 최종 목표가 '행복한 삶'이라면 이는 궁극적 가치이며, 행복한 삶을 얻기 위해 건강이 중요하다면 건강은 도구적 가치이다. 신용카드나 증권 브랜드는 안정적인 부의 관리가 행복한 삶에 이르는 지름길이라고 주장하고, 아파트 브랜드는 행복한 삶을 위해 쾌적한 주거 환경이 필요하다고 주장한다. 궁극적 가치가 같다고 하더라도 도구적 가치는 제품이나 브랜드에 따라, 그리고 개인에 따라 다를 수 있다. 가치는 주관적이기 때문이다.

CHAPTER 4

통합 마케팅 기획 과정

INTEGRATED MARKETING COMMUNICATION

INTEGRATED MARKETING COMMUNICATION

계획 수립 과정의 중요성은 통합 마케팅이라고 해서 결코 예외가 아니다. 효과적인 통합 마케팅 프로그램을 실행하려면 반드시 체계적인 과정을 거쳐야 한다. 통합 마케팅 계획은 통합 마케팅 프로그램의 개발과 실행, 그리고 통제를 위한 틀이다. 광고와 다양한 마케팅 커뮤니케이션 도구는 전반적인 마케팅 계획과 마케팅 프로그램을 지원하며 분명한 목적으로 통합되어야 한다. 공식적인 계획이 필요한 이유는 다음과 같다.

첫째, 차기 일 년, 또는 특정 기간에 집중해야 할 가장 중요한 마케팅 커뮤니케이션 과제가 무엇인지를 확인하는 합리적인 과정을 제공한다. 어떻게 하면 기업의 목표 달성에 도움을 주기 위해 마케팅 커뮤니케이션을 가장 잘 사용할지 결정할 수 있다.

둘째, 통합 마케팅 프로그램에 참여하는 다양한 부서와 실무자에게 그들이 무엇을, 언제까지 해야 할지를 명확하게 알려 준다.

셋째, 마케팅 커뮤니케이션 노력들은 잘 통합되어야 하며, 가장 중요한 커뮤니케이션 이슈에 집중되어야 함을 실무자들에게 확신시켜 준다.

넷째, 고위 경영자에게 마케팅 커뮤니케이션 비용이 어떻게, 왜 사용되어야 하며, 그 결과로 기대할 수 있는 것이 무엇인지를 알려 준다.

다섯째, 진행 과정의 점검과 결과 측정에 대한 기준을 제공한다.

통합 마케팅 기획의 전체 과정을 개략적으로 살펴보자. 첫 번째 단계는 통합 마케팅을 실행할 브랜드의 전반적인 마케팅 계획과 마케팅 목적을 검토하는 것이다. 통합 마케팅 계획을 개발하기 전에 기획자는 우리 브랜드가 어떻게 여기에 있으며, 현재 시장에서의 위치는 어떠한지, 어디로 가고자 하는지, 그리고 어떻게 그곳에 가야 하는지와 같은 전반적인 상황을 이해해야 한다. 마케팅 계획에는 상황 분석과 마케팅 목적, 표적시장의 선정, 그리고 마케팅 전략과 마케팅 전략의 실행 프로그램이 포함된다. 통합 마케팅 계획은 마케팅 수준에서 보면 전략에 해당한다. 통합 마케팅 기획자는 마케팅 계획에서 마케팅 커뮤니케이션에 초점을 맞추어야 한다. 마케팅 목표를 달성하기 위해 통합 마케팅이 무엇을 해 주어야 하는지를 분명히 이해해야 한다.

다음 단계는 상황 분석이다. 상황 분석은 마케팅 계획의 상황 분석을 토대로 통합 마케팅 관점에서 문제와 기회가 무엇인지를 검토한다. 지금까지 실행한 마케팅 커뮤니케이션 프로그램에 대한 평가와 실행 능력 등에 대한 분석도 해야 한다.

상황 분석을 토대로 통합 마케팅 표적청중을 선정하고, 통합 마케팅 메시지를 설정하는 것이 다음 단계이다. 소비자를 세분화하고, 최적의 표적청중을 선택하고, 이들에게 가장 효과적인 통합 마케팅 메시지 전략을 수립해야 한다. 통합 마케팅 목적을 효과적으로 달성하려면 하나의 표적청중 집단에 초점을 맞출 것인지 아니면 복수의 청중을 대상으로 해야 할지도 결정하게 된다.

다음으로는 단일의 표적청중이든, 아니면 복수의 표적청중이든 표적청중으로부터 얻고자 하는 것, 즉 통합 마케팅의 목표를 수립한다. 표적청중에 대한 커뮤니케이션의 목적을 중심으로 통합과 시너지를 중심에 두고 미디어 믹스와 마케팅 커뮤니케이션 믹스를

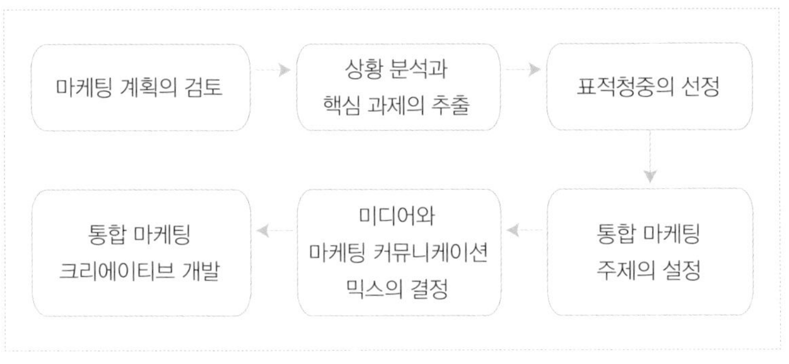

그림 4-1 통합 마케팅 기획 과정

결정해야 한다. 이 단계에서는 마케팅 커뮤니케이션 도구들의 기능과 강점 및 약점을 고려하면서 이들 간의 균형을 최적화하는 것이 무엇보다 중요하다. 통합 마케팅의 기획 과정은 [그림 4-1]과 같다.

통합 마케팅 기획의 성격과 특징

통합 마케팅은 오케스트라에 비유되곤 한다. 악보에 의해 오케스트라 연주가 진행되는 것처럼, 통합 마케팅 역시 반드시 문서화된 구체적인 계획이 필요하다. 통합 마케팅 계획에는 달성하고자 하는 목표가 무엇이며, 어떠한 마케팅 커뮤니케이션 기능이 동원되고, 어떤 미디어로 얼마의 예산을 가지고 진행해야 하는지 등에 대한 상세한 내용들이 포함된다. 통합 마케팅 계획은 글로 작성된 문서이다.

기업 내 계획의 위계

계획(plan)은 기업의 다양한 수준에서 이루어진다. 최상위 수준의 계획은 기업의 수익과 주주의 가치를 극대화하기 위한 비즈니스 계획이다. 비즈니스 계획의 초점은 이익과 브랜드 자산에 맞추어진다. 그 아래 수준은 개별 영역(생산, 인사, 판매, 마케팅 등)의 계획이다. 마케팅 영역의 경우, 계획의 초점은 판매 목표와 시장점유율에 맞추어진다. 여기에는 신제품 출시, 라인 확장, 시장의 확장 등과 같은 마케팅 전략이 포함된다. 통합 마케팅 계획은 마케팅 영역에 포함된다. 여기에는 브랜드 인지, 브랜드 지식, 구매 시도, 반복 구매, 고객 관계 관리, 그리고 브랜드 충성 등에 관련된 마케팅 커뮤니케이션 전략이 포함된다. 통합 마케팅 예산의 규모가 큰 경

그림 4-2 통합 마케팅 계획의 기업 내 위계

우에는 광고, PR, 판매촉진 등과 같은 마케팅 커뮤니케이션 도구별로 별도의 계획을 수립한다([그림 4-2] 참조).

통합 마케팅 계획은 마케팅 행위의 일환이며, 기업의 목표 실현에 연결되어야만 한다. 기업의 목표는 마케팅 목적으로 전환되고, 마케팅 목적은 통합 마케팅 목적으로 전환된다. 따라서 통합 마케팅 계획의 출발점은 마케팅 목적인 것이다. 이것이 전부는 아니다. 진정한 통합 마케팅 계획은 마케팅 커뮤니케이션 도구들의 통합뿐만 아니라 다른 마케팅 행위들의 커뮤니케이션도 고려하는 것이다. 통합 마케팅 계획을 수립하려면 기업 수준과 마케팅 수준에 대한 '큰 그림'에 대한 이해가 필요할 뿐만 아니라 이것들이 계획 수립 과정에 어떻게 연결되는지도 알아야 한다.

통합 마케팅 계획의 위계

'계획'이란 목적 그리고 전략으로 구성된 로드맵이다. 마케팅 계획이란 상품이나 서비스의 시장, 서비스, 소비자, 그리고 경쟁자 등에 관한 모든 사실을 체계화하고 조직화하여 그 결과를 토대로 특정 기간에 달성해야 하는 마케팅 목표와 이를 달성하기 위한 세부 전략과 전술을 입안하는 것이다.

'통합 마케팅 계획' 역시 마케팅 커뮤니케이션 도구들을 통해 달성하고자 하는 목표와 전략으로 구성된다. 마케팅 목표가 상위 목표라면 통합 마케팅 목표는 마케팅 목표를 달성하기 위한 하위 목표, 즉 통합 마케팅이 해 주어야 할 구체적인 역할이다([그림 4-3] 참조).

대체로 기업은 일 년에 한 번 다음 해의 마케팅 커뮤니케이션 계획을 수립하기 위해 다양한 분석 작업을 실시한다. 어떤 마케팅 커뮤니케이션 도구를 사용할지, 예산은 어느 정도일지를 검토하는 작업은 백지 상태에서 출발하는 것이 좋다. 다음 연도의 마케팅 커뮤니케이션 계획을 지난해의 연장선에서 수정하는 방식을 주로 취한다. 하지만 이러한 방식은 바람직하지 않다. 백지 상태의 계획 수립에서는 '현재의' 브랜드, 시장, 그리고 소비자 상황 등을 토대

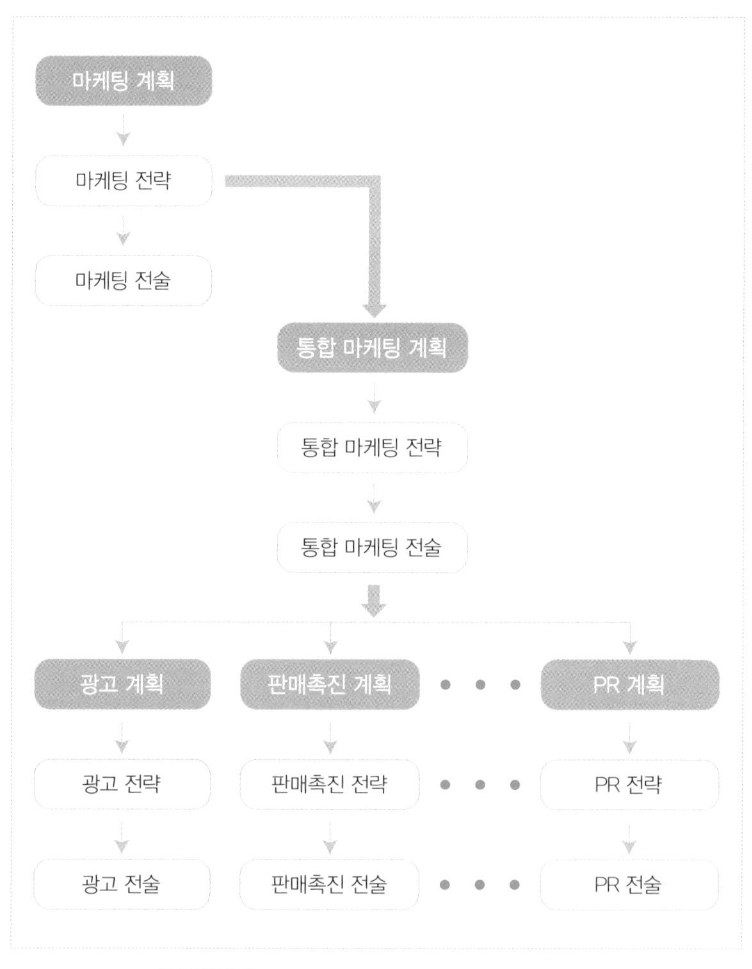

그림 4-3 통합 마케팅의 전략적 계획 수립 위계

로 목적과 전략이 결정된다. 시장이나 경쟁자뿐만 아니라 고객의 욕구는 계속 변하기 때문이다. 예컨대, 지난해에는 인지도 제고를 위해 광고를 많이 이용하였지만 현재는 인지도 수준이 높아졌기 때문에 더 중요한 이슈가 구매 시도를 높이는 것이라면 다음 해에는 광고를 줄이고 세일즈 프로모션을 늘리는 것을 목적으로 한다. 그렇다고 '백지 상태'가 지난해의 것을 완전히 무시하거나 지난해의 행위는 포함하지 않는다는 것은 아니다. 필요하다면 기존의 행위라도 지속하고, 새로운 행위가 요구되면 적극적으로 재원을 투입하는 역동적인 계획을 수립해야 한다. 대부분의 경우, 연간 계획은 캠페인의 형태를 취하며, 이는 정해진 기간에 특정 표적청중과 목표를 성취하기 위해 운영할 공통 주제의 통합 마케팅 메시지를 다룬다. 일반적으로 예산이 클수록 통합 마케팅 계획도 복잡하고 방대해진다.

통합 마케팅 계획 수립 과정의 첫 번째 단계는 마케팅 계획을 검토하는 것이다. 통합 마케팅 계획을 수립하기 전에 기획자는 시장에서 현재 우리의 위치가 어떠한지, 그리고 어디로 가고자 하며, 어떻게 원하는 곳으로 갈 계획인지에 대해 명확하게 이해해야 한다. 이상과 같은 질문에 대한 대부분의 관련 정보는 마케팅 계획에 수록되어 있다. (만약 마케팅 계획이 수립되지 않았다면 마케팅 계획을 의뢰하거나 자체적으로 수립해야 한다)

마케팅 계획은 특정 제품이나 브랜드를 위한 마케팅 목표와 마케팅 전략 그리고 마케팅 프로그램을 기술한 문서이다. 마케팅 계획은 다양한 형태를 취할 수 있으나 일반적으로 다음과 같은 다섯 가지 기본적인 요소로 구성된다.

- 내부 마케팅 감사와 리뷰, 그리고 경쟁자와 환경 요인에 대한 외부 분석으로 구성된 세부적인 상황
- 마케팅 전략의 방향, 마케팅 활동의 시간 프레임, 그리고 수행 측정의 메커니즘을 제공하는 구체적인 마케팅 목적
- 표적시장의 선정과 제품, 가격, 유통, 그리고 촉진의 마케팅 믹스에 대한 계획을 포함하는 마케팅 전략과 프로그램
- 수행할 구체적인 과제의 결정과 책임을 포함하는 마케팅 전략의 실행 프로그램
- 수행 결과 평가와 모니터링, 그리고 피드백 제공

최근 들어 대부분의 기업에서 통합 마케팅 계획은 마케팅 계획에서 핵심적인 부분으로 다루어진다. 따라서 통합 마케팅 기획자는 광고와 기타 마케팅 커뮤니케이션 도구들이 마케팅 전략에서 어떤 역할을 하는지를 명확히 이해해야 한다. 통합 마케팅 계획의 개발은 마케팅 계획 개발 과정과 크게 다르지 않다. 통합 마케팅 기획자는 마케팅 커뮤니케이션과 관련되는 마케팅 계획의 정보에 초점을 맞춘다. 통합 마케팅 기획에서 큰 그림을 보는 안목은 무엇보다 중요하다. 통합 마케팅 기획자는 다양한 마케팅 커뮤니케이션 도구를 통합하고 조율하는 오케스트라의 지휘자와 같다.

마케팅 전략과 전술

마케팅 계획에서 마케팅 전략은 특정 사업이나 제품 라인 또는 개별 상품이나 서비스의 비즈니스를 지원하기 위한 구체적인 집행 전략이다. 마케팅 전략은 마케팅 목적에 의해 구체화된다. 모든 기

업은 특정 상품이나 서비스에 대해 정해진 기간 내에 달성하고자 하는 목표를 수립하고 이를 달성하기 위해 전력투구한다. 이를 마케팅 목표라고 한다. 매출이나 시장점유율 또는 판매나 점유율의 신장률 등이 일반적인 마케팅 목표이다. 마케팅 목표는 마케팅 전략과 불가분의 관계이다. 신제품을 시장에 도입하기로 했다면 특정 기간 동안 무엇을 성취하려고 하는지 결정되어야 하며, 마케팅 전략은 이를 지원하기 위한 것이다. 단기에 높은 시장점유율을 차지하고자 한다면 공격적인 마케팅 전략을 구사해야만 한다. 하지만 점진적으로 시장에 안착하려고 한다면 공격적이기보다는 보수적인 전략을 취한다.

마케팅 목표와 마케팅 전략의 아래 수준에 있는 것이 마케팅 전술이다. 마케팅 전술이란 마케팅 전략을 지원하는 행위이다. 4P는 마케팅 목표를 달성하고, 마케팅 전략을 지원하기 위한 전술적 행위이다. 통합 마케팅 기획자는 마케팅 전략과 광고가 포함되는 마케팅 커뮤니케이션 간의 관계에 대해 명확히 이해해야 한다. 이제 한 가지 예를 통해 마케팅 전략과 4P, 그리고 마케팅 커뮤니케이션 간의 관계를 알아보자.

어떤 기업이 자사의 A라는 제품의 매출을 전년 대비 20% 신장하는 것을 마케팅 목표로 설정하였고, 이를 달성하기 위해 더욱 폭넓은 연령대와 지역으로 시장을 확산하는 것을 마케팅 전략으로 수립하였다고 하자. 그러면 이제 '이 목표를 어떻게 달성할 것인가?'를 해결해야 한다. 이때 전략가는 4P의 네 가지 구성 요소가 마케팅 목표 달성과 전략 지원에 어떻게 기여할 것인지를 규정하게 된다. '제품을 개선 내지는 강화해야 하는가?' '아니면 현재의 수준을 유지해야 하는가?' '가격은?' '제휴 마케팅을 강화하여 가격 할인의 이점을 높일 것인가?' '고가 전략을 추구할 것인가?' 등이 4P 중에서 가격이 해결해 주어야 할 역할이다. 그리고 '유통은 어떤 역할을 해 주어야 하는가?' '중소도시로 유통경로를 확장할 것인가?' '중소도시보다는 수도권을 더욱 강화해야 하는가?' 등에 대한 의사결정은 유통이 해 주어야 할 역할이다. '촉진 활동, 즉 마케팅 커뮤니케이션은 무엇을 해 주어야 하는가?' '브랜드 인지를 더욱 높이기 위해 광고 활동을 강화해야 하는가?' '동시에 제품의 구매 시도를 높이기 위해 소비자 판매촉진을 강화해야 하는가?' '확장할 소비자가 브랜드에 대한 친밀감을 갖도록 이들 대상의 드라마에 PPL을 해야 하는가?' 등에 대한 판단은 마케팅 커뮤니케이션이 마케팅 목표를 달성하기 위해 해결해 주어야 하는 영역이다.

4P의 마케팅 믹스는 서로 일관성을 유지하면서 마케팅 전략을 지원하는 구체적 행위이다. 하나의 전술 요소만으로 마케팅 전략을 지원하기란 불가능하며, 각 전술 요소 고유의 역할이 함께 어우러져야만 마케팅 전략 수행이 가능해진다. 따라서 마케팅 전술에서는 각 전술 요소의 구체적 행위도 중요하지만 전술 요소 간의 '시너지'가 무엇보다 중요하다. 통합 마케팅 기획자도 마케팅 전술 요소 간의 조화와 시너지에 집중하면서 작업을 진행해야 한다.

1.

통합 마케팅의 핵심 과제를 찾아라

통합 마케팅 계획 수립은 시장 상황에 대한 명확한 이해에서 출발해야만 한다. 통합 마케팅 계획의 개발에서 상황 분석은 필수적으로 거쳐야 하는 단계이다. 이 단계의 핵심 도구가 'SWOT 분석'이다. SWOT 분석이란 브랜드에 도움을 주거나 해를 끼칠 수 있는 내적인 강점과 약점, 그리고 외적인 기회와 위협이 무엇인지를 체계적으로 평가하는 것이다. 통합 마케팅 계획 수립에서 SWOT 분석은 마케팅 커뮤니케이션과 브랜드 특징에 초점을 맞춘다. 상황 분석 단계에서 이루어지는 SWOT 분석에서는 두 가지 경우를 가정할 수 있다.

한 가지는 마케팅 커뮤니케이션을 포함한 모든 마케팅 요소에 대하여 이미 SWOT 분석이 이루어진 경우이다. 이 경우에는 SWOT 분석 작업에 소요되는 시간과 노력은 줄어든다.

다른 한 가지는 SWOT 분석이 이루어지지 않은 경우이다. 이때는 SWOT 분석을 직접 해야만 한다. 하지만 어떤 경우이든 이 단계에서는 일단 제품, 가격, 유통을 포괄하여 SWOT를 실시해야 한다. 제품이든, 가격이든 또는 유통이든 간에 마케팅 커뮤니케이션으로 연결될 수 있는 요인을 발견할 수 있기 때문이다. 관점에 따라 동일한 사물도 얼마든지 다르게 볼 수 있다. 통합 마케팅 기획자도 동일한 현상에 대해 마케팅 기획자와는 다른 관점에서 마케팅 커뮤니케이션 기회를 발견할 수 있기 때문이다.

현 상황 면밀하게 들여다보기: SWOT

SWOT는 강점(strength), 약점(weakness), 그리고 기회(opportunity),

위협(threat)을 나타낸다. 강점과 약점은 기업이 직접 통제할 수 있는 내적인 요인들이다. 강점과 약점은 기업이 직접 실시한 소비자나 시장조사의 자료 또는 업계지나 기사자료와 같이 제삼자가 수행한 조사 자료를 토대로 분석할 수 있다. 한편, 기회와 위협은 기업의 통제 밖에 있어서 기업이 직접적으로 관리할 수 없는 외적인 환경 요인이다. SWOT의 각 요소의 차이를 좀 더 구체적으로 살펴보자.

통제 가능한 강점과 약점

기업의 강점과 약점은 기업의 통제 하에 있는 요소들이다. 강점은 경쟁우위(competitive advantage)이고, 약점은 경쟁적 난점(competitive disadvantage)이다. 강점은 영향력이 강화되어야 하는 것이고, 약점은 교정되어야 하는 것이다.

브랜드와 관련된 강점과 약점에는 브랜드 혁신성에 대한 고객들의 지각, 유통의 편리성과 접근성, 가격, 판매 인력의 전문성과 친절성, 그리고 물리적 설비와 재무 상태 등이 포함된다. 물론 브랜드 이미지, 브랜드 포지셔닝, 기업의 문화, 그리고 브랜드의 핵심 가치 등도 브랜드의 중요한 강점 및 약점에 포함된다. 브랜드 이미지와 평판은 비록 소비자의 마음속에 있는 것이지만 4P를 통해 변화시키고, 이것이 소비자 지각에 영향을 미침으로써 기업이 직접적으로 통제할 수 있기 때문에 내적 요소이다.

예컨대, 1990년대 초반만 하더라도 여성은 나이키 전체 고객의 5%에 지나지 않았다. 따라서 나이키는 여성 시장에 주목하였으며, 시장조사 결과에서는 마이클 조던이나 다른 남자 운동선수들이 등장하는 광고에 여성들이 전혀 공감하지 않는 것으로 나타났다. 이것을 중요한 약점으로 평가하고, 나이키는 이 약점을 교정하기 위해 여성을 위한 별도의 광고 캠페인을 개발하였다. 이 광고 캠페인을 전개한 후에 여성 고객의 비율은 15%로 증가하였다.

외적 기회와 위협

기회와 위협은 기업이 안고 가야 할 외부 요인들이다. 위협은 브랜드의 지각된 가치나 매력을 감소 또는 강화하는 데 영향을 미치는 시장 조건이나 환경이다. 위협은 소비자나 미디어 환경에서도 발견될 수 있다. 소비자의 미디어 사용 감소나 미디어 비히클의 폭발적인 증가 등을 예로 들 수 있다. 위협은 비록 기업의 통제권 밖에 있지만 기회로 만들거나 부정적 영향의 정도를 감소시킬 수 있다.

기회는 제품이나 브랜드에 대한 소비자의 태도와 행동을 긍정적으로 변화시킬 수 있는 사회적 · 문화적 · 경제적 조건, 그리고 시장의 다양한 상황 요인이다. 현명한 기업은 기회 요인을 찾아내고 그 영향력을 이용하는 데 탁월하다. 예컨대, 지하철 통근자의 증가나 환경 문제에 대한 관심 증가는 지하철 통근자나 환경 문제에 민감한 소비자를 표적집단으로 하는 기업에게는 기회일 수 있다.

전략적 의미 부여

일단 SWOT를 확인했다면 이제는 요인에 의미를 부여해야 한다. SWOT 분석은 기계적 과정이 아니다. 이는 SWOT 각 요소의 전략적 의미를 음미해 가며 분석에 임해야 함을 의미한다. SWOT 분석에서 고려해야 할 사항은 다음과 같다.

1. 약점(W)이나 위협(T)이 적절히 다루어지지 않을 경우, 마케팅 목표 달성과 브랜드 자산에 끼칠 실질적인 손상은 무엇인가?
2. 강점(S)이나 기회(O)의 영향력을 배가함으로써 얻게 되는 실질적인 혜택은 무엇인가?
3. SWOT 각 요인을 관리하거나 영향을 높이는 데에는 얼마나 비용이 드는가?
4. SWOT 각 요인을 관리하고 영향력을 높이는 데에는 얼마나 많은 시간이 소요되는가?

핵심 이슈 추출

SWOT 상황 분석 결과를 효과적으로 사용하려면 다음의 두 가지 점을 고려해야 한다.

첫째, 강점과 약점은 핵심 경쟁자와의 상대적인 관점에서 바라보아야 한다. 상대적 관점은 기업의 입장이 아니라 소비자의 인식을 토대로 한다.

둘째, 기회와 위협의 경우 해당 상품이나 서비스의 현재나 미래에 실질적이며 즉각적인 영향을 미치는 요인 중심으로 정리해야 한다.

SWOT 분석을 할 때 실무자가 간과하는 것 중의 하나가 바로 상대적 관점이다. SWOT는 통합 마케팅 프로그램을 실행할 때 해당 상품이나 서비스의 '핵심' 이슈를 찾기 위한 것이다. 시장에서는 언제나 경쟁자와 경쟁한다. 상대적 강점 및 약점의 기준은 바로 상품이나 서비스의 객관적인 실체가 아니라 소비자의 주관적인 인식이다. 객관적으로 자사 제품의 성능이 아무리 우수하다고 해도 소비자가 그렇게 인식하지 않는다면 제품의 성능은 더 이상 강점이라 할 수 없다. 마케팅 커뮤니케이션에서는 소비자 인식이 곧 실체라는 사실을 잊지 말아야 한다. 일반적으로 광고주는 자사의 강점 및 약점에 대해 상대적 관점이나 소비자 인식 현상을 좀처럼 수용하지 않는 경향이 있다. 하지만 통합 마케팅 기획자는 이를 반드시 인식하고 있어야 한다.

SWOT 분석을 할 때 고려해야 할 다른 한 가지 문제는 기회와 위협의 정리에 관한 것이다. 어떤 상품이나 서비스이든지 간에 마케팅에 영향을 미치는 환경적인 기회와 위협 요인은 다양할 뿐만 아니라 영향력에서도 차이가 있다. SWOT 분석에서는 가능한 기회와 위협 요인을 모두 고려할 수 없기 때문에 핵심적이며 실질적인 영향력이 있는 요인을 기회와 위협 요인으로 다루어야 한다. 유기농 커피의 경우, 간편한 식생활 선호 확산, 휴식을 즐기는 라이프스타일의 확산, 가정용 커피머신의 확산, 환경 문제에 대한 관심 고조 등 다양한 환경 요인이 유기농 커피의 소비와 관련될 수 있다. 그렇다고 해서 이 모든 것을 동일한 중요도로 정리해서는 별로 얻을 것이 없다. 기업의 자원은 제한적이므로 결정적이며 직접적인 기회나 위협 요인에 자원을 집중해야 한다.

핵심 기회와 문제의 추출

SWOT 분석을 할 때에는 명확한 목적의식을 가져야 한다. SWOT 분석은 해당 브랜드의 강점과 약점, 그리고 위협과 기회를 정리함으로써 현재 처한 상황에서 무엇을 지향해야 하는지, 지향점에 도달하려면 무엇을 해결하고 또 무엇을 활용 및 강화해야 하는지를 일목요연하게 정리해야 한다. SWOT 분석의 가치를 높이려면 분석 목적을 분명하게 이해해야 한다.

첫째, SWOT 분석은 궁극적으로 통합 마케팅의 대상이 될 제품이나 브랜드의 '핵심 이슈'를 추출하기 위한 것이다.

둘째, SWOT 분석은 핵심 이슈 추출을 위한 '논의의 도구'이다. SWOT 분석의 궁극적인 목적은 통합 마케팅을 수행할 제품이나 브랜드의 강점과 약점, 기회와 위협 요인 그 자체를 정리하기 위한 것이 아니다. 통합 마케팅 기획자도 바로 이 점을 자주 간과한다. SWOT 분석은 강점과 약점, 그리고 기회와 위협 요인들을 들여다봄으로써 해당 제품이나 브랜드가 당면한 '핵심 이슈'를 통찰하기 위한 것이다.

SWOT 분석으로부터 핵심 이슈를 추출하는 방법은 강점 및 약점, 그리고 기회와 위협 요인을 '문제(problem)'와 '기회(opportunity)'의 두 요소로 압축하는 것이다. 문제와 기회의 기준은 매출이다. 즉, 매출 증대에 장애를 일으키는 것은 문제, 그리고 매출 증대에 도움을 주는 것은 기회이다.

SWOT 분석에서 약점과 위협 요인은 문제로, 그리고 강점과 기회 요인은 기회로 재정리한다. SWOT을 문제와 기회로 압축함으로써 통합 마케팅을 실행할 제품이나 브랜드의 핵심적인 이슈를 더욱 분명히 할 수 있다. 통합 마케팅의 목적을 성취하려면 기업이 직접적으로 통제 가능한 요소에만 관심을 두어서는 안 된다. 때에 따라서는 기업의 통제를 벗어난 환경 요인이 결정적인 역할을 할 수 있다. 특히 현대와 같이 새로운 브랜드를 출시하는 대신 이미 인지나 이미지가 자리 잡은 브랜드를 활용하는 경우에는 환경 요인이 통합 마케팅 프로그램의 핵심 이슈가 될 수 있다. 문제와 기회 중심으로 SWOT을 재정리함으로써 해당 브랜드의 핵심 이슈를 더욱 분명하게 인식할 수 있다.

문제와 기회를 정리할 때에는 다음의 사항을 염두에 두어야 한다.

- 문제는 기회일 수 있다는 관점을 가져라. 문제와 기회는 동전의 양면일 때가 있다. '가격이 비싸다'는 것은 가격 저항을 일으켜서 구매 빈도를 떨어트리는 문제이기도 하지만 프리미엄 브랜드 이미지를 형성하는 기회가 될 수도 있다. 통합 마케팅 기획자는 문제와 기회를 별개의 것으로 보고 상호 관련이 없는 독립적인 것으로 보아서는 안 된다. 문제는 곧 기회일 수도 있다는 관점을 가져야 한다.
- 문제의 중요성을 인정하라. 기회보다는 문제에서 해결책이 나올 때가 많다. 기회를 인정하는 데 어려움을 느끼지 못하는 기획자도 상대적으로 문제는 등한시하는 경향이 있다. 이것은 결코 바람직하지 않다. 일단 전략 개발에 착수했으면 문제를 극복하고 기회를 포착하기 위해서라도 문제를 더욱 면밀하게 들여다봐야 한다.

- 문제를 구체화할 때에는 증상과 원인을 구분하라. 치료를 하려면 증상이 아니라 원인을 찾아야 한다. 중요한 것은 증상이 아니라 원인이다. 문제를 들여다보는 관점도 다를 바 없다. 판매가 감소하는 것이 핵심 문제라고 하자. '왜 판매가 감소하는가?'라는 질문을 해 보라. '소비자가 매장이 아니라 온라인에서 구매하는 경향이 증가하기 때문이라면 진정한 문제는 '판매 감소'가 아니라 '온라인 유통 관리의 실패'이다. 전년 대비 브랜드 인지의 정체라는 현상을 보자. '왜 브랜드 인지가 정체되는 것일까?' 경쟁사가 공격적으로 광고를 집행하여 소비자 인식에서 우리 광고의 존재가 부각되지 못했기 때문이라면 진정한 문제는 브랜드 인지의 정체가 아니라 경쟁사의 광고 전략이다. 문제를 증상이 아닌 원인 중심으로 들여다보아야 해결책이 분명해진다.

기회와 문제의 우선순위

문제와 기회에 대해 우선순위를 매김으로써 통합 마케팅을 어디에 집중해야 할지 결정하기가 용이하다. 추출한 문제와 기회에 대해 우선순위를 매기면 다음과 같은 이점이 있다.

- 문제 중에서 마케팅 목적(매출, 시장점유율)을 달성하는 데 걸림돌로서 가장 시급히 해결해야 할 것은 무엇인지 확인할 수 있다.
- 기회 중에서는 가장 활용 가치가 높아서 우선적으로 이용하거나 강화해야 할 것이 무엇인지가 더욱 명확해진다.

그림 4-4 기회/문제 매트릭스

다양한 문제와 기회를 두고 우왕좌왕하는 일이 벌어지지도 않는다. 문제와 기회의 우선순위를 정하기 위해 [그림 4-4]의 매트릭스를 이용하라.

문제 및 기회의 정리를 위한 또 다른 실무적 지침은 진술의 구체성이다. 통합 마케팅 기획은 혼자서 진행하는 작업이 아니라 광고, 크리에이티브, 미디어, 판매촉진, PR 등 연관 부서나 외주처가 협동하는 작업이다. 따라서 핵심 이슈인 문제와 기회는 통합 마케팅 기획에 참여한 인원이라면 누구나 동일하게 이해할 수 있도록 구체적으로 진술되어야만 한다. 문제나 기회가 구체적이어야 기획에 참여한 사람들이 정확하게 요점을 파악하고 통찰을 얻을 수 있다. 다음과 같은 문제를 보자. 문제의 진술이 구체적이라고 할 수 있는가?

- 브랜드 이미지가 부정적이다.
- 브랜드 인지율이 낮다.
- 광고에 대한 평가가 부정적이다.

첫째, 기준이 모호하다. 브랜드 이미지가 부정적이라면 구체적으로 어떤 이미지가 부정적인지 명확하지 않다. 브랜드 이미지는 수십 가지가 될 것이다. 문제이든, 기회이든 모호하게 진술되면 기획에 참여하는 사람마다 각자 해석도 다를 수 있다. 해석이 다르면 아이디어의 방향도 달라질 수밖에 없다. 광고에 대한 평가가 부정적이라는 진술도 모호하기는 마찬가지이다. 광고의 어떤 측면이 부정적이란 말인가? 모델인가 아니면 소구 방법이나 카피인가?

둘째, 정도와 대상이 구체적이지 않아 기준에 대한 공감을 끌어내는 데 문제가 있다. 브랜드 인지율이 낮다면 도대체 인지율이 몇 %이기에 낮다는 것인가? 인지도가 낮다는 것은 절대적인 기준에서 내린 평가인가 아니면 경쟁사와의 상대적 비교에서 내린 평가인가? 광고에 대한 평가가 부정적이라면, 그리고 브랜드 이미지가 부정적이라면 어떤 세분시장의 소비자를 대상으로, 어느 정도 부정적이란 말인가? 현재 자사 광고 표적청중의 50%가 부정적으로 평가하는가? 아니면 전체 광고 표적청중의 30%가 부정적으로 평가하는가? 앞의 문제를 다음과 같이 재진술해 보자.

- 잠재 소비자의 75%는 우리 브랜드를 '시대에 뒤떨어진' 것으로 인식한다.
- 광고 표적청중의 65%가 광고모델을 선호하지 않는다.
- 경쟁 브랜드의 인지율이 48%인 것에 비해 우리 브랜드의 인지

율은 15%이다.

통합 마케팅 기획자나 마케팅 커뮤니케이션 크리에이티브 디렉터에게는 어떤 진술문이 크리에이티브 아이디어를 촉발하는 데 도움이 될까? 문제와 기회는 구체적이어야 한다.

기회와 문제의 영역별 분류

문제와 기회가 정리되었다면 다음으로 할 일은 문제와 기회를 마케팅 영역별로 구분하는 것이다. 이 단계에서는 마케팅 커뮤니케이션에만 초점을 맞출 필요는 없으며, 마케팅의 4P 전 영역에 걸쳐 문제와 기회를 분류해야 한다. 그렇게 하는 이유는 제품이나 가격, 그리고 유통 등의 어느 영역에서든지 마케팅 커뮤니케이션이 일정 역할을 할 수 있기 때문이다.

예를 들어 보자. 드럼세탁기 전용 세제인 A라는 브랜드에 대해 SWOT 분석을 실시하고, 그 결과 마케팅 목적을 달성하는 데 걸림돌이 되는 세 가지의 문제로 '차별적인 세척력' '판매 장소의 제한', 그리고 '낮은 브랜드 인지'가 추출되었다고 하자. 이 경우, 문제를 마케팅 믹스 중심으로만 구분한다면 마케팅 커뮤니케이션의 해당 영역은 '낮은 브랜드 인지'에 국한된다. '차별적인 세척력'은 4P에서 제품 영역이며, '판매 장소의 제한'은 유통 영역이다. 하지만 관점을 달리하면 광고와 다양한 마케팅 커뮤니케이션이 기여할 수 있는 문제는 '낮은 브랜드 인지'뿐만 아니라 제품이나 유통 영역의 문제로까지 확장된다. 판매 장소가 대형할인 매장에 국한됨으로써 소비자 접근성에 제한을 준다면 경품이나 가격 할인 등의 판매촉진을 통해 매장으로 오도록 유인할 수 있다. 세척력은 정교한 광고 크리에이티브 전략을 통해 제품에 대한 인식을 강화할 수 있다. 이러한 과정을 거치게 되면 문제를 해결할 수 있는 기회가 많아지는 것은 물론이고, 마케팅 커뮤니케이션의 역할도 더욱 구체화된다.

기회와 문제 분석을 위한 자료 수집

조사(research)는 상황 분석에서 사실적인 토대를 제공하는 중요한 역할을 한다. 경험이 풍부한 통합 마케팅 기획자는 조사보다는 자신의 직관을 더 믿는 경향이 없지 않다. 과거 경험도 전문 지식의 일종으로 계획 수립에서 결정적인 역할을 할 때가 있다. 하지만 시장과 소비자는 계속 변화한다는 점을 간과해서는 안 된다. 변화하는 환경에서 직관에만 의존하는 것은 분명 한계가 있다. 직관은 사실적인 정보에 의해 더욱 유용한 통찰로 연결된다. 많은 경험을 가지지 않은 기획자라면 사실적인 정보를 수집하고 분석하는 작업은 계획 수립에서 필수적이다. 조사는 경험이 많고 적음에 관계없이 객관적인 정보를, 때로는 전혀 예상하지 못한 놀라운 정보를 획득하고 현명한 관점을 가지기 위한 체계적인 방법이다.

조사 유형

수집되는 자료의 형태를 기준으로 보면 조사는 크게 정성조사(qualitative research)와 정량조사(quantitative research)로 분류할 수 있다.

■ 정성조사

정성조사는 소비자들이 어떻게, 그리고 왜 특정한 방식으로 생각하고 느끼며 행동하는지를 이해하는 데 도움을 준다. 정성조사의 자료는 숫자가 아니라 주로 글로 표현된다. 초점집단면접(focus group interview)이나 개별심층면접(individual depth interview)이 정성조사의 대표적인 방법이다. 초점집단면접은 관심 대상인 소비자를 선정하고 이들을 6~7명 정도의 집단으로 구성하여 숙련된 면접진행자(moderator)가 특정 주제에 대해 참여자들이 자유롭게 이야기하도록 하여 대화의 내용을 수집하고 분석하는 방법이다. 초점집단면접은 일면경이 설치된 관찰실을 통해 집단면접 장면을 직접 관찰할 수 있기 때문에 현장에서 의사결정을 신속하게 할 수 있다. 개별심층면접은 집단이 아니라 일대일의 형태로 특정 주제에 대해 자유롭게 인터뷰하는 것이다. 개별심층면접은 집단으로 토론하기에 부적합하거나 타인을 의식하여 개인의 의견이 왜곡될 가능성이 있는 제품에 대한 질적인 자료를 얻을 때 유용하다. 실제 동기 대신 사회적으로 바람직한 반응을 하고자 하는 경향도 초점집단면접 자료의 질을 떨어뜨리는 요인으로 작용한다. 정성조사 자료의 질은 면접진행자의 경험과 전문성에 크게 영향을 받는다. 최근에는 온라인을 통한 초점집단면접과 개별심층면접도 활성화되는 추세이다.

정성조사에 속하는 것으로 최근 들어 현장에서 사용이 크게 증가하는 관찰조사와 문화기술조사가 있다. 관찰조사(observation research)는 인위적이 아닌 소비자가 생활하고 일하고 쇼핑하는 자연 상태에서 소비자의 실제 행동을 조사하는 것이다. 관찰조사는 다른 유형의 정성조사에 비해 밀착되고 사적인 조사라고 할 수 있다. 예를 들어, 가정에서의 제품 사용 행동이나 매장에서의 쇼핑행동 등을 비디오나 카메라로 일일이 기록하는 것이 관찰조사의 예이다. 관찰조사는 제품의 개발이나 매장 내의 마케팅 커뮤니케이션 도구를 개발하는 데 상당한 통찰을 제공한다. 예컨대, 욕실에서의 샴푸 사용 행동을 분석하여 욕실에 적합한 용기 개발의 아이디어를 얻을 수 있다. 여성 운전자의 소지품과 운전 행동을 관찰함으로써 여성 운전자에 더욱 적합한 실내 공간을 설계할 수도 있다. 매장에서의 쇼핑 행동의 경우, 매장에 들어와서 어떤 경로로 쇼핑을 하며, 어디에서 얼마나 머무는지, 그리고 이동하면서 시선을 어디에 두는지를 관찰함으로써 매장 내 광고의 배치와 크기 등에 대한 통찰을 얻을 수 있다. 이러한 아이디어는 통합 마케팅에서 미디어 믹스 전략을 수립할 때 중요한 정보원이 되기도 한다.

문화기술조사(ethnographic research)는 인류학자들의 연구 방법인 민속지학 연구와 마케팅을 접목한 조사 방법으로, 관찰조사와는 달리 조사자가 제삼자의 관찰자적인 입장이 아니라 조사 대상의 일원으로 직접 생활에 참여하는 것이다. 조사자는 참여 관찰자가 되어 소비자의 행동, 언어, 그리고 제품과의 상호작용을 함께, 직접 체험하면서 제품, 브랜드, 그리고 광고 등에 대한 통찰을 얻게 된다. 문화기술조사는 특히 제품이나 브랜드에 관한 그들만의 의미나 언어를 탐색함으로써 기획자의 관점이 아닌 표적청중이 공감할 수 있는 메시지를 개발하는 데 유용하다.

▣ 정량조사

정량조사는 다양한 마케팅 관련 사항에 대한 %나 평균과 같은 수적인 자료를 수집하는 것이다. 표준화된 질문지를 이용한 서베이 조사(survey research)가 정량조사의 대표적인 방법이다. 표준화된 도구를 이용하기 때문에 질적인 정성조사와는 달리 면접진행자가 갖춘 전문성의 영향을 크게 받지 않지만 설문의 구성과 질문의 방식, 선택형 질문에서 제시하는 보기의 종류와 유형, 그리고 표본의 선정과 관련한 오차 등이 자료의 질에 상당한 영향을 미치게 된다. 정량조사 자료의 신뢰도는 표본의 크기에 영향을 받는다. 조사대상자의 수가 많을수록 자료의 정확도는 증가한다. 하지만 표본의 크기가 클수록 조사 기간이 길어지기 때문에 정성조사에 비해 정보를 획득하는 데 많은 시간과 비용이 소요되어 의사결정의 순발력이 떨어지는 한계가 있다.

수집된 자료는 SPSS나 SAS와 같은 통계 소프트웨어에 의해 컴퓨터 처리된다. 서베이 조사의 유형에는 전화면접, 우편면접, 이메일면접, 면대면 개별면접과 조사 대상을 집단으로 구성하여 서베이를 실시하는 갱 서베이(gang survey) 등이 있다.

무엇을 규명하려고 하는지에 따라 정성조사를 사용할 것인지 아니면 정량조사를 사용할 것인지 결정되지만 두 가지 조사는 서로 보완 관계를 가질 때가 많다. 정량조사는 시장이나 경쟁자 또는 소비자를 전반적으로 이해하고자 할 때 도움이 되고, 정성조사는 양적인 결과로부터 좀 더 구체적이고 근원적인 이유나 원인을 탐색하고자 할 때 도움이 된다. 만약 시장이나 소비자에 대해 상당한 정보가 있다면 좀 더 구체적인 사항이나 가설을 탐색하기 위한 정성조사만 수행할 수도 있다. 예컨대, 소비자의 40%가 자사 광고에 대해 부정적이라는 양적 조사 결과가 있다면 왜, 무엇 때문에 그러한 반응을 하는지 심층적으로 이해하려고 할 때 정성조사를 사용하게 된다.

조사의 또 다른 분류는 조사의 탐색 영역에 따른 것이다. 마케팅 조사(marketing research)는 소비자의 욕구를 확인하거나 신제품을 개발하고자 할 때, 가격과 유통 전략을 평가하거나, 광고와 마케팅 커뮤니케이션 전략의 효과를 검증하고자 할 때와 같이 마케팅과 관련된 전반적인 자료를 획득하고자 하는 조사이다. 시장 조사(market research)는 마케팅 조사의 한 영역으로, 특정한 시장에 관한 정보를 획득하기 위해 보다 구체적인 시장에 초점을 맞춘다. 소비자 조사(consumer research)는 소비자가 어떻게 생각하고, 느끼며, 결정하고, 행동하는지를 이해하는 데 초점을 맞춘다. 한편, 광고 조사(advertising research)는 광고 메시지의 개발 조사, 미디어 계획 수립 조사와 평가, 그리고 경쟁자의 광고에 대한 정보 등을 포함한 광고의 모든 요소에 초점을 맞춘다.

조사 유형과 조사의 초점

시장조사는 관심 시장에 대한 전반적인 윤곽을 이해하는 데 초점을 맞춘다. 해당 제품 시장에 대한 이해와 경쟁자에 대한 자료의 수집이 시장조사의 주목적이다. 소비자는 해당 제품을 어떤 용도로, 어떻게 사용하는지, 해당 제품의 시장점유율은 어떠한지, 시장은 성장할 것인지 또는 감소할 것인지, 해당 제품의 시장 주기는 어떠한지 등에 대한 자료를 수집하는 데 초점을 맞춘다.

시장조사의 또 다른 목적은 경쟁자에 대해 이해하려는 것이다. '누가 직접적인 경쟁자인가?' '다른 유형의 제품임에도 불구하고 같은 사용 목적을 충족하는 간접적인 경쟁자는 없는가?' '누가 시장의 선도자이며, 시장 추종자는 누구인가?' '경쟁의 강도는 어떠한가?'

등과 같은 경쟁 상황과 환경에 대해 이해하려는 것이다. 물론 광고와 마케팅 커뮤니케이션 경쟁 상황에 대한 이해도 포함된다. 마케팅 커뮤니케이션을 공격적으로 하는 경쟁자는 누구인지, 어떤 형태, 그리고 어떤 전략의 마케팅 커뮤니케이션을 구사하는지, 광고 전략은 무엇인지 등에 대한 이해도 필수적으로 포함된다.

소비자 조사는 표적청중의 선정과 직접적으로 관련된다. 세분시장이나 특정 시장의 소비자가 어떻게 생각하고, 느끼고, 그리고 결정하고, 행동하는지를 이해하는 데 초점을 맞춘다. '그들은 누구인가?' '연령, 소득, 학력 등과 같은 인구통계나 의견, 관심, 그리고 일상의 행위 등과 같은 라이프스타일은 어떠한가?' '해당 제품이나 브랜드에서 그들이 좋아하는 것은 무엇인가?' '어떤 생각을 하는가?' '그들은 자사 제품이나 브랜드에 대해 어떻게 인식하는가?' '경쟁사에 대한 인식은 어떠한가?' '그들이 원하는 것은 무엇인가?' '왜 특정 제품이나 브랜드를 구매하는가?' '그들은 어떤 미디어를 이용하는가?' '어떤 마케팅 커뮤니케이션에 반응하는가?'와 같은 소비자에 대한 전반적인 이해를 토대로 세분 소비자 집단을 서로 비교해 보고, 어떤 세분 소비자 집단을 표적청중으로 선정할 것인지에 대한 통찰을 얻을 수 있다.

2.

표적청중을 선정하라

효과적인 통합 마케팅 커뮤니케이션 메시지를 고안하기 위해서는 표적청중에 대한 통찰을 가지는 것이 무엇보다 중요하다. 표적청중을 이해하고 통찰을 가지려면 시장을 정교하게 들여다보고 통합 마케팅 자원의 효율성과 메시지 효과를 극대화할 수 있는 핵심 시장을 추출하는 것이 반드시 필요하다. 이를 위해서는 시장을 어떤 준거에 따라 세분화하고, 핵심 세분시장에 메시지를 조준해야 한다. 이를 위한 작업이 세분화이다. 세분화 과정은 공통적인 특징, 욕구, 원망, 그리고 욕망 등에 따라 유사한 소비자를 묶는 것이다. 표적청중의 선정 과정은 가장 많은 수익을 가져다줄 것 같은 세분시장을 분석하고, 평가하고, 우선순위를 부여하는 것이다.

표적청중은 ① 재구매 가능성이 높거나 다른 사람의 구매에 영향을 미치는 현재 고객, ② 어떤 문제 등으로 인해 특별한 주의가 요구되는 현재 고객이나 잠재 고객, ③ 아직은 구매하지 않았지만 미래에 구매 가능성이 있는 잠재 고객들로서 이들에게 통합 마케팅의 초점을 맞춘다. 물론 고객에게 영향을 미칠 수 있는 다양한 이해관계자도 표적청중이 될 수 있다. 표적청중이 명확해야 통합 마케팅의 목적 수립과 전략의 설정이 가능하다. 통합 마케팅에서는 복수의 표적청중을 설정할 필요도 발생한다.

표적청중을 정교화하려면 세분화라는 과정을 거쳐야 한다. 세분화를 효과적으로 하려면 먼저 소비자의 의사결정 과정을 들여다보아야 한다. 소비자 의사결정에는 세분화를 위한 중요한 변수들이 망라되기 때문이다.

소비자 의사결정 과정의 파악

가장 최근에 그것이 무엇이든지 간에 어떤 브랜드를 구입한 상황을 떠올려 보자. 그 브랜드는 어떤 것이었으며, 또 어떤 과정을 거쳐 구매를 했는가? 소비자가 어떻게 브랜드를 선택 및 구매하고 사용하며 폐기하는지, 그리고 왜 특정 브랜드를 구입하였는가?

통합 마케팅 기획자는 무엇이 소비자를 끌어당기며, 왜 그런지를 반드시 알아야 한다. 그래야만 표적청중에 대해 통찰을 할 수 있다. 소비자의 구매 의사결정을 알아보기 전에 구매 결정에 영향을 미치는 요인들은 무엇이 있는지 살펴보자. 이 요인들은 시장세분화를 위한 변수이기도 하다. 소비자의 구매 의사결정에 영향을 미치는 요인은 크게 문화적 요인, 사회적 요인, 심리적 요인으로 분류할 수 있다.

문화적 요인

소비자를 움직이는 광고와 마케팅 커뮤니케이션은 문화적 가치에 기반을 두는 경우가 있다. 문화는 효과적인 마케팅 커뮤니케이션을 위한 자료의 원천이기도 하다. 문화는 한 문화권에서 개인이 성장하면서 학습하는 것이며 세대를 이어 전승된다. 문화는 패션이나 음악, 문학, 영화 등과 같은 유형의 것과 도덕, 관습, 법과 같은 무형의 것으로 구성되며, 소비자의 정체성이나 소비자의 생활 방식에 영향을 미친다.

문화에는 무엇이 적절한 행동인지를 규정하는 규범이 존재한다.

규범은 개인이 성장하면서 다른 사람과의 상호작용을 통해 습득하는 규칙이다. 규범은 문화적 가치(cultural values)로부터 형성되는데, 가치는 일종의 신념 체계이다(Rokeach, 1973). 우리나라의 경우에는 건강과 가족, 그리고 원만한 대인관계가 가치의 우선순위를 차지한다. 가치는 문화에 따라, 그리고 한 문화에서도 나이나 세대에 따라 다르다. 가치는 좀처럼 변하지 않는다. 마케팅 커뮤니케이션 기획자는 소비자의 태도를 지배하고 행동을 이끄는 핵심 가치를 파악하려고 한다. 브랜드의 핵심 가치와 표적청중의 문화적 가치가 일치할수록 커뮤니케이션 효과가 극대화된다.

사회적 요인

사회적 요인은 개인이 속한 사회계층과 집단이라는 사회적 환경요인이다. 준거집단, 가족, 또래집단 역시 한 개인의 의견이나 습관, 그리고 구매와 소비 행동에 영향을 미친다. 사회계층이란 한 개인이나 개인의 가족이 사회에서 차지하는 위치이다. 사회계층은 소득, 부, 교육 수준, 직업, 집안의 명성 등에 의해 결정된다. 물론 문화에 따라 사회계층의 이동이 용이하기도 하고 매우 어렵기도 하다. 일반적으로 사회계층은 상, 중, 하로 구분하는데, 사회계층에 따라 구매나 소비하는 제품이나 욕구와 동기, 그리고 소비와 구매행동도 다르다.

준거집단은 개인이 특정한 상황에서 행동의 모델로 사용하는 일단의 사람이다. 준거집단은 전문가에서부터 친구에 이르기까지, 그리고 영역에 따라 매우 다양하다. 브랜드 커뮤니티(brand community)도 영향력 있는 준거집단 중의 하나이다. 예컨대, 할리

데이비슨이나 애플 브랜드 커뮤니티는 단지 제품에 열광하는 사람들의 커뮤니티가 아니라 하나의 라이프스타일 준거로서 영향력을 발휘한다. 준거집단은 정보의 제공, 자신과 비교하는 수단, 그리고 생각이나 행동의 안내자로서의 역할을 한다. 소비나 구매에서 준거집단의 영향은 문화에 따라, 그리고 나이나 가치관에 따라 다르다. 예컨대, 청소년은 성인에 비해 준거집단을 더욱 추종하는 경향이 있으며, 개인주의적 성향보다는 타인과의 관계를 중시하는 소비자는 준거집단을 따르는 경향에서 차이가 있다.

가족 역시 중요한 준거집단이다. 또래집단이나 동료, 이웃 등은 시간이 지남에 따라 변하지만 가족은 언제나 강력한 관계를 유지하기 때문이다. 가족은 개인의 라이프스타일은 물론 소비와 구매행동에도 많은 영향을 미친다. 우리나라의 경우에는 최근 일인 가구가 급증하고 있다.

심리적 요인

심리적 요인은 개인의 행동에 영향을 미치는 개인적인 특징으로, 욕구와 원망, 동기, 성격, 그리고 사고 패턴 등이 해당된다. 욕구와 원망은 광고나 마케팅 커뮤니케이션 메시지에 대한 반응에 영향을 미치는 중요한 요인이다. 욕구는 소비자가 무언가를 하도록 동기를 부여하는 기본적인 동인이다. 일차적 욕구는 생존에 필요한 생리적 욕구와 안전에 대한 욕구이다. 욕구는 성장하면서 획득되기도 한다. 문화와 환경으로부터 욕구가 형성되기도 하는데, 이런 욕구를 획득욕구라고 한다. 자존, 자아실현, 그리고 권위나 권력과 같은 사회적 욕구와 아름다움에 대한 욕구 등이 획득욕구에 속한다. 획득욕구는 생존에 반드시 필요한 것이 아니기 때문에 이차욕구라고도 한다.

원망(wants)은 뭔가를 갈망하며 원할 때 발생한다. 실생활의 필요와는 관계없이 늘 새로운 것으로 바꾸고 싶은 제품이 있는데, 예를 들면 의류나 신발, 액세서리 같은 것들이 이에 해당한다. 인간은 새롭고 신기한 것을 추구하기 마련이다. 대부분의 브랜드는 욕구보다는 원망에 초점을 맞춘다. 많은 브랜드가 소구하는 소비자의 원망은 편안함, 타인과 연결되기, 타인의 존경받기, 원하는 것을 자유롭게 얻기, 더 나아지기, 놀랍고 짜릿한 것을 경험하기 등이다.

동기(motivation)는 소비자가 특정한 방식으로 행동하도록 자극하는 내적인 힘이다. 동기는 욕구나 원망이 충족되지 않을 때 생기는 긴장에 의해 발생한다. 사람은 누구나 긴장을 감소하려고 한다. 그리고 상황이나 경우에 따라 다른 동기가 작동한다. 어제와 오늘의 동기가 다르고, 오전과 오후의 동기가 다르다. 동기 조사의 목적은 '왜'를 알고자 하는 것이다. 왜 소비자는 특정 브랜드를 더 좋아할까? 같은 제품이지만 왜 소비자는 백화점에서 구매하려고 할까? 결국 '왜'는 동기가 무엇인가와 관련된다.

세분화

통합 마케팅의 표적청중을 설정하기 위해서는 먼저 시장을 나누어 보아야 한다. 시장은 소비자 집단을 일컫는다. 한정된 기업의 자원으로 망라하기에는 너무 광범위하고 이질적인 시장을 기업이 관리 가능한 동질의 시장이나 고객집단으로 좁히는 작업이 시장세분화이다. 현대 마케팅에서는 대규모의 동질적인 시장이란 존재하지 않는다. 세분화 전략을 사용함으로써 기업은 고객의 욕구와 원망을 더욱 효율적이며 정교하게 충족할 수 있다.

시장세분화는 표적청중의 문화적·사회적·심리적 변수와 자사 제품을 정밀하게 일치시킴으로써 통합 마케팅 메시지를 표적청중에게 효과적으로 전달한다. 시장은 다양한 방법으로 세분화할 수 있다. 그러나 시장세분화의 목적은 여러 개의 세분시장 중에서 자사의 마케팅 커뮤니케이션 프로그램에 가장 효과적으로 반응하는 시장을 찾아내는 것임을 잊지 말아야 한다. 아울러 시장세분화를 통해 유용한 결과를 얻기 위해서는 각각의 세분시장에 적절한 미디어를 통해 메시지가 전달될 수 있어야만 한다. 예컨대, 10대의 청소년에게는 TV나 인쇄 미디어 대신 인터넷 게임의 화면에 브랜드를 노출함으로써 메시지를 전달하는 것이 더 효과적이다.

세분화의 또 한 가지 실제는 모든 세분화 변수를 동원하여 세분화 작업을 하는 것은 현실적으로 불가능하다는 점이다. 시간과 비용이 이를 허락하지도 않는다. 따라서 효율적으로 세분화 작업을 하려면 마케팅 목표를 염두에 두고 여러 가설을 미리 수립하고 논의하는 과정이 필요하다. 마케팅 목표, 제품의 유형이나 특징, 자사 브랜드의 문제와 기회에 따라 세분화 작업에 적용할 기준의 우선순위나 중요도는 다르다. 세분화 방법에 대해 알아보자.

사용 패턴에 의한 세분화

시장을 세분화하는 데 가장 많이 사용되는 방법은 사용 패턴을 기준으로 시장을 나누어 보는 것이다. 사용 패턴 중의 하나는 구매

빈도와 구매량이다. 어떤 소비자는 더 자주, 더 많이 특정 제품이나 브랜드를 구매한다. 이들은 전체 매출에서도 더 많은 기여를 하므로 당연히 기업의 관심 대상일 수밖에 없고, 기업의 마케팅 전략의 초점도 이들에게 맞추어진다. 그렇다고 구매 빈도가 높고 구매량이 많은 헤비 유저에게만 초점을 맞추는 것이 항상 바람직한 것은 아니다. 헌신적인 고객은 계속 소비를 하도록 많은 커뮤니케이션 비용을 투입하지 않아도 되기 때문이다. 경우에 따라서는 유망 잠재 고객에게 자원과 에너지를 투입하는 것이 낫다.

사용 패턴과 결합하여 생각할 수 있는 또 한 가지의 세분화 기준은 브랜드에 대한 헌신 정도이다. 예컨대, 브랜드 충성 고객, 다양성을 추구하는 브랜드 전환자, 비사용자, 그리고 신규 소비자 등의 유형으로 시장을 나누어 보는 것이다. 각 세분시장은 나름의 기회를 제공할 수 있다. 브랜드 충성 고객은 기업의 가장 소중한 자산이다. 하지만 이들이 만약 자사가 아니라 경쟁 브랜드의 충성 고객이라면 이들을 끌어들이기란 매우 어렵다. 다양성을 추구하는 브랜드 전환자들은 판매촉진에 매우 민감한 경향이 있다. 가격 할인을 하는 브랜드로 쉽게 전환해 버린다. 이들을 커버하려면 많은 촉진 비용을 감수할 각오를 해야 한다. 신규 소비자는 상당한 기회가 될 수 있는 세분시장이다. 어떤 제품이든지 간에 새로 유입되는 소비자가 존재하기 마련이다. 입학, 졸업, 그리고 입사나 결혼 등과 같은 인생의 통과의례에서는 새로 유입되는 소비자가 발생한다. 다양한 요인이 신규 유입을 촉발하지만 한 가지 공유하는 특징이 있다. 아직 브랜드에 대해 태도가 확실하지 않다는 것이다. 신규로 유입되는 소비자에 초점을 맞춘 광고 캠페인을 '진입 시점 마케팅(point-of-entry marketing)'이라고 한다.

인구통계에 의한 세분화

인구통계에 의한 세분화는 성, 연령, 결혼 여부, 소득, 교육 수준, 직업 등의 변수를 기준으로 시장을 나누는 것이다.

이 세분화 방법에는 두 가지 이점이 있다. 첫째, 시장세분화의 출발점으로 자주 사용된다. 다른 세분화 변수에 비해 자료를 획득하기에 용이하며 추가 확인을 위한 출발점으로도 사용할 수 있다. 둘째, 인구통계 변수는 앞서 살펴본 사용 패턴과 같은 변수에 의해 시장을 세분화했을 때에 비해 각 세분시장을 구체적으로 묘사하는 데 이용할 수 있다. 예컨대, 헤비 유저를 성, 나이, 교육 수준 등의 인구통계 변수와 결합하여 묘사한다면 헤비 유저를 구체적으로 이해하는 데 더 많은 도움이 된다. 태어난 시기도 인구통계와 함께 유용한 세분화 변수이다. X세대나 딩크족(double income, no kids), 그리고 이케아(IKEA) 세대 등은 다른 세분화 변수와 결합하여 사용할 수 있다.

사이코그래픽과 라이프스타일에 의한 세분화

사이코그래픽(psychographic)은 소비자의 A.I.O.(activity, interest, opinion)에 관한 이해가 중요함을 강조한 1960년대의 연구에서 나온 개념이다. 사이코그래픽은 라이프스타일에 소비자의 가치, 태도, 성격 등의 심리학적 특징이 포함되는 것이다.

과거의 시장세분화는 대부분 인구통계 변수를 중심으로 이루어졌다. 하지만 인구통계 변수만으로 점차 분화되고 복잡해져 가는 소비자를 효과적으로 이해하기에는 한계가 있다는 것을 깨닫게 되었다.

표 4-1 **A. I. O. 라이프스타일 차원**

A(activity)	I(interest)	O(opinion)
일	가정	자기
취미	가족	사회
휴가	지역사회	정치
오락	직업	경제
모임	패션	교육
쇼핑	음식	문화
스포츠	미디어	소비

따라서 이들을 더 구체적으로 그리고 깊이 있게 이해할 필요성이 대두되었다. 이와 관련하여 사이코그래픽이 인구통계 자료를 보완하는 도구로 사용되기 시작하였다. 행위, 관심, 취미, 의견, 욕구, 가치, 태도, 그리고 성격 등 수많은 변수가 사이코그래픽에 포함된다.

라이프스타일은 사이코그래픽의 중심을 이룬다. 라이프스타일 연구는 사람들이 시간과 에너지, 그리고 돈을 어떻게 운용하는지를 알려고 하는 것이다. 즉, 사람들의 행위, 관심, 그리고 의견을 측정한다. 의견은 사이코그래픽의 또 다른 중요한 요소로서 다른 사람이나 제품, 브랜드, 그리고 최근의 트렌드 등에 대해 개인이 어떻게 느끼는지를 알고자 하는 것이다. 라이프스타일 자료는 '상향식'과 '하향식' 두 가지 방법을 통해 세분화 작업에 기여한다.

- 하향식 적용은 군집분석(cluster analysis)이라는 정교한 통계 기법을 적용하여 소비자를 유사한 라이프스타일 특성을 공유하는 집단들로 묶은 뒤에 라이프스타일 군집별로 표적 제품이나 브랜드의 구매, 사용, 그리고 구매 의향 등의 행동 요인과 태

도, 의견, 가치 등의 심리적 요인을 교차 분석하여 그 결과를 가지고 표적청중을 선정하는 것이다.

라이프스타일 자료의 범위가 광범위하기 때문에 모든 라이프스타일 자료를 가지고 집단을 묶는 것은 비효율적일 수 있다. 따라서 사전에 표적시장 선정과 관련성이 있는 라이프스타일 변수들을 특정 상품이나 서비스 중심으로 범위를 좁혀 선정하고, 이 변수를 중심으로 묶음 작업을 하는 것이 효율적이다. 이런 접근을 '제품 특수적인 라이프스타일 묘사'라고 한다. 예컨대, 즉석식품의 표적청중을 선정하기 위해 세분화 작

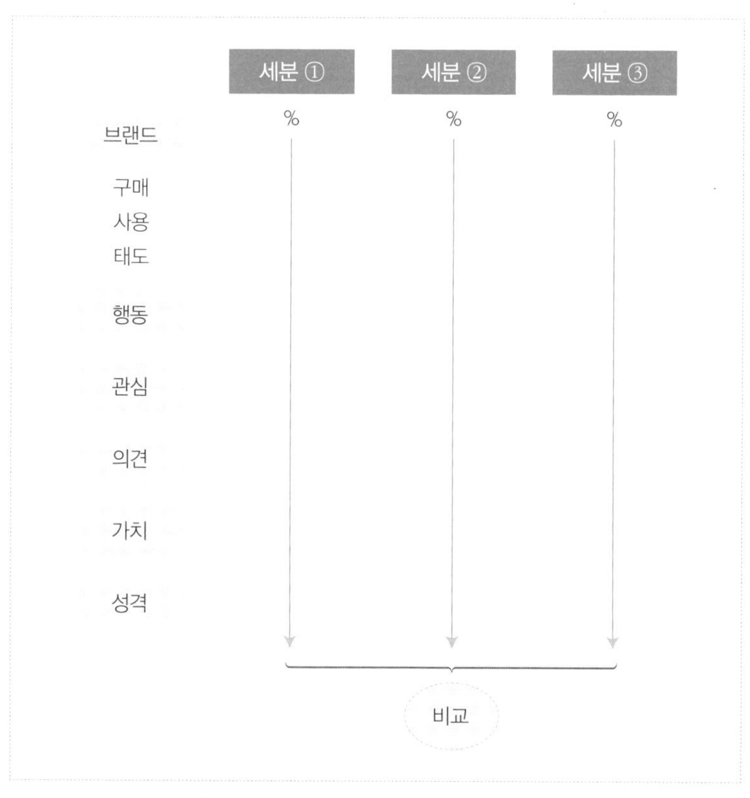

그림 4-5 하향식 라이프스타일 세분화

업을 한다면 많은 라이프스타일 변수 중에서 식생활과 관련된 항목을 중심으로 소비자를 묶은 뒤에 각 집단별로 식생활 패턴, 그리고 즉석식품 구매와 사용 등 전략적 통찰을 얻을 수 있는 변수로 묘사할 수 있다. 포드 자동차(Ford Motor Company)가 소형 승용차를 출시할 때 많은 항목 중에서 자동차와 관련한 라이프스타일 항목 중심으로 소비자를 묶고, 각 집단의 제품 관련 태도와 관심 등을 묘사하여 성공적인 광고 메시지를 개발할 수 있었다.

- 상향식 적용은 구매나 사용 패턴 또는 제품과 브랜드 사용 등 표적시장 선정의 중요한 기준으로 여기는 변수를 가지고 먼저 소비자를 구분한 뒤에 각 집단을 라이프스타일 프로파일을 통해 묘사하는 것이다. 예컨대, 즉석식품의 구매량을 중심으로 헤비, 미디엄, 그리고 라이트 유저로 구분한 뒤에 각 유저 집

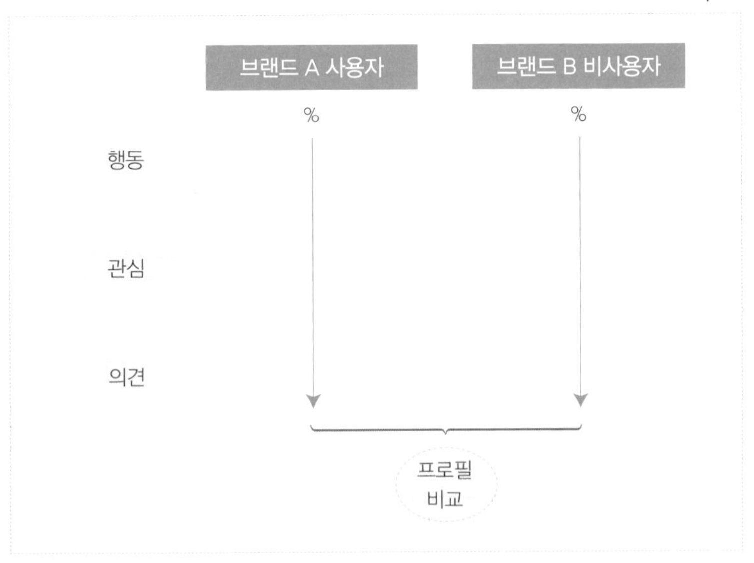

그림 4-6 상향식 라이프스타일 세분화

단별로 A. I. O.를 비교한다. 브랜드를 적용할 수도 있다. 예컨대, 자사 브랜드 사용 경험자와 비경험자로 집단을 구분한 뒤, 두 집단의 라이프스타일에 어떤 차이가 있는지를 들여다보고 통찰을 얻을 수 있다. 상향식이든, 하향식이든 미디어 사용에 관한 자료가 결합되면 표적청중의 선정과 함께 표적청중을 대상으로 한 미디어 전략의 수립에도 도움이 된다.

편익에 의한 세분화

소비자는 브랜드의 사용 결과를 중심으로 제품이나 브랜드를 평가하고 태도를 형성한다. 소비자가 경험하는 사용 결과는 크게 기능적 결과와 심리적 결과로 구분된다. 기능적 결과는 소비자가 직접적이며 즉각적으로 경험하는 유형의 결과이다. 스포츠 음료의 갈증 해소, 햄버거의 포만감 등이 이에 해당한다. 물론 유형의 제품 수행 결과도 포함된다. 헤어드라이어를 썼을 때 머리가 빨리 마르는 것이나 오븐기를 사용했을 때 빵이 골고루 잘 구워지는 것 등이 바로 제품 수행 결과의 예이다. 한편, 심리적 결과는 제품 사용에서 얻게 되는 심리사회적인 결과물이다. 제품의 사용을 통해 느끼게 되는 내적이며 심리적인 최종 결과이다. 화장품 사용 후 자신이 매력적임을 느끼거나 의류를 입고 나서 자신이 더욱 세련되게 느끼는 것 등이다.

소비자는 제품이나 브랜드 사용으로 인한 긍정적이거나 부정적인 결과를 편익 또는 잠재 위험으로 지각한다. 편익(benefit)은 제품이나 브랜드를 구매하고 사용할 때 소비자가 추구하는 바람직한 결과이다. '연비가 좋은 차' '입 냄새를 제거하는 치약' 등이 그 예이다. 편익의 유형은 인지적이거나 감정적인 것으로 구분할 수 있다. 편익의 인지적인 측면은 기능적 · 심리적인 결과이다. '인터넷 연결이 빠른 스마트 TV' '나의 사회적 위치를 드러내는 브랜드' 등이 이에 해당한다. 편익의 감정적인 측면은 바람직한 결과와 연합된 긍정적인 감정으로, 예컨대 '주행할 때의 짜릿함' 등이 그 예이다.

'소비자가 사려는 것은 드릴이 아니라 구멍'이라는 말처럼 소비자는 제품이나 브랜드를 속성이 아니라 편익 중심으로 인식한다. 따라서 광고와 통합 마케팅 기획자는 제품이나 브랜드가 제공하는 편익을 토대로 소비자를 세분집단으로 나누기도 한다. 편익세분화는 소비자에 따라 특정 제품의 사용으로부터 얻고자 하는 편익이 언제나 같지는 않다는 가정에 근거한다. 승용차 구매자도 안전, 주행 성능, 그리고 연비, 사회적 지위 등 추구하는 편익에 따라 세분화가 가능하다.

바람직하지 않은 결과도 세분화의 기준이 된다. 지각된 위험(perceived risk)은 소비자가 피하려고 하는 바람직하지 않은 제품 사용 결과에 대한 인식이다. 다양한 부정적 결과가 발생할 수 있다. 제품 사용에 따른 신체적 위험은 약의 부작용이나 전기제품의 누전 가능성, 그리고 헬멧의 불완전한 충격 흡수 등과 같이 신체에 가해지는 위험이다. 제품이 제대로 작동하지 않거나 기대하는 효과를 얻지 못할 때의 기능적 위험, 보증이나 보상의 문제 등으로 인한 재무적인 위험, 그리고 자기 이미지에 손상을 입을 수도 있을 때의 심리적 위험도 있다. 이러한 지각된 위험은 발생 가능성을 높게 볼수록 더 크게 지각된다.

편익과 지각된 위험 중 어느 것을 세분화 기준으로 삼을 것인지는 소비자 성향에 의해서도 영향을 받는데, 어떤 소비자는 편익 추구를 더 중시하지만 다른 소비자는 위험을 회피하는 것을 더 중시한다.

행동에 의한 세분화

제품이나 브랜드 사용 경험 유무, 제품이나 브랜드의 구매량과 같은 실제 행위는 유용한 세분화 변수이다. 사용 행동을 분류하는 두 가지는 사용률과 사용 유형이다. 사용률은 구매량을 의미하며, 흔히 라이트 유저, 미디엄 유저, 그리고 헤비 유저로 구분한다. '파레토 법칙'이라고도 불리는 80:20 법칙은 20%의 헤비 유저가 제품의 80%를 구매한다는 것을 의미한다. 기업이 헤비 유저를 가장 가치 있는 세분시장으로 관리하는 이유이다. 브랜드 사용 유형은 절대 구매량보다는 구매 행동 패턴을 기준으로 비사용자, 과거 사용자, 최초 사용자, 정기 사용자, 충성 사용자, 그리고 전환자 등으로 분류한다. 브랜드 사용 유형에 따른 세분화는 자사 브랜드에 대한 태도, 이미지, 그리고 제품에 대한 욕구나 원망 등에서 서로 차이가 있으며, 만약 경쟁 브랜드의 충성 사용자를 자사 브랜드로 끌어들이려고 한다면 많은 노력과 비용을 감수해야 한다.

제품에 따라서는 혁신의 채택 성향도 세분 기준으로 중요하다. 로저스(Rogers, 1983)는 혁신 채택 행동을 확인하기 위해 '혁신 확산 곡선'을 창안하였다. 혁신의 채택 과정은 개인이 혁신을 얼마나 빨리 받아들이는지를 통해 확인한다. 예컨대, 혁신자는 혁신 제품을 가장 빨리 채택하는 소비자로, 대략 그 수는 전체 소비자의 2.5% 정도를 차지한다. 혁신 확산 모형은 새로운 제품, 특히 혁신적인 신제품이 출시되었을 때 시장의 확산 속도가 어떠할지, 그리고 시기별로 누구에게 광고와 마케팅 커뮤니케이션의 초점을 맞추어야 하

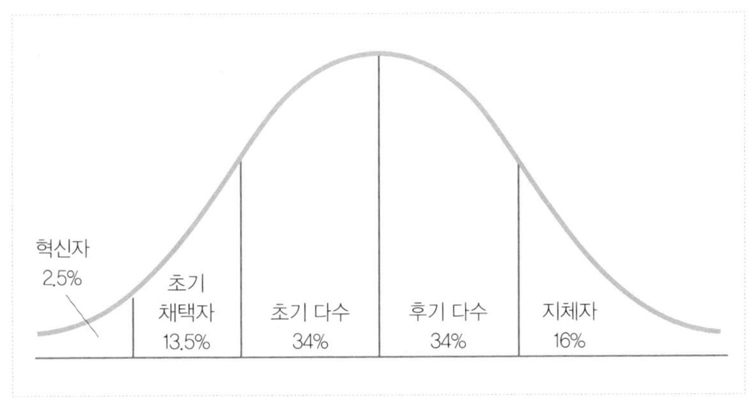

그림 4-7 혁신 확산 곡선

출처: Rogers (2003).

는지를 결정하는 데 유용하다. 혁신 채택 성향에 따라 구분한 집단을 사이코그래픽이나 라이프스타일 자료와 결합하여 서로 비교해 보면 이들의 특성을 더욱 구체적으로 알 수 있다.

온라인 행동에 의한 세분화

온라인은 제품이나 브랜드에 대한 정보의 탐색뿐만 아니라 구전의 전파와 습득에서 점차 그 역할이 증대되고 있다. 최근 들어서는 사용자의 온라인 선택 행동을 추적하는 기법이 정교화되고 고도화되고 있다. 이제는 광고주도 표적화된 광고를 집행하는 것이 가능하다(예, Google AdWords). 온라인 사용자의 웹 서핑 행동을 추적한 정보를 활용하여 표적으로 삼는 소비자에게 맞춤식 광고를 제시할 수 있다. 예컨대, 골프 장비를 제조하는 기업이 높은 가격대의 새로운 골프 클럽의 예비 구매자에게 광고 메시지를 전달하기를 원한다고 하자. 그러면 골프 사이트 방문 빈도가 잦은 소비자를 대상으로 이들이 골프 관련 사이트를 클릭했을 때 신제품의 광고가 노출되게 할 수 있다.

온라인 행동 세분화의 핵심은 특정 제품이나 서비스 구매에 가장 많은 관심을 기울일 잠재 소비자만을 대상으로 온라인 광고를 노출한다는 것이다. 아메리칸 항공(American Airlines)은 온라인 광고에 가장 적합한 유망 고객을 확인하기 위해 여행 관련 기사 사이트를 방문한 사람들을 확인하였다. 이런 사이트를 방문하는 사람은 비즈니스 여행을 할 가능성이 높기 때문이다. 그다음에는 비즈니스 여행자로 확인된 사람들이 월스트리트 저널 웹사이트를 방문할 때마다 광고가 노출되게 하였다. 온라인 행동 세분화를 통해 온라인 사용자의 편익, 라이프스타일, 사이코그래픽, 그리고 제품 사용 행동 등과 관련된 온라인에서의 모든 사이트 방문 행동을 추적하여 맞춤화된 광고를 집행할 수 있다.

표적청중의 선정

시장을 세분화하고 나면 다음으로는 여러 세분시장 중에서 통합 마케팅의 최종 표적청중을 선정해야 한다. 기업이 일정 기간에 투입할 수 있는 마케팅 커뮤니케이션 자원은 무한하지 않기 때문에 모든 세분시장을 대상으로 커뮤니케이션할 수 없다는 것은 명백하다. 기업이 투입할 수 있는 마케팅 커뮤니케이션 자원으로 최대의 효과를 거둘 수 있는 세분시장을 선택해야만 한다.

한정된 자원의 문제를 떠나 표적청중을 선정해야 구체적이며 정밀한 통합 마케팅 프로그램을 고안할 수 있다. 커뮤니케이션 패러다임의 변화를 일으키고 있는 소셜 미디어를 보자. 유튜브나 페이스북, 트위터와 같이 소비자가 주도권을 쥐며, 단방향이 아닌 양방향 커뮤니케이션을 바탕으로 하는 소셜 미디어는 표적청중을 선정할 때 기존 미디어와는 다른 접근을 필요로 한다. 소셜 미디어 시대에서는 일방적인 광고를 노출하는 데 목표를 두기보다는 소비자의 목소리를 듣고 반응하는 데 초점을 맞춘다. 표적청중을 정하는 데 도움이 되는 기준은 다음과 같다.

표적청중 선정 가이드

첫째, 표적청중은 기업의 능력을 벗어나지 않는 세분시장이어야 한다. 기업은 소비자가 원하는 것을 충족시킬 수 있는 기술력, 유통, 서비스, 인력 등의 역량을 갖추어야 한다.

둘째, 규모와 미래 성장 잠재력을 고려하여 표적청중을 선정해야 한다. 세분시장의 규모는 소비자의 숫자와 이들이 제품의 구매를 위해 지불할 구매력의 함수이다. 이와 관련하여 고려해야 할 것은 헤비 유저의 수는 언제나 적다는 점이다. 따라서 현재의 규모에만 매달리지 말고 미래의 성장 잠재력도 고려할 필요가 있다. 시장은 역동적이기 때문이다.

셋째, 경쟁 상태를 고려해야 한다. 같은 세분시장을 두고 경쟁하는 기업은 누구인가? 그들의 상태는 어떠한가? 우리의 경쟁력은 어떠한가? 세분시장은 언제나 규모가 크다고 좋은 것만은 아니다. 작은 시장이 오히려 좋을 수 있다. 세분시장이 크다는 것은 시장이 정착되어서 그만큼 경쟁자가 많고 경쟁이 치열하다는 것을 의미한다. 이미 성숙한 세분시장에 진입하는 것은 쉽지 않다. 이미 선점한 경쟁자가 후발 주자에게 진입 장벽을 치고 공격적으로 대응할 것이기 때문이다. 세분시장이 클 때에는 좀 더 들여다보고 자사가 더 효과적으로 공략할 수 있도록 잘게 쪼갤 수 있는지 검토해 보아야 한다. 예컨대, 노인 시장은 너무 크다. 너무 커서 표적시장으로 삼기에는 문제가 있다. 이 시장에 속한 소비자들은 상당히 이질적일 것이다. 이들을 구체화해 보면 더 작게 세분화될 것이다. 그러면 통찰을 하는 데 도움이 된다. 시장이 크다고 좋은 것만은 아니다.

복수 표적청중 탐색

통합 마케팅에서는 단일의 표적청중을 대상으로 할 필요가 없다. 통합 마케팅 목표를 달성하려면 복수의 표적청중을 통합 마케팅에 포함해야 할 때가 있다. 초점이 되는 제품이나 브랜드를 구입한 소비자를 대상으로 심층면접과 같은 질적인 조사를 통해 실제 어떤 과정을 거쳐 최종 구매에 이르게 되었는지 구매 과정을 구체적으로 파악하여 복수의 표적청중 설정이 필요한지 판단할 수 있다.

개방형 구매 의사결정 탐색은 정형화된 단계를 가정하지 않는다. 욕구 인식, 정보 탐색, 대안 평가와 같은 이론적인 과정 모형은 소비자 의사결정 과정에 대한 통찰을 제공하기에는 한계가 있다. 대신 '현장의 살아 있는' 구매 의사결정 과정을 들여다봄으로써 통합 마케팅 기획자는 표적청중에 대해 더 나은 통찰을 할 수 있다. 개방형 과정을 거치게 되면 표적청중을 설정할 때 단일 표적청중을 대상으로 할지 아니면 복수의 청중을 표적으로 삼아야 할지를 결정하는 데 유용하다.

개방형 구매 의사결정 과정을 규명하기 위해서는 다양한 소비자

조사 자료를 이용할 수 있다. 최근 구매자를 대상으로 한 심층면접이나 최근의 구매 브랜드와 대안 브랜드의 강점과 약점에 관한 정량 조사 자료를 활용하면 된다. 구체적인 탐색 과정은 다음과 같다.

- 구매 의사결정 단계별로 어떤 생각이나 행동을 하였는지 탐색한다.
- 각 단계에서는 '○○ 단계에서(예, 구매를 결정했을 때) 어떤 생각이나 행동을 했는가?'를 탐색한다. 예컨대, 제습기를 구입하기로 결정했을 때 가격에 대해 생각했는지, 브랜드 이미지를 생각했는지, 또는 기능에 대해 생각했는지 등을 탐색한다. 특정 단계에서 소비자의 생각이나 행동에 대한 탐색이 끝나면 다음 단계로 진행한다. 예컨대, 인터넷에서 브랜드들에 대한 검색을 하고, 소셜 미디어로 친구에게 제습기에 대한 의견을 구하고, 매장을 방문하고, 점원과 대화를 하고 나서 최종 선택에 도달하는 단계를 거칠 수 있다. 각 단계에서는 소비자가 어떤 생각이나 행동을 했는지를 탐색한다.
- 다음으로, 각 단계에서 소비자가 비교를 한 경쟁 브랜드는 무엇이며, 경쟁 브랜드와 어떤 점을 비교하였으며, 그 결과 어떤 브랜드가 그 단계에서 살아남았는지를 탐색한다. 물론 자사 브랜드가 특정 단계에서 경쟁 브랜드로 대체된다면 그 이유가 무엇인지를 아는 것은 더욱 중요하다.
- 각 단계에서 영향을 미친 사람이 있다면 누구인지, 그 사람이 어떤 영향을 미쳤는지 탐색한다. 특히 이 부분은 통합 마케팅의 미디어 믹스를 결정할 때 매우 중요한 역할을 한다. 예컨대, 일차 표적청중인 주부가 제습기를 구매하기로 했을 때 남

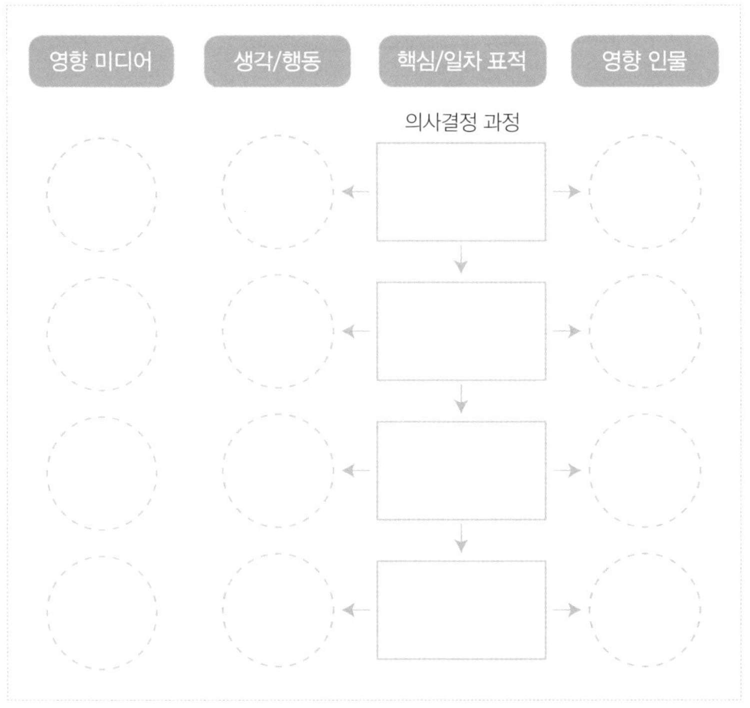

그림 4-8 개방형 구매 의사결정 탐색 차트

편이 제습기의 필요성을 부정하면서 구매 자체를 포기하게 하거나 또는 주부가 고려하는 브랜드 외의 다른 브랜드를 추천할 수 있다. 남편이 추천하는 브랜드가 경쟁 브랜드라면 남편은 자사 브랜드 구매를 방해하는 심각한 장애 요인이 된다. 이와 같은 경우에는 주부와 함께 남편도 통합 마케팅의 표적청중에 포함해야만 한다. 타인의 영향은 어느 단계에서든지 발생할 수 있다. 통합 마케팅은 하나의 표적청중을 대상으로만 하는 것이 아니다. 복수의 청중 모두에게 영향을 미쳐야만 통합 마케팅의 목적을 달성할 수 있다면 그것이 누구이든 표적청중에 포함해야 한다.

3.

통합 마케팅의 핵심 주제를 찾아라

◇ 브랜드 포지션의 결정

표적청중의 선정은 브랜드 포지션과 독립적으로 생각할 수 없다. 모든 소비자를 충족하는 브랜드란 있을 수 없다. 세분화 과정을 통한 표적청중 선정의 목적은 결국 이들로 하여금 경쟁 브랜드와 비교해서 자사 브랜드의 어떤 부분을 명확하게 인식하게 할지를 결정하기 위함이다. 나아가 브랜드 포지션의 결정은 통합 마케팅 목표의 수립과 마케팅 커뮤니케이션 메시지 믹스의 길잡이 역할을 한다. 브랜드를 포지셔닝하는 방법은 다양하다. 표적청중과 핵심 경쟁자가 결정되면 어떤 포지셔닝 전략을 구사할 것인지를 결정해야 한다. 이제 다양한 브랜드 포지셔닝 전략에 대해 알아보자.

제품 특징-편익 포지셔닝

제품의 특징이나 고객이 누릴 수 있는 편익을 이용하는 것은 가장 보편적인 포지셔닝 전략이다. 브랜드를 제품의 특징이나 편익과 연합하는 것이다. 혼다(Honda Motor Co.)는 경제성과 신뢰를, 볼보는 안전과 내구성을, 그리고 BMW는 널리 알려진 'the ultimate driving machine'이라는 슬로건으로 엔진과 핸들링의 성능을 강조하였다. 만약 표적청중이 원하는 편익이 변함에도 불구하고 경쟁자들이 이를 놓치고 있을 때 편익 포지셔닝은 매우 효과적인 전략이다.

한 가지가 아닌 두 가지 이상의 제품 특징을 동시에 이용하는 경우도 있다. 크레스트(Crest)는 미국치과협회의 보증을 등에 업고 욕구가 가장 큰 충치 예방 치약으로 포지셔닝하여 시장을 주도하였다. 하지만 후발 진입 브랜드들은 크레스트와 정면 경쟁하면 승산이 없기에 두 가지 편익을 도입하였다. 아쿠아 프레쉬는 충치 예방과 상쾌한 숨결을, 에임은 충치 예방과 맛이라는 두 가지 편익으로 포지셔닝하여 성공적으로 시장에 진입하였다. 복수의 편익을 이용하는 전략은 강력한 경쟁자가 특정한 편익을 점하고 있을 때 부가 편익을 제공함으로써 후발 주자가 차별적으로 포지셔닝할 수 있는 기회를 제공한다.

가격-품질 포지셔닝

제품의 특징이나 편익과 함께 가격과 품질은 대부분의 소비자에게 민감한 이슈이기 때문에 포지셔닝 전략에서도 중요하게 다루어진다. 일반적으로 가격과 질은 병존하기 힘들다. 고품질을 유지하려면 가격은 상승하기 마련이다. 또는 의도적으로 브랜드를 고품질로 인식시키기 위해 고가 전략을 구사하기도 한다. 어떤 경우에는 유사한 품질을 유지하면서 더욱 경제적인 브랜드로 인식시키기 위해 상대적으로 낮은 가격의 이점을 강조하기도 한다. 하지만 소비자는 가격으로 품질을 추론하는 경향이 강하다는 점을 염두에 두어야 한다.

포지셔닝은 상대적 인식의 싸움이란 점을 상기해야 한다. 가격-품질을 이용한 포지셔닝을 할 때에는 경쟁자의 전략과 표적청중의 욕구를 최우선 기준으로 해야 한다. 예컨대, 월마트는 가격에 민감한 세분 소비자를 대상으로 저가 포지셔닝을 통해 성공하였다. 패스트 패션 브랜드들은 합리적인 가격과 빠른 제품 순환으로 성공적으로 매출을 올리고 있다.

제품 사용 포지셔닝

제품 사용 포지셔닝은 브랜드를 '언제' '어떤 경우'와 연합하는 전략이다. 짜파게티는 '일요일'과 강력하게 연합되고, 캠벨 수프는 점심 제품으로 포지셔닝하여 점심 시간대에 광고를 집중하였다. 과거 AT&T는 잘 알려진 'Reach out and touch someone'이란 슬로건을 통해 장거리 전화로서의 포지셔닝에 성공하였다.

제품 사용 포지셔닝은 시장을 확장하고자 할 때에도 유용하다. 즉, 핵심 포지션 외에 2차 또는 3차의 포지션을 개발하여 제품이 사용되는 계절이나 상황을 확장해서 매출을 높이려고 할 때이다. 예컨대, 게토레이의 핵심 포지션은 운동 직후 체내 수분 유지를 위한 여름 음료이다. 하지만 겨울 매출을 높이기 위해 독감 환자를 위한 효과적인 수분 섭취 제품으로도 포지셔닝하였다. 암 앤드 해머(Arm & Hammer) 베이킹 소다는 냉장고 탈취제로의 브랜드 포지션 확장에 성공하였으며, 최근에는 확장한 브랜드 포지션을 이용하여 치약을 개발하기도 하였다. 핵심 포지션에서 확장을 할 경우에는 위험도 뒤따를 수 있다. 따라서 제품 사용의 확장 포지셔닝을 할 경우에는 핵심 포지션과 동떨어지거나 핵심 포지션을 희석해서는 안 된다.

제품 사용자 포지셔닝

제품 사용자 포지셔닝은 특정 사용자 또는 사용자층과 브랜드를 연합하는 전략이다. 한 가지 방법은 표적청중이 추구하는 이미지의 특정 인물을 브랜드와 연합하는 것이다. 이 전략을 추구할 때에는 표적청중이 추구하는 이미지와 표적청중이 가지고 있는 브랜드 개성이 잘 맞아떨어져야 한다. 마이클 조던과 나이키는 가장 성공적인 예가 될 수 있다. 다른 한 가지 방법은 실제 사용자층을 확장하는 것이다. 이 방법은 주로 브랜드의 포지션에 변화를 주고자 할 때 사용된다. 소비자 분석에서 기존 제품이 다른 사용자층에서 점차 많이 사용되거나 또는 기존 제품에 대한 욕구가 증대하는 새로운 사용자층을 발견한다면 브랜드를 새로운 사용자와 연합함으로써 브랜드 성장을 도모할 수 있다.

존슨 앤드 존슨(Johnson & Johnson) 샴푸는 아기에서 머리를 자주 감아서 덜 자극적인 샴푸를 원하는 성인 사용자층으로 브랜드 포지션에 변화를 주었다. 시장성장을 위해 제품 사용자 포지셔닝 전략을 구사할 때에는 브랜드 관리자는 표적 소비자의 변화에 예의 주시해야 한다. 의도한 사용자가 의도한 목적으로 사용하는지, 그렇지 않다면 누가, 어떤 용도로 사용하는지를 지속적으로 모니터링해야 한다.

경쟁자를 이용한 포지셔닝

대부분의 포지셔닝 전략에서 명시적이거나 암묵적인 참조 준거는 바로 경쟁자이다. 경쟁자를 이용한 포지셔닝이 유용한 이유는 두 가지이다. 첫째, 경쟁자는 대체로 장기에 걸쳐 잘 확립된 이미지를 보유할 때가 많다. 이런 경쟁자의 이미지는 자사 브랜드를 포지셔닝할 때 소비자의 비교 준거로 작용하기 때문에 브랜드 포지션 형성 시 반드시 참고해야 한다. 둘째, 자사 브랜드에 대한 소비자의 절대적인 인식이나 평가는 큰 의미가 없다. 중요한 것은 경쟁자와 비교해 더 나은가, 무엇이 더 나은가이다.

경쟁자를 이용한 포지셔닝의 대표적인 사례로 에이비스(Avis)의 'We're number two, we try harder' 캠페인을 들 수 있다. 에이비스의 2위 포지셔닝은 당시 경쟁자인 헤르츠(Hertz)가 업계 1위이기 때문에 치열하게 노력하지 않는다는 메시지를 성공적으로 인식시켰다. 경쟁자를 비교 준거로 성공적으로 활용한 것이다.

문화상징 포지셔닝

잘 알려지고 보편화된 문화적인 상징을 브랜드와 연합하는 것도 경쟁자와 차별화할 수 있는 효과적인 포지셔닝 전략 중의 하나이다. 문화상징에는 대중문화에서부터 지역, 종교 등 특정 영역을 부각시키는 다양한 요인이 포함된다. 이 전략을 구사할 때 핵심적인 과제는 경쟁자가 놓친, 그러나 표적청중에게는 매우 의미 있는 문화적 이슈를 발굴하는 것이다.

문화상징을 이용한 브랜드 포지션은 잘 확립되기만 하면 경쟁자가 모방하기란 매우 어렵기 때문에 강력한 포지셔닝 방법이 된다. 대표적인 예로 말보로(Marlboro)의 카우보이를 들 수 있다. 말보로는 최초에는 여성용 담배였다. 하지만 판매가 지지부진하자 남성용 담배로 전략을 변경하였다. 이때 말보로가 취한 결정은 당시 대부분의 미국 남자가 이상적으로 꿈꾸던 생활을 투영할 수 있는 문화적인 상징을 브랜드와 결합한 것이었다. 그 결과로 탄생한 것이 '카우보이'이다.

이슈 포지셔닝

최근 들어 소비자들은 점차 환경 문제나 사회적인 문제에 관심을 기울이고 있다. 예컨대, 소비자는 친환경 제품에 더욱 호의적인 태도를 가진다. 만약 표적청중이 다양한 환경적인 이슈에 높은 관심을 가진다면 관련 이슈를 이용한 포지셔닝은 경쟁자와 차별화할 수 있는 효과적인 방법이 될 수 있다. 단, 이슈 포지셔닝을 사용할 때에는 브랜드의 비전이나 사명과의 일관성을 고려해야 한다.

엡손(Epson)은 2008년에 비즈니스의 본질을 재정립하고 'Environmental Vision 2050'이라는 브랜드 비전을 선포하고 'Better products for a better future'라는 환경 포지셔닝 전략을 수립하였다. 이러한 포지셔닝 전략은 더욱 친환경적인 제품을 추구하기 위해 끊임없이 노력한다는 브랜드 인식을 심어 주기 위한 것이었다. 그리고 제품의 설계부터 생산, 사용, 그리고 재활용에 이르기까지 환경 피해를 최소화하고자 하였다. 그 결과, 환경 문제에 민감한 고객은 엡손에 긍정적으로 반응하였다.

4.

통합 마케팅 목표를 설정하라

목표란 성취하고자 하는 그 무엇에 관한 것이다. 목표가 없다면 전략이란 것도 수립할 수 없다. 통합 마케팅 기획에서도 목표의 수립은 가장 중요한 단계이다. 통합 마케팅 목표란 기획자가 기울여야 할 노력의 방향을 정하고, 어느 정도의 자원을 투입할 것이며, 노력의 효과가 어느 정도인지를 평가하기 위해 성취하고자 하는 커뮤니케이션의 목적이다. 통합 마케팅이 효과적이었다고 입증하려면 목표는 측정 가능해야 한다. 측정 가능하려면 목표를 구체적으로 진술하는 것이 바람직하다.

목표의 기능

- 무엇을 위해 노력하는지 구체화하면 할수록 우리는 그 일을 더 열정적으로, 그리고 더 효과적으로 수행할 수 있다. 커뮤니케이션 목표도 예외는 아니다. 통합 마케팅 기획이나 제작을 담당한 팀원이 무엇을 위해 노력하고 있는지 분명히 이해할 때 팀원 모두는 그 일을 더 잘 수행할 수 있다. 목표에 대해 팀원 모두가 공감하면 모든 일은 더 효과적이고 신속하게 이루어진다. 그러나 이것은 너무 자명한 사실이기 때문에 간과되는 것 또한 사실이다. 광고를 제작하는 카피라이터나 그래픽 디자이너도 광고 목표를 명확하게 이해하고 있다면 목표를 공략하는 데 더 큰 임팩트를 가진 크리에이티브를 개발할 수 있으며, 노력의 낭비도 감소된다.
- 광고를 포함한 대부분의 마케팅 커뮤니케이션은 기업의 사업을 수행하는 수단 중에서 가장 무형의 것에 속한다. 보이지 않

는 수단을 다룰수록 목표를 구체적이고 명확하게 정의하는 것은 무엇보다 중요하다. 가시적인 일을 다루는 영역에서는 잘 정의된 목표가 그리 중요하지 않을 수도 있다. 예컨대, 생산부서에서는 일의 성과를 완제품 재고로 알 수 있다. 자재 부스러기가 쌓여 있는 양을 보면 제조공정상의 낭비 요소를 시각적으로 확인할 수 있다. 영업사원은 자신이 직접 만나 본 고객의 반응을 머릿속에 그려 보고 심지어 고객과의 면담 장면을 다시 회상하면서 자신이 어떻게 판매를 성공시켰는지 정리해 볼 수 있다. 그러나 마케팅 커뮤니케이션은 그렇지 않다.

- 과거에 비해 마케팅 커뮤니케이션은 더욱 전문화되었기 때문에 목표의 수립이 더 필요하다. 과거에는 카피라이터가 마케팅 리서치나 어카운트 플래너 같은 다른 전문가들의 도움을 받지 않고 자신의 통찰에 의존해서 카피를 혼자 생각해 내었다. 하지만 소비자와 시장은 과거에 비해 점차 이해하기 어려워지고 있으며, 커뮤니케이션 환경도 복잡해지고 있다. 이제는 분야별 전문가들로 구성된 팀의 통합된 노력이 없으면 기획하기 어려운 지경에 이르고 있다. 이는 분명한 트렌드이다. 따라서 커뮤니케이션의 목표를 명확하게 하지 않으면 소비자 이해의 초점은 흐려지고 팀원의 기여도는 감소될 수밖에 없다.
- 팀원 간에 목표에 대한 합의가 이루어지면 시간과 노력의 낭비 요소가 줄어든다. 통합 마케팅 작업을 하다 보면 수십 개의 시안 작업을 한 후에 비로소 '이것은 우리가 의도한 아이디어가 아니다'라는 결론에 도달하는 경험을 할 때가 많다. 시안을 제작하고, 카피를 생각해 내면서 목표를 규정한다면 이는 마치 벽돌과 목재로 건물을 지어 보면서 건축물을 설계하는 것과 다

를 바 없다. 목표란 성취해야 할 것에 대해 서로의 견해 차이를 해소하고 의견을 통합시키는 도구이다. 목표는 팀원의 주의와 노력을 핵심적이며 관련성 있는 업무에 오롯이 집중시키는 역할을 한다. 목표는 낭비적인 수고를 덜어 줄 뿐만 아니라 특정 커뮤니케이션이 의도했던 방향에서 이탈하지 않도록 도와준다.

- 목표는 아이디어의 힘을 배가한다. 많은 커뮤니케이션 제작자, 특히 광고 제작자는 구체적인 목표가 창의적인 크리에이티브 아이디어를 개발하는 데 장애물로 여기는 경향이 있다. 하지만 목표가 크리에이티브 아이디어의 창의성을 위축시킨다고 생각한다면 이는 분명 실수이다. 명확한 커뮤니케이션 목표는 오히려 창의적인 크리에이터를 보호해 주는 장치이다. 커뮤니케이션 목표는 크리에이터에게 이렇게 이야기한다. "우리가 커뮤니케이션하려는 것은 이것이고, 이것을 가장 잘 커뮤니케이션할 수 있는 아이디어를 찾아내는 데에는 당신이 전문가입니다. 구체적인 커뮤니케이션 과업을 달성하도록 당신의 천재적인 창의력을 모두 활용해 주십시오. 우리는 당신의 크리에이티브 작업을 주관적인 감으로 평가하지 않고 객관적인 결과로 판단하겠습니다."
- 목표가 있다면 커뮤니케이션 효과를 객관적으로 측정할 수 있다. 측정을 위해 목표를 수립하는 것은 분명 아니다. 커뮤니케이션 목표는 더 생산적이고 더 많은 수익을 가져다주는 커뮤니케이션 아이디어를 개발한다는 목적을 달성하는 수단이다 (우석봉, 2008).

목표 진술의 조건

- 구체적일 것
- 측정 가능할 것
- 성취 가능할 것
- 도전적일 것

목표는 구체적일수록 좋다. '브랜드에 대한 긍정적인 인식을 높인다'는 목표보다는 '브랜드의 차별적인 보증 조건에 대한 지식을 높인다'는 것이 더 구체적이고 좋은 목표이다. 또한 목표는 측정 가능할수록 좋다. 그렇지 않으면 커뮤니케이션 캠페인이 끝난 후에 목표를 성취했는지 아닌지 알 수가 없다. 목표를 쉽게 진술하려는 유혹도 경계해야 한다. 이런 유혹은 주로 일상의 업무에서 습관적으로 자주 사용하는 개념일수록 더 강한 경향이 있다. '브랜드 인지를 10% 높인다'거나 '기존 고객의 25%를 충성 고객으로 만든다'는 목표는 그럴듯해 보이지만 측정 가능성에는 문제가 있다. '인지' 나 '충성'이라는 개념은 사람에 따라 다르게 해석될 수 있기 때문이다. 인지에는 소비자 스스로 생각해 내는 비보조인지도 있고, 브랜드를 보거나 알려 주었을 때 그것이 아는 브랜드인지 아닌지를 식별하는 보조인지도 있다. 통상 보조인지에 비해 비보조인지를 형성하는 것이 더 많은 커뮤니케이션 노력을 요구한다. 브랜드 충성이라는 것도 마찬가지이다. 충성은 특정 브랜드를 반복적으로 구매하는 행동을 기준으로 할 수도 있고 또는 향후 구매에 대한 태도를 기준으로 할 수도 있다.

실제적이며 측정 가능한 목표를 수립하기 위해 기업은 먼저 현 상황에 대한 수량화 가능한 측정치가 필요하다. 이것을 기준치라고 한다. 예컨대, 시장점유율 제고를 목표로 한다면 먼저 현재의 점유율을 알아야 한다. 현재의 점유율이 10%이고 점유율을 12%로 높이려고 한다면 2%P의 점유율 변화를 시도하려는 것이다. 2%P의 점유율 변화라고 하더라도 10%에서 12%로 높이는 것과 30%에서 32%로 높이는 데 소요되는 노력과 비용은 엄연히 다르다. 아울러 이러한 목표는 표적청중을 중심으로 한 것이어야 한다. 마지막으로, 목표는 도전적이어야 한다. 성취 불가능한 목표를 설정하는 것도 문제이지만 달성하기 용이한 목표는 의욕을 자극하기보다는 안주하게 만든다. 목표는 도전할 만한 가치가 있는 것이어야 한다. 그래야 관련자들의 동기와 창의성을 자극한다.

마케팅 목표와 통합 마케팅 목표

지금까지 목표를 구체적으로 설정해야 하는 이유에 대해 살펴보았다. 여기서 한 걸음 더 나아가 한 가지 더 분명히 해야 할 것이 있다. 통합 마케팅 목표를 설정할 때에는 마케팅 목표와 혼동하지 않아야 한다. 통합 마케팅 목표란 마케팅 커뮤니케이션으로 얻고자 하는 그 무엇이다. 마케팅 목표는 마케팅 커뮤니케이션에 국한된 것이 아니다. 전형적인 마케팅 목표는 다음과 같다.

- 전년 대비 5%의 판매 신장
- 시장점유율을 확대함

- 시장점유율을 10%에서 20%로 증가시킴
- 1년 동안 고객 가입률을 15% 높임

통합 마케팅의 목표는 이상과 같은 기업의 마케팅 목표를 달성하기 위한 수단이자 세부적인 전략임을 명심해야 한다. 마케팅 목표와 통합 마케팅의 목표를 혼동하지 않는 방법은 어떤 목표가 있을 때 이것이 마케팅 커뮤니케이션으로 달성 가능한지 아닌지를 판단해 보는 것이다. 앞의 예 중에서 '시장점유율을 10%에서 20%로 증가시킴'을 보자. 시장점유율을 높이는 것이 마케팅 커뮤니케이션만으로 달성 가능할까? 시장점유율을 높이려면 가격 전략을 수정해야 할 수도 있다. 그리고 제품을 개선해야만 할 수도 있다. 그리고 더욱 다양한 유통을 개척해야 더 많은 소비자에게 도달할 수 있어 판매 증대로 이어질 수 있을 것이다. 새로운 유통으로 침투하자면 현재의 점주 판매 마진 정책을 수정해야 할 수도 있다. 경쟁자의 공격에서 자사 시장을 방어하는 것은 광고만으로 가능할까? 이 경우에 광고는 단지 부분적으로 기여할 뿐이다. 가격 할인이나 보너스 팩과 같은 소비자 판매촉진을 위한 마케팅 커뮤니케이션 도구를 동원한다면 시장점유율의 증대가 가능하다고 판단할 수도 있다. 하지만 이 역시 부분적으로 기여할 수 있을 뿐이다. 시장점유율 증대라는 목표를 위해 마케팅 커뮤니케이션은 예컨대 제품의 사용 용도에 대한 인식을 강화한다든지 또는 비구매자가 제품의 시험 구매를 할 수 있도록 자극한다든지와 같은 인식이나 행동의 변화를 통해 기여해야 한다.

통합 마케팅의 목표는 광고와 다양한 마케팅 커뮤니케이션 도구를 통해 마케팅 목표의 달성에 기여하는 데 초점이 맞추어져야 한다. 커뮤니케이션에 의한 인지도, 태도, 그리고 행동의 변화 등이 통합 마케팅 목표에 포함된다.

통합 마케팅 계획은 마케팅 계획의 한 부분이다. 마케팅 목표는 위계상으로 통합 마케팅의 상위 개념이다. 그리고 모든 커뮤니케이션 도구들은 하위의 목표를 가지며, 이들은 통합 마케팅의 목표 달성으로 수렴되고 통합 마케팅의 목표는 다시 마케팅 목표에 기여해야 한다.

기회, 문제와 통합 마케팅 목표 설정

앞서 SWOT의 결과를 문제와 기회로 압축하고, 문제와 기회를 마케팅 4P 영역별로 분류하고, 각 영역에서 마케팅 커뮤니케이션이 어떤 기여를 할 수 있는지 검토할 것을 권유하였다.

먼저, 문제와 기회가 통합 마케팅 목표 설정과 어떻게 연결되는지 예를 들어 보자. '와인'은 사람들이 자연스럽게 마시는 제품은 아니다. 그래서 와인은 신규 소비자를 끌어들여야 하는 문제에 항상 직면한다. 와인의 신규 소비자는 전형적으로 주로 그들의 소비 습관이 형성되는 시기에 있는 30대이다. 이들을 끌어들이려면 설득과 정보 제공이 필요하다. 이와 같은 상황에 대해 다음과 같은 핵심 문제를 도출할 수 있다. '신규 잠재 고객은 와인의 엄청난 선택의 다양성에 주눅들어 무엇을 어떻게 선택해야 하는지 알기 어렵다.' 이 문제를 해결하기 위한 논리적인 결론은 '이들에게는 충분한 정보가 필요하다'는 것이다. 그렇다면 다양하고 상세한 정보와 추천 제품의 제안이 담긴, 이들이 쉽게 손에 넣을 수 있는 커뮤니케이션 도구와 내용을 고려할 수 있다. 만약 제품 안내 책자를 커뮤니케이션 도구로 정했다면 구체적인 커뮤니케이션 목표는 일 년 내에 50,000명이 책자를 집어 가고 이 중에서 20,000명이 더 많은 정보를 요청하는 관심을 보이도록 하는 것이 될 수 있다. 또는 제품 안내 책자를 본 사람 중에 15,000명이 해당 브랜드의 웹사이트를 방문하도록 하는 것이 목표가 될 수도 있다.

이와 같은 방식으로 통합 마케팅의 목표를 수립하였다면 다음으로는 마케팅 커뮤니케이션 도구별로 하위 목표를 수립한다. 전년 대비 매출 20% 신장이라는 마케팅 목표를 달성하기 위해 기존 소비자의 제품 사용 빈도를 높인다는 목표가 수립되었다고 하자. 그러면 이 목표를 성취하기 위해 광고를 비롯한 다양한 커뮤니케이션 도구가 동원된다. 이 경우에도 커뮤니케이션 믹스별로 구체적인 하위 목표를 수립해야 한다([그림 4-9] 참조).

다양한 마케팅 커뮤니케이션 도구를 동원할 경우 자칫 커뮤니케이션 도구 간의 목표가 상충되거나 마케팅 목표와의 관련성이 떨

<table>
<tr><td></td><td>• 마케팅 목표: ____________________
• 통합 마케팅 목표: ____________________
• 표적청중: ____________________
광고 | 판매촉진 | • • • | PR | 부즈/바이럴
TV … 웹 가격 할인 … 경품</td></tr>
<tr><td>커뮤니케이션
도구별
하위 목표</td><td></td></tr>
</table>

그림 4-9 통합 마케팅 목표 매트릭스

어질 위험이 있다. 통합 마케팅 기획자가 전체 커뮤니케이션 도구를 통합하고 조율하지만 판매촉진이나 디지털 광고 같은 행위는 주로 아웃소싱하거나 별도의 부서에서 진행할 때가 빈번하기 때문에 마케팅 목표나 전략과는 별 관련성이 없는 전술적 아이디어 위주로 작업이 진행되기 쉽다. 이러한 현상은 통합 마케팅 기획자가 가장 경계해야 할 점이다. 마케팅 커뮤니케이션 도구를 효과적으로 통합하려면 다음의 체크리스트를 적용해 볼 것을 권한다.

- 마케팅 목표를 확인하라.
- 마케팅 목표를 성취하는 데 필요한 마케팅 커뮤니케이션 도구를 고안하라. 마케팅 커뮤니케이션 도구에는 제한을 두지 마라. 소비자 접점은 어떤 것이든 커뮤니케이션 도구가 될 수 있다.
- 마케팅 커뮤니케이션 도구를 정했다면 각 도구별로 커뮤니케이션 목표를 수립하라.
- 시너지 효과를 확인하라. 최종적으로 마케팅 목표를 중심으로 커뮤니케이션 도구들의 목표가 서로 논리적으로 연결되고 수렴되는지 확인하라.

브랜드 전략 수준과 통합 마케팅 목표

통합 마케팅 목표를 수립할 때에는 '브랜드 전략 수준'을 반드시 고려해야 한다. 통합 마케팅은 단일 제품 브랜드 중심으로 집행되기도 하고 모 브랜드나 기업 브랜드 중심으로 집행될 수도 있다. 브랜드 수준에 따라 통합 마케팅의 전개 범위는 다르며, 통합 마케팅의 목표도 당연히 달라져야 한다.

브랜드 전략 수준은 일반적으로 브랜드 비전, 브랜드 미션, 브랜드 에센스, 브랜드 아이덴티티, 그리고 브랜드 포지션의 위계를 취한다. 브랜드 비전과 브랜드 미션은 기업이나 모 브랜드 또는 단일 제품 브랜드가 궁극적으로 이루려고 하는 것과 그것을 이루기 위해 지키고자 하는 사명으로서 비전이나 미션 그 자체는 차별화가 중요하지 않다. 따라서 비전이나 미션은 브랜드 간에 유사한 경우가 허다하다. 예컨대, 맥도널드나 토이저러스(Toys 'R' Us) 모두 '고객을 행복하게 한다'는 비전을 표방한다. 브랜드 비전이나 미션에 비해서는 좀 더 구체적이기는 하지만, 브랜드 아이덴티티의 압축물인 브랜드 에센스 역시 추상적이어서 브랜드 간에 엇비슷한 경우가 많다. 인생, 사랑, 열정, 행복 등은 브랜드 에센스의 단골 개념이다.

하지만 브랜드 포지션은 다르다. 브랜드 포지션은 경쟁자와의 상대적인 차별이 핵심이다. 브랜드 포지션은 특정 시장에서, 특정 경쟁자에 대한, 특정 고객의 욕구를 위한 전략적 지침을 포함한다. 따라서 브랜드 비전에서 브랜드 미션, 브랜드 아이덴티티, 그리고 브랜드 에센스에서 브랜드 포지션으로 이동할수록 개념도 더욱 구체적이기 마련이다. 또 한 가지 차이는 환경 변화에 따른 '변화의 폭과 속도'이다. 브랜드 비전이나 미션, 그리고 브랜드 에센스는 시간이 지나도 비교적 변하지 않고 지속적이다. 브랜드의 존재 이유나 궁극적인 사명이 수시로 바뀔 수는 없기 때문이다. 하지만 브랜드 포지션은 경쟁 환경의 변화에 따라 바뀌어야 한다. 많은 마케팅 커뮤니케이션 기획자는 브랜드 포지션은 절대 변해서는 안 된다고 주장하지만 그것은 브랜드 포지션을 잘못 이해하기 때문이다. 브

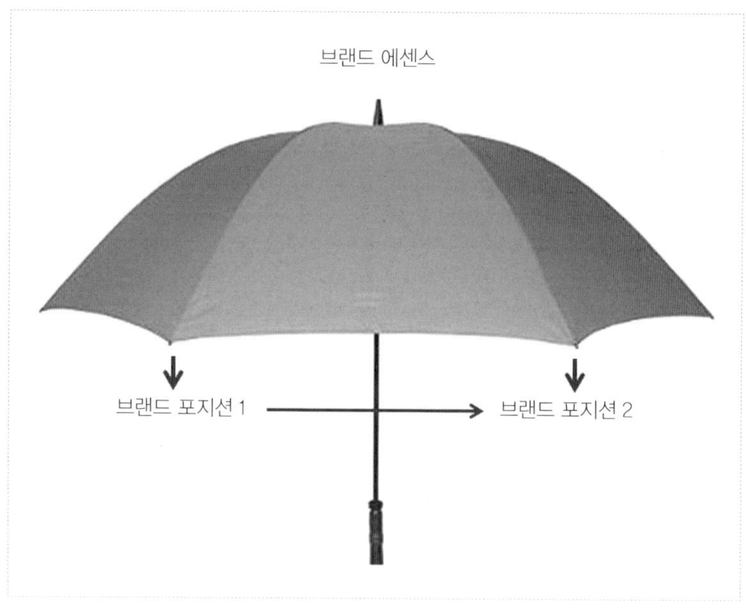

그림 4-10 브랜드 에센스와 브랜드 포지션

랜드 포지션은 경쟁에서 이기기 위한 수단이다. 따라서 경쟁 환경이나 고객의 욕구가 변한다면 브랜드 포지션도 당연히 바뀌어야 한다. 단, 브랜드 포지션의 변화는 브랜드 아이덴티티나 브랜드 에센스의 범위 내에서 이루어지는 것이 바람직하다. 비유하자면, 브랜드 에센스가 우산의 꼭지라면 브랜드 포지션은 우산의 살과 같다. 브랜드 에센스와 브랜드 포지션은 시너지 효과를 내어야 한다 ([그림 4-10] 참조).

브랜드 비전이나 브랜드 에센스의 수준에서 통합 마케팅 목표를 설정할 때 주의해야 할 점은 하위 수준과의 '관련성'이다. 예컨대, 어떤 브랜드가 '행복한 인생'이라는 브랜드 에센스를 기반으로 통합 마케팅 목표를 설정한다면 '행복한 인생'이라는 브랜드 에센스는 각 브랜드의 본질이나 핵심 사업 분야와 관련성을 만들어야 한다. 물론 제품에 따라 해석도 달라야 한다. 금융 브랜드의 행복한 인생과 자동차 브랜드의 행복한 인생은 명백히 다른 방식으로 해석하고 접근해야 한다. 그래야 표적청중이 커뮤니케이션 메시지에 공감하게 되고 커뮤니케이션 효과를 극대화할 수 있다.

복수 표적청중과 통합 마케팅 목표

하나의 표적청중을 대상으로 통합 마케팅 목표를 달성하기가 어려울 때가 있다. 공기청정기를 구매하려는 주부가 있다고 하자. 이 주부가 공기청정기 브랜드를 결정하는 과정에서 남편, 이웃집 주부, 자녀, 심지어 대리점 영업사원의 영향을 무시하기는 어려울 수 있다. 기업을 대상으로 마케팅을 하는 B2B(Business to Business) 제품의 경우에는 일반 소비재에 비해 더 많은 사람이 구매 의사결정 과정에 영향을 미친다. 한 회사의 구매 담당자가 복사기를 구입한다고 하자. 회사의 사장은 비용 절감을 중시하라고 압박할 것이며, 사원들은 가격이 좀 비싸더라도 복사가 선명한 제품을 구입하라고 요구할 것이다. 그리고 구입 당사자는 애프터서비스가 원활한 제품을 구입하고자 할 것이다.

이처럼 다수의 사람이 구매 의사결정 과정에 영향을 미칠 때, 그리고 이들의 영향이 결코 무시할 수 없을 때에는 이들 모두를 마케팅 커뮤니케이션 대상에 포함하여야만 통합 마케팅의 목적 달성이 가능해진다. 의사결정 과정에 영향을 미치는 사람들은 결국 커뮤니케이션 목적을 달성하는 데 긍정적 또는 부정적으로 작용하는 영향 요인이기 때문에 반드시 이들을 고려해야만 한다.

핵심 표적 소비자 이외에 이들에게 영향을 미치는 사람까지 고려하여 통합 마케팅 계획을 수립하는 것은 '복수 표적 커뮤니케이션'이다. 복수의 표적청중을 대상으로 할 때에는 핵심 표적 소비자가 구입이라는 최종 목표에 도달하기까지 복수의 표적이 어떤 영향을 미치며, 그 영향의 유형은 어떤 것이며, 무엇을 강화하거나 제거해야 하는지를 면밀하게 검토해야 한다. 따라서 표적청중이 복수일 때에는 커뮤니케이션 목표도 각 표적청중별로 설정해야 한다. 복수의 표적청중을 대상으로 목표를 수립하는 단계는 다음과 같다.

- 특정 제품에 대해 최종 구매자가 구입에 이르게 되기까지의

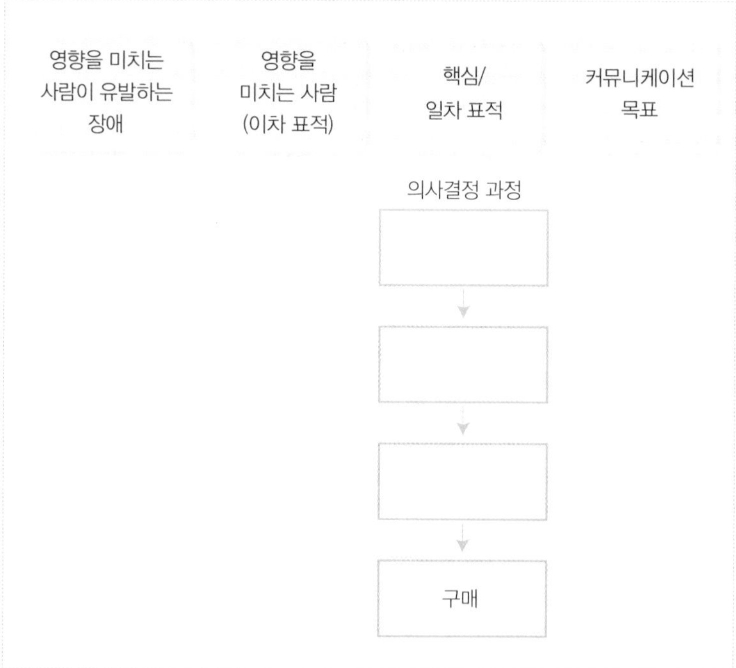

영향을 미치는 사람이 유발하는 장애	영향을 미치는 사람 (이차 표적)	핵심/일차 표적	커뮤니케이션 목표
		의사결정 과정	
		↓	
		↓	
		↓	
		구매	

그림 4-11 복수 표적청중일 때의 커뮤니케이션 목표 수립 매트릭스

과정을 밝힌다. 구입에 이르는 의사결정 과정을 구체화하려면 앞서 소개하였던 '개방형 구매 의사결정 탐색 차트'를 활용하면 된다([그림 4-8] 참조).

- 구입에 이르는 과정에서 최종 구매자의 브랜드 선택에 영향을 미치는 사람이 누구인지 밝힌다.
- 다음으로 영향을 미치는 사람별로 어떤 영향을 미치는지를 밝힌다. 예컨대, 어떤 주부의 국산 브랜드의 제습기 구입에서 남편과 매장의 영업사원이 주요한 영향을 미치는데, 남편의 외국 브랜드 선호와 국산 브랜드의 강점인 영업사원의 애프터서비스 용이성 경시 경향, 그리고 주부의 제습 기능에 대한 신뢰가 구입에 장애를 일으킨다면 커뮤니케이션의 목표는 이들이 유발하는 장애를 제거하는 것이어야 한다.

5.

미디어 믹스를 결정하라

모든 목표는 하나 또는 그 이상의 전략에 의해 뒷받침되어야만 한다. 전략이란 어떻게 목표를 성취할 것인가에 관한 아이디어이다. 목표를 성취하기 위해서는 다양한 전술을 동원하게 되는데, '전술'이란 전략을 실행하기 위해 동원하는 구체적인 행위들이다. 즉, 전략이라는 아이디어에 생명을 불어넣는 실행 세부사항이 전술이다. 마케팅 커뮤니케이션 담당부서는 전략, 전술 모두에 책임을 진다. 아티스트, 카피라이터, 프로듀서, 그리고 크리에이티브 디렉터는 다양한 커뮤니케이션 도구를 통해 전략적 아이디어에 생명을 불어넣는 일을 한다. 통합 마케팅 계획에서 전략 개발은 두 단계를 거친다.

- 첫 번째 단계는 어떠한 미디어를 사용할 것인지 결정하는 것, 즉 미디어 믹스 전략을 수립하는 것이다.
- 두 번째 단계는 창의적인 작업으로, 마케팅 커뮤니케이션 전문가의 손길이 필요한데, 다양한 마케팅 커뮤니케이션 도구들을 믹스하는 작업이다. 이 단계에서는 각각의 마케팅 커뮤니케이션 기능과 미디어를 어떻게 사용할 것인지에 관한 아이디어를 도출해야 한다.

미디어 믹스

통합 마케팅에서 적절한 미디어 믹스를 선택하는 작업은 마케팅 커뮤니케이션 도구들의 믹스를 선택하는 것만큼이나 중요하다. 미디어 믹스는 통합 마케팅 메시지를 전달하는 미디어 경로를 선택하는 작업이다. 미디어 믹스 전략과 크리에이티브 메시지 전략은 상호 의존적일 뿐만 아니라 이상적으로는 병렬적으로 동시에 개발되어야 한다. 전략적인 미디어 믹스는 각 표적청중(복수 표적청중일 경우)별로 결정되어야 한다. 캠페인에 따라 특정 표적청중별로 적합한 메시지를 전달하기 위해 상황에 따라 다양한 미디어를 사용해야 한다.

미디어 계획 수립

미디어 계획은 통합 마케팅 목적을 달성하기 위한 중요한 단계이다. 미디어 계획 수립은 통합 마케팅 목적을 달성하기 위한 문제해결 과정이라고도 할 수 있다. 여기서 '문제'란 미디어 선택이 어떻게 통합 마케팅 목적을 달성하는 데 도움을 줄 것인가이다.

미디어 기획자의 핵심 역할은 '연결'이다. 미디어 기획자의 역할은 브랜드 메시지를 고객이나 이해관계자와 연결시키는 것이다. 브랜드 메시지와 소비자의 접점을 확인하고 제대로 작동하도록 하는 것이 미디어 기획자가 하는 일이다. 널리 알려진 도브(Dove)의 '리얼 뷰티' 캠페인은 전통 미디어뿐만 아니라 웹사이트, 인터넷 비디오, 바이럴 마케팅, 그리고 연극 공연을 미디어 계획에 포함하였다. 사용 가능한 모든 미디어가 동원된다. 표적청중에게 다가가는 연결고리를 만드는 작업은 효과적인 통합 마케팅의 전형적인 특징이다.

미디어 계획은 미디어 예산을 어떻게 사용할지를 안내하는 미디어 목적과 전략을 요약하여 글로 진술한 문서이다. 미디어 계획의 목적은 표적청중에게 메시지를 전달하는 가장 효과적이며 효율적인 방법을 발견하는 것이다. 미디어 계획에서는 다음과 같은 질문에 답해야 한다.

- 표적청중은 누구인가?
- 무엇을 성취하고자 하는가?
- 타이밍은?
- 언제, 어디서?
- 미디어별 가중치는?
- 비용 효율성은?

미디어 계획 수립 단계

미디어 계획 수립은 여러 가지 미디어 선택 대안 중에서 단지 몇 가지 미디어를 선택하는 것 그 이상의 작업이다. 대표적인 전통 미디어인 TV는 총 시청률(Gross Rating Point: GPR)이나 인구 천 명당 광고비인 CPM(Cost Per Mille)을 기초로 선정한다. 하지만 뉴미디어는 그러한 수치를 사용할 수 없다. 뉴미디어의 경우에는 도달률이나 노출 빈도, 또는 일정 수의 표적청중에 도달하는 데 드는 비용 등과 같은 계량치 대신에 브랜드 체험의 질, 메시지에 대한 몰입, 그리고 개인적인 임팩트와 같은 요소들이 더 중요하다는 점에서 전통 미디어와는 차이가 있다는 점을 분명히 인식해야 한다. 최근 들어 대부분의 광고주 역시 도달률이나 노출 빈도보다는 소비자가 자사 브랜드에 얼마나 몰입하며, 브랜드 관계가 얼마나 심화되는지와 같은 보다 질적이며 실질적인 결과를 중시한다. 미디어 계획 수립 과정을 단계별로 알아보자.

▣ 1단계: 미디어 표적청중과 미디어를 선정한다

미디어 계획 수립의 첫 번째 단계에서는 통합 마케팅 메시지를 전달할 표적청중을 확인한다. 미디어 계획 수립에서는 크리에이티브와 조화를 이룰 수 있고 브랜드의 표적청중과 가장 잘 맞아떨어지는 미디어 브랜드를 선정하는 것이 중요한 과제이다. 선정된 미디어 브랜드는 이상적인 표적청중과 맞아떨어져야만 한다. 남성 소비자가 시청하는 스포츠 프로그램에 여성 용품 광고를 집행하는 미디어 기획자는 아마 없을 것이다.

마케팅 계획에서 설정한 표적청중의 범위에 따라 광범위한 도달이 가능한 대중 미디어를 사용할지, 아니면 한정된 청중의 특성이 명확한 미디어를 사용할지 결정해야 한다. 표적청중이 구체적으로 규정되면 그들의 관심과 연결되고, 브랜드 관계에 몰입하게 만드는 메시지를 전달할 미디어를 발견하기도 더 쉽다. 미디어 브랜드에 따라 청중의 프로필은 다르다. 미디어 브랜드의 청중이 브랜드의 표적청중에서 차지하는 비율도 다르다. 무작정 많은 청중에게 도달하기보다는 표적청중에게 정확히 도달하는 미디어 브랜드를 선정하는 것이야말로 비용 효율적인 미디어 계획의 핵심이다.

한편, 미디어 표적청중 역시 단일 집단일수도 있고 복수의 집단일수도 있다. 미디어 표적청중이 복수일 경우에는 미디어 계획 수립도 단일의 표적청중일 때와는 달라야 한다. 구체적인 과정은 다음과 같다.

첫째, 핵심 표적청중의 의사결정 과정을 탐색한다.

처음으로 할 일은 표적 소비자의 의사결정 과정을 그려 보는 것이다. 의사결정 과정을 파악하기 위해 굳이 대규모의 정량조사를 실시할 필요는 없다. 이에 관해서는 앞에서 이미 알아보았지만 이 작업은 미디어 계획 수립에서도 역시 중요한 역할을 한다. 핵심 표적 소비자의 구매 의사결정 과정을 파악하는 것이 이 단계에서 할 일이다. 구매 의사결정 과정을 파악하는 한 가지 대안은 표적 소비자와 유사한 프로필의 최근 해당 제품 구입자를 대상으로 그들의 실제 의사결정 과정을 탐색하는 것이다. 이때 권할 만한 방법으로는 개별심층면접을 진행하면서 면접 내용을 녹음하는 것이 있다. 의사결정을 탐색할 때에는 실제 현실에서 발생하는 과정대로 생생하게 탐색하고 묘사하면 된다. 제품에 따라 의사결정 과정은 당연히 다르다.

둘째, 구매 의사결정에서 장애가 발생하는 단계와 누가 장애를 일으키는지를 확인한다.

구매 의사결정 과정을 탐색하였으면 해당 제품유목이 아니라 자사 브랜드의 구매에 장애가 일어나는 단계는 무엇이며, 그 단계에서 구체적으로 누가 장애를 일으키는지를 파악해야 한다. 이 단계에서도 구체적으로 기술하라는 원칙은 여전히 중요하다. 예컨대 승용차의 경우에는 '대안 고려'에서 장애를 일으키는 사람은 표적 소비자의 부인일 수도 있고 또는 친구이거나 또는 표적 소비자의 자녀일 수도 있다. 잘 알려진 것처럼 승용차의 구입에는 부인이나 자녀의 영향력이 크게 작용한다. 만약 특정 인물이 장애를 일으키는 힘이 강력하다면 이들을 미디어 계획에 포함시키지 않고서 자사 브랜드의 구매라는 목적을 달성하기 어렵다.

셋째, 어떤 장애를 일으키는지 확인한다.

특정 단계에서 누가 장애를 일으키는지 확인하였다면, 다음으로는 그 사람이 구체적으로 어떤 장애를 일으키는지 확인해야 한다. 대안 브랜드의 고려 단계에서 자사 브랜드를 고려할 때 표적 소비자의 부인은 주위 사람의 눈을 의식하여 동급의 차종에서 무조건 비싼 차를 구입하라는 주문을 하여 자사 브랜드를 고려 대상에서 탈락시키려 할 수 있다. 또는 시험 주행 단계에서 자사 브랜드의 영업사원이 표적 소비자의 구입 동기를 제대로 파악하지 못하고 기술적인 측면에만 집착하여 세일즈 메시지를 전함으로써 의도치 않게 장애를 일으킬 수도 있다. 장애를 일으키는 인물에 자사 직원이 포함되지 말라는 법은 없다!

넷째, 복수 표적 미디어 매트릭스를 작성한다.

앞의 과정에서 도출된 결과를 잘 정리된 매트릭스로 만든다. 어떤 단계에서, 누가, 구체적으로 어떤 장애를 일으키는지 확인했기 때문에 해당 대상의 특성을 고려하여 이들에게 효과적인 미디어를 선정할 수 있다. 만약 핵심 표적 소비자의 부인이 복수 표적의 대상이라면 그녀에게 도달할 미디어와 비히클을 선정해야 한다. 대리점 영업사원이 복수 표적의 대상이라면 '사내 뉴스레터'나 '영업장 포스터'가 미디어로서 효력을 발휘할 수 있다. 복수 표적 미디어 매트릭스가 완성되면 각 표적별로 장애 요소와 커뮤니케이션 목표가 서로 연결되는지 확인해야 한다.

▣ 2단계: 미디어 목표를 수립한다

대체로 크리에이티브 아이디어나 전략이 결정되고 나서 미디어 계획을 수립하곤 한다. 하지만 이러한 과정에도 최근 들어서는 변화가 일고 있다. 미디어의 증가에 따라 소비자의 미디어 선택 폭이 점차 넓어지면서 크리에이티브, 미디어 기획, 그리고 어카운트 기획 간의 수평기능적 작업이 일반화되고 있다. 이러한 변화의 핵심에는 '미디어와 메시지 전략은 더 이상 독립적이 아닌 상호 의존적'이라는 인식이 자리 잡고 있다.

앞서 제시했듯이, 광고와 마케팅 커뮤니케이션의 목표는 표적집단이 메시지에 노출된 결과로 무엇을 하기를 원하는가에 대한 것이다. 그것은 생각, 느낌, 그리고 행위 등 어떠한 것일 수 있다. 한편, '미디어 목표'는 브랜드 메시지의 전달과 관련하여 성취하고자 하는 것, 그리고 브랜드 메시지가 표적청중에 미치는 효과에 관한 것이다.

광고와 마케팅 커뮤니케이션 목적은 미디어 목적을 수립하는 데 도움을 준다. 시청률이 높은 인기 프로그램에 비싼 미디어 비용을 지불하고 광고를 집행해야 하는가? 이 질문에 대한 답은 '무엇을 얻고자 하는가?'에 달려 있다. 오랫동안 미국 슈퍼볼 광고주였던 펩시는 이미 브랜드를 다 알고 있는 청중들에게 값비싼 비용을 지불하고 브랜드를 상기시키는 광고를 집행하는 것은 더 이상 의미 없다는 결론을 내리고 2010년에는 슈퍼볼 광고를 중단하였다. 하지만 대규모의 소비자에게 신제품 출시를 알려야 한다면? 현대자동차는 미국 소비자들 사이에서 작은 기업이라는 이미지에 변화를 주고자 하였다. 이때 슈퍼볼 광고는 적절한가? 답의 열쇠는 광고 커뮤니케이션의 목적이 무엇인가에 있다. 그럼에도 불구하고 한 가지 분명히 해야 하는 것은 광고 커뮤니케이션 목적과 미디어 목적은 다르다는 것이다. 미디어 목적의 예를 보자.

- 광고 집행 기간 동안 표적청중의 60%가 매달 4회 광고에 노출되게 한다.
- 광고 집행 최초 6개월 동안 최소 5회의 빈도로 최대한 많은 표적청중에게 노출한다.
- 브랜드와 상호작용할 기회를 가지는 표적청중의 30%에게 광고 메시지를 전달한다.
- 긍정적인 브랜드 구전을 하게끔 의견 선도자에게 광고 메시지를 전달한다.

첫 번째와 두 번째에 비해 세 번째와 네 번째 목적은 광고 커뮤니케이션 효과와 더욱 직접적으로 연관된다. 미디어 목적은 원칙적으로 측정 가능해야 하지만 커뮤니케이션 목적에 따라서는 측정이 불가능한 경우도 있다. 미디어 환경의 변화에도 불구하고 미디어 목표를 수립할 때 유용한 개념은 도달률(reach)과 빈도(frequency)이다.

도달률은 정해진 기간에 브랜드 메시지에 한 번 이상 노출되는 사람의 비율이다. 광고 캠페인이 성공하려면 정해진 예산과 기간에 가능한 한 많은 표적청중에게 도달할수록 도움이 된다. 따라서 도달률은 가장 중요한 미디어 목적 중의 하나이다. 대부분의 미디어는 표적청중이 아닌 사람에게도 도달되기 때문에 정작 중요한 것은 브랜드가 표적으로 삼는 소비자를 중심으로 하는 '표적 도달률'이다. 표적청중에게 도달할 기회가 큰 미디어를 알아내는 것은 도전 과제 중의 하나이다. 이를 위해서는 표적시장 중심의 미디어 자료와 미디어 이용 행동을 활용해야 한다.

빈도는 브랜드 메시지 노출이 반복되는 횟수이다. 빈도는 평균빈도를 사용하는데, 평균빈도는 광고 집행 기간 동안 미디어 스케줄에 노출된 표적청중의 평균 노출 횟수이다. 노출 자체가 표적청중이 자극에 주의를 기울였다는 것을 보장하지는 않는다. 노출이란 자극이 단지 감각기관에 떨어지는 것이기 때문이다. 따라서 광고의 효과를 보장하기 위해서는 메시지에 주의를 기울이기 위해 필요한 유효빈도를 알아야 한다. 유효빈도란 커뮤니케이션 목표 달성에 필요한 광고의 반복 횟수이다. 광고의 소구 방식이나 메시지 유형에 따라 일률적인 적용은 한계가 있으나 일반적으로 크루그먼(Krugman)의 이론에 근거해 '유효빈도 3회의 법칙'을 참고한다.

▣ 3단계: 미디어 전략을 수립한다

미디어 전략은 표적청중에 도달해서 미디어 목적을 충족하기 위한 가장 비용 효율적인 방법을 결정하는 것이다. 목적을 달성하기 위한 전략은 여러 가지가 있을 수 있다. 그렇다면 전략들을 분석하고 비교해서 미디어 목적을 가장 효과적으로 달성할 수 있는 최적의 전략을 선정해야 한다.

높은 도달률을 얻는 것이 미디어 목적이라면 다양한 미디어 브랜드를 사용하여 폭넓은 노출을 창출해야 한다. 예컨대, 잘 알려진 브랜드를 상기시키거나 또는 광범위한 표적청중을 대상으로 한 신제품을 출시할 때에는 높은 도달률을 얻을 수 있는 전략이 필요하다. 빈도를 높이는 것이 미디어 목적이라면 가능한 한 제한된 미디어 브랜드에 초점을 맞추는 전략이 필요하다. 표적시장의 범위가 좁거나, 엄격하게 정의된 제품이거나, 또는 정보나 설명이 필요한 제품일 경우에는 빈도를 높이는 미디어 전략이 더 적절하다. 고빈도 전략은 미디어 혼잡도가 극심할 때 경쟁자의 광고 활동에 대항하거나 자사의 광고 점유율을 구축하고자 할 때에도 유용하다. 특별한 가격 할인 행사 광고와 같이 메시지를 반복할 필요가 없는 경우에는 고빈도 전략은 구사할 필요가 없다. 결국 미디어 전략은 광고와 미디어의 목적에 따라 정밀하게 수립되어야 한다.

도달률과 빈도 목적은 미디어 믹스 결정에도 영향을 미친다. 만약 높은 도달률을 얻으려면 소수의 미디어 브랜드는 불가능하다. 표적청중에게 어느 정도의 도달률을 얻으려면 대부분의 경우에 여러 미디어 브랜드를 동시에 사용해야 한다. 무엇보다 미디어 믹스가 필요한 이유는 소수의 전통 미디어로는 미처 도달할 수 없는 청중도 있기 때문이다. 미디어 브랜드에 따라 청중의 프로필은 다양하기 때문에 많은 미디어 브랜드를 사용할수록 도달할 수 있는 청중의 범위는 넓어지기 마련이다. 당연한 말이지만, 많은 미디어 브랜드를 사용하더라도 청중들은 반드시 브랜드의 표적시장과 일치해야 한다.

미디어별 핵심 특징

미디어 믹스를 결정할 때 주의해야 할 점은 무조건 트렌드를 따라서는 안 된다는 것이다. 예컨대, TV보다는 소셜 미디어가 주목받고 있고 비용이 낮다고 하여 전통 미디어를 간과하는 실수를 저

질러서는 안 된다. TV는 여전히 도달률 측면에서 가장 강력한 미디어임에 틀림없다. 미디어 믹스 역시 철저하게 미디어 목적과 부합해야 한다. 각각의 미디어, 그리고 미디어 브랜드에 어떤 메시지가 더 효과적일지는 경우에 따라 달라진다. 미디어별 핵심 특징에 대해 알아보자.

▣ TV

- 폭넓은 표적청중에게 메시지를 노출하고자 할 때
- 동영상과 소리가 제품의 편익을 전달하는 데 반드시 필요할 때
- 드라마 스토리 형태의 메시지일 때
- 제품의 사용 방법, 제품의 작동 등 제품 시연을 필요로 할 때
- 프로그램의 덕(프로그램의 '맥락 효과')을 보고자 할 때
- 점주 등 다른 이해관계자에게 제품이나 브랜드의 위상을 과시하고자 할 때

▣ 신문

- 특정 지역을 광범위하게 망라하고자 할 때
- 새로운 제품의 특징이나 제조 공정 등과 같은 뉴스 가치를 가진 제품을 알리고자 할 때
- 판매나 이벤트 등을 통해 뉴스거리를 만들고자 할 때
- 자세한 제품 설명이 필요할 때
- 영상이나 비주얼의 질이 그다지 중요하지 않을 때

▣ 잡지

- 특정한 분야에 관심을 가지는 표적청중에게만 선택적으로 광

고를 전달하고자 할 때
- 정교하면서 고품질의 이미지가 필요한 제품일 때
- 제품의 사용법에 대해 설명할 필요는 있지만 시연이 필요한 것은 아닐 때

▣ 라디오
- 지역 시장을 망라하고자 할 때
- 많은 메시지 노출 빈도가 필요할 때
- 기억 상기 촉진을 필요로 하는 메시지가 있을 때
- 표적청중이 구매를 고려하는 타이밍을 알 때
- 프로그램의 덕을 보고자 할 때
- 이미지를 상상하게 하는 힘이 강력한 메시지일 때

▣ 극장
- 영화의 내용이나 출연자의 덕(연상 효과)을 보고자 할 때
- 브랜드의 표적청중과 관람객 프로필이 일치할 때
- 규모감 있는 영상을 필요로 할 때

▣ 인터넷/소셜 네트워크
- 표적청중에 전통 미디어로 도달하기 어려울 때
- 개인화: 소비자와 관련되는 맞춤 광고와 판매촉진 집행이 필요할 때
- 입소문을 만들어 내고자 할 때
- 표적청중이 타인과의 대화에 참여하기를 원할 때
- 상호작용: 양방향 커뮤니케이션을 통해 소비자와 브랜드 관계

를 구축할 필요가 있을 때
- 정보를 제공하고자 할 때
- 고객의 정보를 수집할 필요가 있을 때
- 표적청중의 가용한 시간에 맞추고자 할 때

▣ 블로그

- 누구나 타인과 대화할 수 있는 창구
- 개인의 세상을 표현하되 많은 사람의 공감을 얻을 수 있는 곳
- 개인적 관계를 형성함과 동시에 수많은 1:1 커뮤니케이션의 구축이 요구될 때
- 유사한 관심 사항을 공유하는 사람들끼리 개인적 관련성이 있는 이슈에 대해 견해를 교환할 수 있는 디지털 공동체
- 특정 제품이나 브랜드가 관심 주제로 다루어질 수 있는 곳
- 정보에 대한 신뢰가 높고, 정보의 확산이 빠름
- 기업이 자사 브랜드 인지를 구축하고 브랜드 이미지를 향상함으로써 브랜드 자산을 강화할 수 있는 공간
- 기업이 유망 고객과 직접적으로 커뮤니케이션할 수 있는 곳. 기업과 접촉한 유망 고객은 그들이 게시한 코멘트를 통해 다시 능동적인 커뮤니케이터화가 됨
- 기업이나 브랜드에 대한 구전의 발원지로서의 역할

▣ 옥외 미디어

옥외(Out-Of-Home: OOH) 미디어는 빌보드(billboard), 포스터, 그리고 버스, 택시, 지하철과 같은 교통수단에 이르기까지 공공장소에 광고를 집행할 수 있는 모든 형태의 미디어이다. 옥외 광고 미

디어는 인터넷과 함께 브랜드 메시지를 가장 창의적으로 전달할 수 있는 미디어이며, 지속적으로 성장하는 광고 미디어이다. 전통 미디어 광고의 혼잡도가 높아지면서 광고 효과를 높이는 대안으로 주목받고 있는데, 주된 이유는 옥외 미디어가 지닌 특징 때문이다. 특정의 표적청중을 대상으로 그들에게 가장 적합한 메시지를 적절한 시간과 장소에서 노출할 수 있기 때문이다. 청중이 볼 수 있는 시간이 매우 짧기 때문에 많은 브랜드 메시지를 전달할 수 없다는 단점이 있으나 옥외 미디어는 다음과 같은 여러 가지 상황에 적합하다는 장점을 가진다.

- 특정 지역 또는 장소의 청중에 초점을 맞추고자 할 때
- 브랜드명이나 브랜드 메시지, 브랜드 이미지를 상기시키고 강화하고자 할 때
- 매장이 인접한 곳에서 구매를 유발하고자 할 때
- 옥외 미디어가 설치된 장소나 공간의 맥락 효과를 이용하고자 할 때

옥외 미디어의 가장 큰 특징이자 장점은 옥외 광고물이 위치한 환경이나, 공간의 이미지나, 연상 효과를 이용하여 브랜드의 핵심 메시지나 이미지를 극대화할 수 있다는 것이다.

이와 관련하여 최근에는 '환경 미디어(ambient media)'가 주목받고 있다. 영국옥외광고협회에서는 환경 미디어 광고를 비전통적 형태 및 환경 또는 환경에 산재한 주변 사물이나 미디어를 활용한 광고로 정의하였다. 최근 들어 환경 미디어를 활용한 광고와 같은 새로

세척력을 효과적으로 알리는 윈덱스 광고물

출처: pintrest.co.uk

프랑스 오길비 앤드 마더사가 제작한 IBM 광고물

출처: scoopwhoop.com

세계자연보호기금의 'Save paper, save the planet' 공익 광고물

출처: pintrest.com

그림 4-12 환경 미디어 광고 사례

운 형태의 광고가 등장하고 있다는 것은 소비자들의 외부 활동 증가와 라이프스타일의 변화, 그리고 소비 접점에서의 커뮤니케이션 필요성 증대 등 소비자들의 참여와 경험이 늘어났기 때문이다. 이는 변화된 소비자 및 미디어 환경에 대응하기 위한 노력의 결과이다. 특히 환경 미디어 광고는 기존의 대중 미디어 광고의 대안 미디어 광고에서 출발한 광고 형태로서 옥외 미디어의 기술적 발달, 소비자의 변화 등 급변하는 시대적 변화 요구에 따른 것이다.

환경 미디어 광고를 활용하는 이유는 소비자의 광고에 대한 주목과 반응을 높이기 위해 미디어와 광고 메시지를 결합하여 시너지 효과를 창출하기가 용이하기 때문이다. 소비자들에게 광고 메시지를 효과적으로 알리기 위해서는 광고물 자체를 창의적으로 제작하는 것도 중요하지만 광고를 게재하는 미디어를 창의적으로 활용하는 것도 효과적인 대안이 된다. 기존 미디어 대신에 새롭고 독창적인 미디어를 제작하거나 주변 사물을 미디어로 활용하는 것 또한 미디어 자체의 혁신을 통한 창의적인 미디어 활용이다.

환경 미디어 광고가 기존의 전통 미디어 광고와 비교하여 효과적인 이유는 네 가지 측면에서 생각해 볼 수 있다.

- 창의적인 미디어는 소비자의 주목을 유도함으로써 메시지가 우연이 아니라 의도적으로 처리되게 한다.
- 미디어의 신기성(newness)으로 인해 기존 미디어와의 차별화가 가능하다.
- 직접적 메시지 전달이 아니라 미디어가 유발하는 맥락 점화에 의한 간접적 메시지 전달을 활용하기 때문에 소비자들로부터 광고 메시지에 대한 부정적 인지 반응을 유발할 가능성이 적다.

- 통제 가능한 독립적인 미디어를 사용하여 광고를 집행하기 때문에 전체적인 미디어 맥락의 조작에 집중할 수 있다.

환경 미디어뿐만 아니라 모든 형태의 옥외 미디어를 이용한 광고 메시지가 효과를 거두려면 다음과 같은 두 가지 원칙을 고려할 필요가 있다.

첫째, 간결해야 한다. 카피와 같은 언어적인 메시지는 길거나 복잡해서는 안 된다. 물론 버스 정류장이나 지하철 플랫폼 스크린 도어의 경우에는 청중이 광고물을 볼 수 있는 시간이 길지만 다른 대부분의 옥외 미디어는 그렇지 않다. 한 번의 응시로도 메시지를 이해할 수 있어야 한다.

둘째, 광고 비주얼은 매우 창의적이어서 청중의 시선을 한 번에

그림 4-13 맥도널드 빌보드 광고

출처: adsoftheworld.com

사로잡아야 한다. 창의적인 옥외 광고라면 매일 접해도 보기에 즐겁지 않겠는가! 또한 비주얼은 브랜드의 핵심 메시지를 분명하게 전달하는 것이어야 한다. 2006년 레오버넷(Leo Burnett) 사가 제작하여 미국 시카고에 설치한 맥도널드 빌보드 광고를 보라!

▣ 소셜 미디어

1980년대는 케이블 TV의 시대, 1990년대는 인터넷으로 대표되는 웹 1.0의 시대, 그리고 현재는 소셜 미디어의 웹 2.0시대라고 한다. 웹 2.0은 2004년에 최초로 사용된 용어이다. 소프트웨어 개발자와 최종 사용자가 월드 와이드 웹(world wide web)을 새로운 방식으로 활용하기 시작하면서 사용되었다(Kaplan & Haenlein, 2010). 콘텐츠와 어플리케이션이 과거와는 달리 한 개인에 의해 창안되고 공표되기보다는 많은 사용자의 참여와 협업에 의해 지속적으로 수정되는 플랫폼이다. 웹 2.0은 소셜 미디어 진화를 위한 플랫폼이기도 하다.

스마트폰은 통신기기에서 소셜 미디어화되고 있다. 소셜 미디어의 파급력은 상상을 넘어서고 있다. 유튜브의 1일 시청 건수는 20억 회를 넘어선다고 한다. 이제 통합 마케팅을 운영할 때 소셜 미디어를 고려하지 않을 수 없다. 소셜 미디어는 웹 기반의 소셜 네트워크를 통해 개인의 생각이나 의견, 경험, 정보 등을 공유하고 타인과의 관계를 생성 또는 확장하는 개방화된 온라인 플랫폼이다. 소셜 미디어는 블로그(Blog), 소셜 네트워크 서비스(SNS), 위키(Wiki), 사용자 제작 콘텐츠(UCC), 마이크로 블로그(Micro-Blog)의 다섯 가지로 구분되며, 사람과 사람, 또는 사람과 정보를 연결하고 상호작용할 수 있는 서비스를 제공하는 플랫폼을 소셜 미디어의

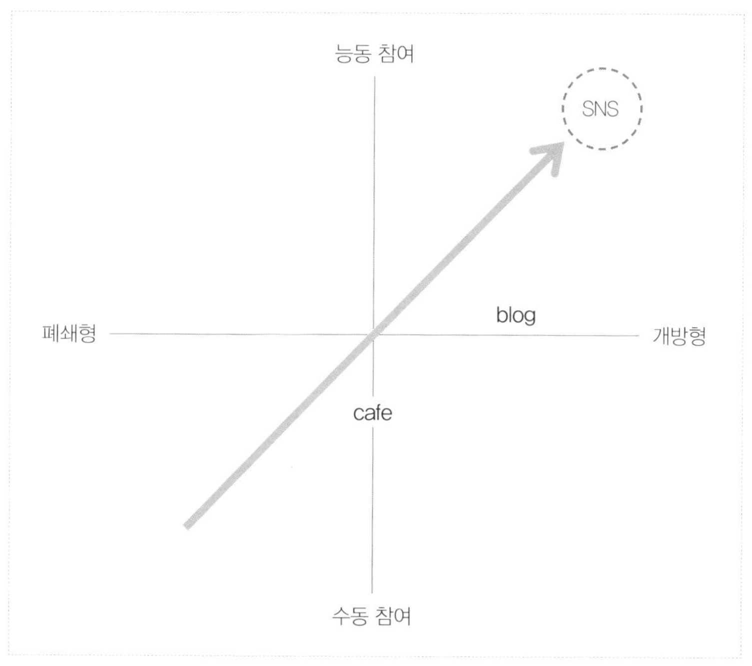

그림 4-14 소셜 네트워크 서비스의 특성

범주에 포함시킬 수 있다. 물론 소비자는 브랜드나 기업의 SNS에도 참여한다.

소셜 미디어에서는 고객의 목소리가 더욱 분명해지고, 고객 간의 의견 공유는 개인의 제품 구매 결정에도 상당한 영향을 미친다. 고객에게 미치는 막강한 영향력 때문에 기업들은 기업의 이미지를 긍정적으로 유지하기 위해 더욱 노력을 기울여야 한다. 소셜 미디어는 개인의 제품 구매 방식에까지 변화를 일으키고 있다. 이제 고객들은 제품 구매를 위해 돈을 지불하기 전에 다른 사람들의 의견으로부터 확신을 얻으려고 한다. 고객들이 기업에 대해 조사하고 제품에 대한 소비자들의 리뷰를 찾아 읽는 것은 일상화되었다. 제품이나 브랜드에 대해 부정적인 의견을 접하면 이들은 경쟁 제품의 구입을 고려하게 된다. 전통 미디어와 소셜 미디어의 차이를 살펴보자.

- 전통 미디어는 콘텐츠의 제작과 배급 등이 집중화되고 비용이 많이 드는 반면, 소셜 미디어는 유튜브와 같이 소비자(사용자)가 직접 생성한 콘텐츠에 의존하기 때문에 콘텐츠 제작과 사용이 분산된다.
- 전통 미디어의 콘텐츠 제작 수단은 특정 조직이나 개인에 의해 소유되지만, 소셜 미디어는 비용이 거의 들지 않고 누구나 이용 가능하며 국경의 제한도 없다.
- 전통 미디어 콘텐츠 제작은 고도의 기술과 훈련을 요하지만, 소셜 미디어 제작은 온라인에 접속할 수 있고 약간의 디지털 관련 지식을 가진 사람이라면 누구나 할 수 있다.
- 전통 미디어의 콘텐츠는 일단 제작이 되면 수정이 불가능하지만 소셜 미디어의 콘텐츠는 언제든 수정 및 편집이 가능하다.

소셜 미디어의 장점은 다음과 같다.

- 관련성이 높고 흥미로운 콘텐츠를 사용함으로써 현재 및 잠재 고객의 주목을 받을 수 있다.
- 특히 신규 브랜드일 때 브랜드의 가시성(visibility)을 높일 수 있다.
- 전통적인 촉진 행위들에 비해 비용이 싼 광고의 운영이 가능하다.
- 검색 결과에 자주 나타나게 함으로써 검색 트래픽, 판매, 그리

고 수익을 신장할 수 있다.

- 소비자의 반응에 신속하게 대응하고 고객의 제언을 토대로 서비스의 질을 향상할 수 있다.
- 고객이 소셜 미디어를 통해 기업의 웹 사이트를 발견할 때 앞서가는 기업의 이미지를 줄 수 있다.
- 기존 고객의 옹호를 강화하고 네트워킹으로 인한 신규 고객의 유입 증가 기회를 높일 수 있다.
- 소셜 네트워크 사이트의 친구의 코멘트는 제품에 대한 직접적인 광고 역할을 한다.
- 참여와 관계 맺기를 통해 기업은 고객들로부터 신뢰와 충성을 얻을 수 있다.

소셜 미디어의 단점은 다음과 같다.

- 가시성을 유지하기 위한 지속적인 관리가 필요하다.
- 소셜 미디어 채널 간의 투자 수익을 측정하고 비교하는 것이 쉽지 않다.
- 고객과의 부실한 참여와 부정적인 반응에 신속히 대응하는 데 실패한다면 기업의 평판이 타격을 받을 수 있다.
- 소셜 미디어를 잘 관리하는 데에는 상당한 시간과 노력을 요한다.

미디어와 접점 믹스 관리

미디어 믹스는 통합 마케팅 전략의 중요한 부분을 차지한다. 미디어와 메시지는 별개의 것으로 다루어서는 안 된다. 미디어 믹스는 메시지에 대한 아이디어를 촉발하는 데 영향을 미칠 뿐만 아니라 무엇보다 통합 마케팅 시너지 창출에는 더없이 중요한 요소이다. 미디어 믹스를 결정할 때에는 '단계적 효과 전이'를 고려해야 한다. 예컨대, TV 광고에서는 브랜드를 알리거나 호기심을 자극하고 웹 사이트나 블로그 또는 소셜 미디어를 통해서는 상세한 브랜드 정보를 제공하거나 소비자 참여 또는 청중과의 상호작용을 창출할 수 있다.

미디어 믹스와 관련하여 '크로스미디어(cross-media)'라는 개념을 살펴볼 필요가 있다. 인구통계 자료에 기초한 도달률이나 빈도 중심이 아니라 표적청중의 욕구를 중심으로 미디어 결정을 할 수 있다. 크로스미디어는 미디어나 미디어 브랜드를 선정할 때 메시지에 대한 욕구를 고려하는 것이다(김운한, 신일기, 2010). 표적청중의 욕구를 중심에 놓기 때문에 전통적인 미디어 믹스에 비해 소비자의 통찰을 더욱 중시하는 것이 크로스미디어 전략이다. 동종 미디어 간이든 또는 이종 미디어 간이든 크로스미디어 통합은 미디어 기획과 메시지 기획이 절묘하게 교차하는 지점이다. 소셜 미디어나 다양한 브랜드 애플리케이션 등의 디지털 커뮤니케이션 도구의 등장으로 미디어 기획자는 단지 미디어 트래픽이 아니라 브랜드 스토리 전달의 중요성을 인식하게 되었다. 크로스미디어의 도전 과제는 응집된 브랜드 커뮤니케이션을 창출하기 위해 다양한 미디어가 어떻게 협동할 것인가, 즉 다양한 미디어 간의 메시지 시너지를 어떻게 창출할 것인가이다. 이것이 '크로스미디어 통합'의 핵심 과제이다.

미디어 전략에서 고려해야 할 또 하나의 요인은 '언제' 브랜드 메시지를 표적청중에게 노출할 것인가이다. 표적청중이 브랜드 메시지와 접촉할 최적 시간과 공간을 확인해야 한다. 어떤 제품이든지 간에 현재 고객이나 잠재 고객이 브랜드 메시지에 마음을 열고 주의를 기울이게 되는 시간과 장소가 있기 마련이다. 최적 시간과 장소가 미디어 배치 일정을 짜는 데 중요한 고려 요인이 된다. 예컨대, 영화 광고는 화요일이나 수요일보다는 목요일이나 금요일이 시간상 적절하다. 보통 이때 주말 계획을 짜기 때문이다. 스포츠용품이나 청량음료는 경기장에 광고를 하는 것이 효과적이다. 어떤 미디어, 그리고 얼마나 다양한 미디어에 얼마의 미디어 비용을 쓰든지 목적은 동일하다. 적절한 타이밍에 적절한 소비자에게 적합한 메시지를 전달해야 한다.

미디어 믹스 전략에서 빠트릴 수 없는 개념은 '소비자 접점(contact points)'이다. 이 부분은 지금까지 알아본 미디어 믹스와 광고, 마케팅 커뮤니케이션 믹스의 교차 아이디어이기도 하다. 통합 마케팅에서 미디어 계획의 특징은 소비자와의 접점에 무게를 두는 것이다. 통합 마케팅 미디어 기획에서는 소비자와의 가능한 접점을 모두 고려해야 한다. 통상 관습적으로 사용해 온 미디어뿐만 아니라 환경 미디어와 같은 모든 소비자 접점이 미디어이다. 영화 예매 창구, 영화 티켓, 영화관의 의자, 팝콘을 담는 용기, 심지어 길거리의 가로수나 지하철 출입구의 계단도 미디어가 될 수 있다. 브랜드 메시지를 적절한 시간과 장소에서 전달할 수 있다면 그 어떤 것도 미디어이다.

슈미트(Schmitt)의 '체험 마케팅(experiential marketing)'을 활용하면 통합 마케팅에서 접점 관리의 훌륭한 도구가 된다. 통합 마케팅에서는 체험을 단지 소비자가 접촉하는 광고나 마케팅 커뮤니케이션 크리에이티브로 제한해서는 곤란하다. 통합 마케팅 틀에서 체험 브랜딩 전략의 핵심은 '말이 아니라 행동'이다. 즉, 표적 소비자가 자사 브랜드에 어떻게 참여하게 만들고 상호작용하게 할 것인가이다. 그러기 위해서는 모든 접점에서 브랜드는 말이 아니라 행위이어야 한다. 홍콩 유니세프는 옷에 부착하는 기부 스티커를 발행하고 기부 의사가 있는 사람이 다른 사람의 옷에 붙은 근거리 무선통신인 NFC(Near Field Communication) 스티커에 스마트 폰을 터치하면 기부 페이지로 이동하는 캠페인을 실행하였다. 이 경우에는 사람이 미디어로서 훌륭한 접점의 역할을 한 것이다.

'360도 커뮤니케이션'은 브랜드 정체성을 고려하고 모든 소비자 접점에서 브랜드를 제시하는 포괄적인 접근을 취하는 마케팅 커뮤

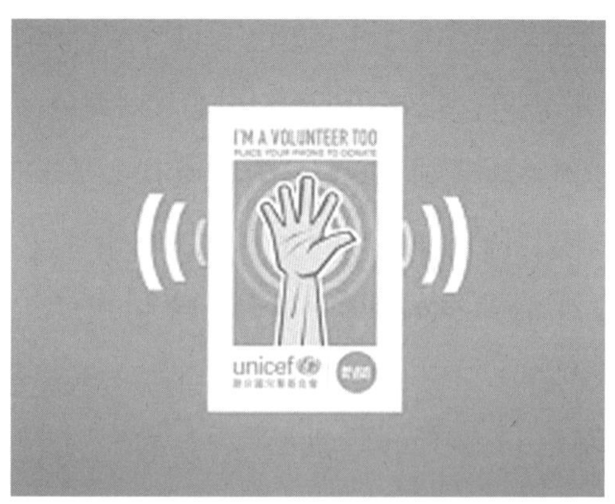

그림 4-15 홍콩 유니세프의 기부 캠페인 스티커

출처: worldpress.com

니케이션 행위이다. 통합 마케팅이 심포니라면, 360도 커뮤니케이션은 합창단에 비유되기도 한다. 핵심 아이디어는 소비자와의 모든 접점을 사용하고 브랜드를 위한 공동 파트너십을 확립하여 브랜드에 활기를 불어넣는 마케팅 커뮤니케이션 접근법이다. 360도 커뮤니케이션은 브랜드의 도전 과제와 목표에서 출발하여 그에 대한 해결책을 제시하는 메시지와 접점을 발견하는 것에서 종결된다. 360도 커뮤니케이션을 효과적으로 수행하려면 소비자에 대한 이해와 통찰이 중요하다. 소비자의 생활 속으로 들어감으로써 효과적인 접점 추출이 가능하다.

6.

마케팅 커뮤니케이션 믹스를 결정하라

대부분의 통합 마케팅 기획에서는 복수의 마케팅 커뮤니케이션 도구의 믹스를 다룬다. 문제와 기회 분석의 결과에서는 단 한 가지보다는 여러 가지 이슈가 도출되기 때문이다. 마케팅 커뮤니케이션 믹스란 마케팅 프로그램의 부분으로서 주어진 시간에 사용할 마케팅 커뮤니케이션 도구들을 선정하는 작업이다. 어떤 마케팅 커뮤니케이션 도구가 통합 마케팅 목표를 가장 효율적이며 효과적으로 성취하는 데 도움이 될 것인지를 결정하는 일은 통합 마케팅 기획자가 어떤 마케팅 커뮤니케이션 도구가 최상일지에 대해 조금만 생각해 본다면 그렇게 어려운 것은 아니다.

예를 들어 보자. '브랜드 주장에 대한 소비자의 신념을 15% 증가시킨다'는 목표를 성취하는 데 도움이 되려면 직관적으로 광고보다는 퍼블리시티가 적합하다. 퍼블리시티는 높은 신뢰성을 가지는 커뮤니케이션 도구이기 때문이다. 만약 잠재 고객의 자사 브랜드에 대한 구매 시도를 25%까지 높이는 것이 목표라면 다른 것에 비해 소비자 판매촉진, 그중에서도 가격 할인 프로그램이 최상의 마케팅 커뮤니케이션 도구이다. 판매촉진은 제품 시도를 촉진하는 유형의 가치를 제공하기 때문이다. 마케팅 커뮤니케이션 예산이 크면 클수록 더욱 다양한 커뮤니케이션 도구를 동원해 문제와 기회 분석에서 추출된 이슈를 정교하게 다룰 수 있다.

마케팅 커뮤니케이션 믹스를 결정하는 과정에서는 어떤 마케팅 커뮤니케이션 기능을 사용할 것인지 뿐만 아니라 각 기능에 얼마의 예산을 배정할 것인지에 대한 결정도 이루어져야 한다. TV 광고가 주도적인 역할을 하고 다른 커뮤니케이션 도구들은 보조적인 기능을 할 수도 있다. 대부분의 협찬 프로그램은 협찬을 명시적으로 언급하는 직접 마케팅 캠페인과 연계하여 집행된다. 그러한 경우, 협찬은 브랜드 인지와 직접 마케터의 진입 포인트를 창출하며, 더 나아가 브랜드 친숙도를 창출한다.

이제부터 마케팅 커뮤니케이션 믹스에 대해 알아볼 것이다. 마케팅 커뮤니케이션 믹스는 표적청중과 커뮤니케이션할 수 있는 주요 도구들이다. 앞서 미디어 믹스에서 '접점'의 개념과 의미에 대해 이야기하였다. 마케팅 커뮤니케이션 믹스 전략을 수립할 때에는 표적청중과 접촉 가능한 메시지 전달의 틀에서 사고해야 한다. 표적청중이 자사의 브랜드와 만날 수 있는 모든 접점에서 마케팅 커뮤니케이션 믹스를 고안해야 한다.

동원 가능한 모든 마케팅 커뮤니케이션 믹스의 특징과 기능을 고려하여 마케팅 커뮤니케이션 믹스 간의 시너지를 통해 표적청중에게 브랜드 메시지를 가장 효과적으로 전달하는 것이 통합 마케팅의 핵심이다. 이를 통해 원활하게 전반적인 마케팅 커뮤니케이션 목적에 도달할 수 있도록 하는 것이 통합 마케팅 기획자의 임무이다. 다시 강조하건대, 통합 마케팅 기획자는 마케팅 커뮤니케이션 역할의 위계 개념을 염두에 두어야 한다. 마케팅 커뮤니케이션은 마케팅 목적 달성을 위한 것이다. 따라서 통합 마케팅의 목적은 마케팅 목적 또는 목표로 수렴되어야 한다. 각각의 마케팅 커뮤니케이션 믹스 도구는 통합 마케팅 목적을 달성하기 위한 것이어야만 한다. 따라서 각각의 마케팅 커뮤니케이션 믹스 역시 목적을 가져야 하며, 이들 목적은 통합 마케팅 목적 달성에 기여해야 한다.

◇ 마케팅 커뮤니케이션 믹스 시너지 효과의 실체

통합 마케팅은 브랜드 메시지를 다양한 마케팅 커뮤니케이션 도구를 통해 표적청중에게 전달함으로써 커뮤니케이션의 부가적 효과를 높이려고 한다. 시너지 효과에 대한 최초의 연구는 가톨릭 신부인 커크린(Kirklin)이 라디오를 통해 그의 설교를 미국 전역으로 보낸 것에 의해 이루어졌다고 알려져 있다. 가톨릭 단체는 커크린 신부의 라디오 설교 내용을 신문과 전단 기사로도 만들었고, 또 지역별 소규모 모임을 조직해 설교에 대한 토론을 유도하는 등 라디오 방송과 함께 다양한 활동을 벌였다. 성공의 원인은 라디오 방송과 함께 신문과 전단의 활용 및 각 지역의 신자 모임을 부가적으로 활용한 데서 찾을 수 있다.

통합 마케팅의 핵심이 다양한 마케팅 커뮤니케이션 도구의 상호작용과 누적 효과, 즉 시너지임에도 불구하고 시너지의 실체와 시너지 효과의 기제에 대한 이해가 부족한 실정이다. 이에 대해 구체적으로 알아보자.

복수 접점과 미디어 시너지

시너지 효과에 대한 연구들은 주로 청중이 메시지에 노출되는 접점의 증가가 시너지 효과를 가져오는 주요인이라고 본다. TV와 라디오의 두 가지 미디어를 이용한 시너지 효과 연구에 의하면, 동일한 메시지를 TV에 반복 노출하는 것보다는 TV와 라디오에 메시지를 노출하는 것이 브랜드 인지도를 형성하는 데 더욱 효과적이다. 시각과 청각이라는 메시지 외의 요인이 개입하지만 하나의 메시지가 한 개의 미디어가 아닌 독립적인 두 가지 이상의 미디어를 통해 전달될 때 시너지 효과가 발생한다는 것을 밝힌 연구로서 미디어의 증가가 시너지 효과의 주요인임을 보여 준다. 다른 연구들 역시 광고 메시지를 여러 미디어를 통해 전달할 때가 하나의 미디어에 반복할 때에 비해 커뮤니케이션의 시너지 효과, 즉 설득 효과가 커진다는 것을 보여 준다. 하나의 미디어를 통한 메시지를 반복하는 효과와 두 가지 이상의 미디어를 이용한 효과 간의 차이라고 할 수 있는 시너지 효과는 통합 마케팅 캠페인을 집행하는 가장 큰 이유이다.

부호화 다양성 이론(Tavassoli, 1998)에 의하면, 소비자가 하나의 메시지를 여러 미디어를 통해 받게 되면 그 메시지는 단일 미디어를 통해 받게 될 때에 비해 더욱 복합적인 방식으로 기억에 부호화된다. 그 결과로 소비자의 머릿속에는 메시지에 대해 더욱 강력하고 명료하며, 그리고 접근이 용이한 네트워크가 형성되어 메시지가 회상될 가능성이 증가한다. 이러한 효과는 뇌 연구를 통해서도 입증되었다. 메시지를 청각 조건, 시각 조건, 그리고 청각과 시각 조합의 세 가지 조건으로 제시하고 각 조건에서 어떤 현상이 일어나는지를 관찰하였다. 메시지를 청각적으로 제시했을 때와 시각적으로 제시했을 때 활성화되는 뇌의 부위는 달랐다. 이는 메시지가 제시되는 조건에 따라 메시지를 처리하는 데 동원되는 뇌의 에너지도 다르다는 것을 의미한다. 따라서 메시지를 청각과 시각 조합으로 제시하면 더 많은 에너지가 투입되어 메시지에 대한 부호화도 정교해지며, 더욱 강력한 네트워크가 형성되어 메시지에 대한 기억도 향상된다.

메시지 시너지

커뮤니케이션의 시너지 효과는 비단 여러 미디어를 사용하는 것에서만 비롯되는 것은 아니다. 통합 마케팅에서는 메시지의 일관성이 이슈가 된다. 특히 단일 표적청중이 아닌 복수의 표적청중을 대상으로 할 때, 또는 단일 표적청중이라도 복수 미디어를 사용할 경우에 메시지 일관성 문제가 불거진다. 주로 어디까지 메시지의 일관성을 유지하느냐가 이슈가 된다. 핵심 주장은 동일하나 미디어별로 크리에이티브 표현이 다른 경우도 있고, 미디어별로 메시지 주장 자체가 다른 경우도 있다. 후자는 통합 마케팅의 원리인 '하나의 목소리'에 위배되는 것이지만 '하나'라는 것도 통합 마케팅 기획자의 관점에 따라 달라질 수 있다. 예컨대, 어떤 기획자는 브랜드 콘셉트를 '최고급'이라고 했을 때 TV 광고에서는 배타적인 브랜드 이미지를 소구하고, 인쇄 미디어에서는 엄격한 품질 관리를 소구할 수 있다. 이 경우, 두 가지의 메시지는 '최고급'이라는 콘셉트에 위배된다고 할 수 있을까? 이런 이슈는 통합 마케팅 시너지 효과와 직결된다.

하킨스와 페티(Harkins & Petty, 1981)는 대학생을 대상으로 흥미로운 실험을 하였다. 학생들은 졸업 시험을 통과해야 졸업을 할 수 있다는 학교 측의 메시지를 받았다. 그리고 학생들에게는 학교의 메시지 주장에 찬성하는 세 가지 이유를 발표하게 하고, 이를 비디오로 녹화한 다음 실험 참가자에게 보여 주고 졸업 시험에 어느 정도 찬성하는지 측정하였다. 메시지를 전달하는 미디어는 비디오였다. 실험집단은 두 집단으로 구성되었다. 한 집단은 졸업 시험에 찬성하는 주장을 비디오로 보았다. 이 집단은 미디어 노출 집단인

셈이다. 나머지 한 집단은 비디오는 보지 않고 세 가지의 찬성 주장 메시지가 있다는 사실을 통보받았다. 이 집단은 미디어에 노출되지 않은 집단이다. 그런데 흥미롭게도 비디오를 보지 않았지만 졸업 시험에 찬성하는 세 가지 주장이 있다는 사실을 알고 있는 집단에서도 찬성 비율이 높았다. 이 집단은 비디오를 시청하지 않고 단순히 세 가지 주장이 있다는 것만 인지하였는데 비디오 노출의 유무에 관계없이 세 가지의 찬성 주장이 있다는 것을 알고 있는 집단에서도 졸업 시험에 찬성하는 비율이 높게 나온 것이다.

비디오를 통한 세 번의 메시지 노출 역시 시너지 효과를 일으키지만 비디오를 통하지 않고 세 개의 조금씩 다른, 하지만 하나의 결론을 이야기하는 것 역시 시너지 효과에 영향을 미친다. 메시지의 주장은 동일하나 주장을 지지하는 이유가 조금씩 다른 메시지가 여러 미디어를 통해 노출되었을 때 정보를 처리하려는 동기가 오히려 강화된다는 점을 나타내는 것이다. 주장하는 사람의 수, 즉 미디어 출처의 숫자는 물론 메시지 내용의 유형(졸업 시험 찬성에 대한 세 가지의 주장) 변수가 결합할 때 설득의 강도가 더 강화되며, 이는 미디어 수만 늘린 것에 비해 더 강력한 시너지 효과를 일으킨다. 시너지 효과를 유발하기 위한 메시지 조작 방법은 크게 두 가지로 구별할 수 있다.

- 핵심 메시지의 주장은 동일하나 메시지 주장을 지지하는 내용을 다르게 하는 것
- 메시지 주장은 동일하지만 내용보다는 주장의 순서와 문체의 틀을 변경하는 것과 같은 물리적인 형태에 변화를 주는 것

두 가지 방법 모두 동일한 내용을 반복하는 것에 비해 여러 미디어를 통해 노출할 때 더 효과적이다. TV와 웹 광고의 경우에도 같은 메시지를 단순 반복하기보다는 메시지에 변화를 줄 때 복합 미디어의 시너지 효과가 크다. 메시지 변화란 메시지 자체는 하나의 주장을 하고 있지만 사용하는 단어나 어순 등의 메시지 구성 요소를 변경하거나 또는 주 메시지를 지지하는 세부 주장이 조금씩 다른 것이다. 메시지 변화를 활용하는 것이 통합 마케팅 캠페인에서 더욱 강력한 미디어와 메시지 간의 시너지 효과를 유발한다.

'반복과 변화 효과'(Schuman, Petty, & Clemons, 1990)에 의하면, 조건에 따라 메시지 주장이나 주변 단서(크리에이티브 요소)의 반복은 다른 결과를 초래한다. 메시지에 대한 소비자의 관여가 낮을 때에는 메시지 내용에 변화를 주는 것은 바람직하지 않다. 동일한 메시지를 여러 미디어에 반복하는 것이 오히려 효과적이다. 하지만 메시지에 대한 관여가 높다면 오히려 동일한 메시지를 반복하는 것보다는 미디어별로 메시지에 변화를 주는 것이 설득에 더욱 효과적이다. 단, 메시지에 대한 관여가 낮을 때에는 메시지 내용은 동일하게 유지하되 크리에이티브 요소와 같은 주변 단서에는 변화를 주는 것이 효과적이다.

정교화 가능성 모형(elaboration likelihood model)을 적용하면 두 가지 이상의 미디어가 전달하는 각기 다른 메시지를 받아들인 수용자는 복합 미디어 자체를 새로운 정보 출처로 인식하여 단일 미디어를 통해 동일한 메시지를 받아들인 수용자에 비해 활성화된 인지적 반응을 보인다. 그리고 이것이 수신자의 정보를 처리하려는 동기를 높여 정보가 중심 경로를 통해 메시지가 처리될 가능성을 증가시키고, 그 결과로 메시지 신뢰도 면에서 더 효과적이다. 여기서 한 단계 더 나아가 메시지의 이질성이 추가되면 여러 미디어를 통한 노출에서 비롯되는 정보의 독립성이 정보 유용성을 올려 수신자의 인지 능력을 자극하고 정보처리 활동을 강화시키며, 나아가 핵심 메시지를 더욱 정교하게 처리하도록 유도함으로써 시너지 효과가 극대화된다.

사회심리학의 인상 형성(impression formation) 연구는 불일치 메시지가 유발하는 효과를 인지정교화로 설명한다. 인지정교화는 새로운 정보를 처리할 때 기존의 지식을 활용하는 정보처리 활동이다. 인지정교화 처리를 하면 정보처리에 더 많은 주의와 노력을 기울이게 된다(Edell & Keller, 1999). 만약 표적청중이 미디어별로 상이한 메시지에 노출되었다고 하자. 이때 표적청중은 서로 다른 메시지에서 오는 불일치를 조정하기 위해 인지적 노력을 투입한다. 노력의 결과로 기억 효과가 높아지고 이후에 회상도 더 잘하게 된다. 태도에도 영향을 미친다. 불일치를 해소하기 위해 투입한 노력으로 대상에 대해 형성된 태도의 강도는 그렇지 않은 경우와 비교해 더욱 강하다.

그렇다면 어떻게 약간 다른 메시지를 제작해야 하는가? 약간 다른 메시지를 제작하는 효과적인 방법은 미디어의 특성을 활용하는 것이다. 미디어별로 특성이 다르고 메시지의 전달 맥락 또한 다른데, 특성과 맥락에 적합한 메시지는 다를 수밖에 없기 때문이다. 통합 마케팅에서는 각기 다른 미디어를 활용하기 때문에 각각의 미디어 특성에 맞는 메시지를 하나의 핵심 주장을 중심으로 미디어의 특성에 따라 약간 다른 메시지를 개발하는 것이 가능하다. 미디어와 메시지의 최적 조합을 찾아야 하며, 미디어와 메시지 간의 최대의 시너지 효과를 강구해야 한다.

미디어와 메시지 간의 시너지

최적의 미디어와 메시지 조합을 찾는 가장 기본적인 방법은 특정 미디어의 특성과 미디어 맥락과 일치하는 메시지를 결합하는 것이다. 미디어 특성이나 맥락별로 가장 적합한 메시지의 조건을 알아보고 가장 효과적인 미디어와 메시지 간의 시너지를 추구하는 것이다. 예컨대, 신문 광고나 잡지 광고는 TV나 라디오 광고에 비해 시간적 제약이 크지 않은 편이므로 자세한 제품 정보를 전달하는 데 더 효과적이며, 옥외 광고는 큰 글씨와 함께 비주얼의 시각 효과가 강점이기 때문에 이러한 미디어 특성에 적합한 메시지가 시너지 효과를 가져온다.

미디어와 메시지 조합의 시너지에서 가장 중요한 요인은 정보의 유형과 양이다. 예를 들어, 신문, 잡지와 같은 인쇄 광고는 TV 광고보다 더 많은 정보를 전달할 수 있다. TV 광고는 청중인 소비자가 통제하기 어렵다. 빠르게 전개되는 TV 특성으로 인해 소비자는 많은 정보를 제한된 시간에 처리할 수 없다. 반면, 인쇄 광고는 독자가 광고에 포함된 정보에 따라 광고를 보는 시간을 조정하기도 하고, 광고를 볼지 말지 선택하기도 한다. 인쇄 미디어는 소비자가 정보를 처리하려는 노력 여하에 따라 인지적인 노력이나 시간이 소비자 통제 하에 놓인다. 그렇기 때문에 정보의 양의 많고 적음은 TV 광고와는 달리 크게 문제가 되지 않는다. 잡지 광고는 1~2초 정도의 주의 시간이 평균적인데, 주의를 끄는 첫 번째 요소가 비주얼이며 이와 같은 그래픽 요소를 먼저 본 다음 텍스트를 보게 되는 경향이 높다. 웹 광고는 역동적인 이미지와 소리를 사용하여 제품 정보를 전달한다. 웹 광고는 다음 페이지로의 클릭을 유도하는 목적을 지니고 있으므로 충분히 소비자의 주의를 끌어야 한다. 주의를 끌 수 있다면 전통적인 미디어인 TV나 신문, 잡지에 비해 단위 면적당 적은 정보의 양으로도 소비자의 주의를 높일 수 있다. 옥외 광고 역시 많은 양의 정보는 소비자의 주의를 끄는 데 도움을 주지 못한다. 옥외 광고는 매우 짧은 순간 노출되므로 메시지가 순간적으로 커뮤니케이션될 수 있어야 한다. 간단한 브랜드 요소, 예를 들어 제품 사진이나 브랜드 로고, 슬로건 등은 광고를 쉽게 지각하는 데 도움을 준다.

이처럼 노출 상황과 미디어는 서로 다른 특징이 있기 때문에 각 미디어의 특성에 적합한 메시지를 구성하고, 복합 미디어를 활용하여 커뮤니케이션 효과에 시너지를 줄 수 있는 전략을 세워야 한다. 그러나 현실적으로 실무자들은 미디어와 메시지 조합을 중시하지 않는 경향이 있다. 이는 미디어와 메시지 조합에서 오는 시너지 효과보다는 미디어를 단순히 캠페인의 핵심 콘셉트를 전달하는 도구로 인식하는 경향 때문에 핵심 메시지를 모든 미디어의 크리에이티브에 동일하게 사용하려는 데에서 기인한다. 모든 제작물의 핵심 메시지를 다르게 할 경우에 발생되는 추가적인 제작비 문제를 제외하더라도 동일 메시지를 반복하는 것이 메시지를 기억시키기 위한 효과적인 방법이라는 고정 관념에서 비롯된다.

마케팅 커뮤니케이션 도구 시너지

통합 마케팅에서는 메시지 간, 그리고 미디어와 메시지 간의 시너지는 물론 다양한 마케팅 커뮤니케이션 도구 간의 조합에 의한 시너지가 무엇보다 중요하다. 마케팅 커뮤니케이션 도구는 광고,

판매촉진, PR 등으로 다양하지만 그중에서도 광고와 다른 마케팅 커뮤니케이션 도구 간의 조합이 가장 빈번하게 사용된다.

대중매체 광고의 영향력은 과거에 비해 감소하였다고는 하나 여전히 상품이나 서비스의 마케팅 성과에 영향을 미치는 중요한 도구이다. 광고의 형태를 고려하지 않는다면 광고의 중요성이나 영향은 결코 감소하였다고 볼 수 없다.

마케팅 커뮤니케이션 도구들의 특징과 장단점에 대해서는 앞서 자세히 다루었지만, 대중매체 광고는 통합 마케팅에서도 브랜드에 대한 인지와 태도를 형성하고 유지하는 중요한 역할을 한다. 광범한 도달률이나 노출 빈도, 그리고 광고를 통해 전달하는 시각과 청각적인 특성의 메시지는 판매촉진이나 PR, 다이렉트 마케팅 등의 도구들은 할 수 없는 대중매체 광고의 힘이다. 물론 브랜드 판매나 성장 주기에 따라 광고와 각 마케팅 커뮤니케이션 도구의 상대적인 역할과 중요성은 달라진다. 그렇다면 왜 광고와 다른 마케팅 커뮤니케이션 도구들을 통합하는 것이 효과적일까?

광고의 핵심적인 역할은 소비자가 브랜드를 알게 하고, 브랜드에 대해 긍정적인 태도를 가지게 하는 것이다. 인지와 태도는 브랜드 자산의 토대이기 때문에 만약 브랜드가 강력한 소비자 자산을 가지게 되면 브랜드가 수행하는 다른 커뮤니케이션 행위에 대한 반응에도 영향을 미친다. 예컨대, 소비자는 자신이 선호하는 브랜드가 가격 할인을 한다면 고객에 대한 호의로 지각하고 더욱 긍정적으로 받아들인다. 하지만 선호하지 않는 브랜드가 동일한 판매촉진을 한다면 무관심하거나 또는 평가절하할 가능성이 있다. 판매촉진 이외의 다른 마케팅 커뮤니케이션 도구도 상황은 다르지 않다. 소비자가 호의적인 태도를 가진 브랜드가 PR 행위를 한다면 관심도나 참여율은 선호하지 않는 브랜드에 비해 높을 것이다. 그렇게 되면 시너지 효과는 더욱 커진다.

퍼시(Percy, 2008)는 '톱니 효과'로 광고와 판매촉진 행위의 시너지가 일어나는 현상을 설명하였다. 광고와 판매촉진을 함께 사용하면 광고나 판매촉진 하나만을 사용하는 것에 비해 판매촉진의 효과가 배가된다는 것이 톱니 효과의 핵심이다. 판매촉진의 목적은 기존 고객이 계속 구매하도록 강화하는 역할도 하지만 경쟁 브랜드의 고객이 자사 브랜드를 구매하도록 유인하는 역할에 더 무게를 둔다. 경쟁 브랜드 고객은 가격 할인이나 경품 등과 같은 특별한 유인책이 없다면 다른 브랜드를 좀처럼 구매하려고 하지 않는다. 두 가지 경우를 생각할 수 있다. 만약 판매촉진만을 사용하면 경쟁 브랜드의 고객은 판매촉진의 이점만 취하고는 다시 본래의 브랜드 구매로 돌아간다. 제품이 차별적이거나 매력적이지 않다면 판매촉진으로 인한 판매 효과는 일시적이어서 판매촉진이 끝나면 다시 원래의 브랜드로 돌아갈 것이며, 브랜드 태도에도 변화는 일어나지 않을 것이다. 하지만 광고와 판매촉진을 함께 집행하면 광고에 의해 형성된 관심이나 호의적인 태도가 판매촉진의 효과를 배가시키는 역할을 하게 되어서 두 가지 도구 간에 시너지가 발생한다. 비록 완전히는 아닐지라도 경쟁 브랜드의 고객이 판매촉진으로 브랜드를 전환할 가능성이 증가하게 된다. 이러한 시너지 효과가 일어나려면 판매촉진 유형과 광고 메시지 전략은 사전에 철저하게 계획되어야 한다. 이제부터는 마케팅 커뮤니케이션 도구들에 대해 구체적으로 알아보자.

광고

미디어 환경 변화와 광고 환경 변화로 인해 광고 효과에 대한 인식이 예전에 비해 회의적임에도 불구하고 광고의 영향은 여전히 다른 마케팅 커뮤니케이션 도구에 비해 절대적으로 크다. 광고는 소비자를 멈추어 쳐다보게 하고 생각하게 만든다. 웃게 하고, 울게도 한다. 새로운 제품을 생각하도록 고무하고 마트를 돌아볼 때 좋아하는 브랜드를 기억하게도 할 수 있다. 하지만 소비자가 광고를 인식하지도 못한 채 채널을 돌려 버리거나 페이지를 넘길 수도 있다. 마케팅 커뮤니케이션 도구들 중에서 광고는 대체로 돈이 많이 드는 커뮤니케이션 행위이다. 그래서 마케터는 그들이 집행한 광고가 효율적이며 효과적인지를 확인하고 싶어 한다. 광고는 어떻게 효과를 발휘하는 걸까?

광고는 사회와 시장의 수요나 요구에 부응하기 위해 역동적이며 지속적으로 변화해 왔다. 그러면 광고의 정의도 변해야 하지 않을까? 미국마케팅협회에서는 전통적인 마케팅 관점에서 광고를 다음과 같이 정의하였다.

> 광고란 명시된 광고주에 의한 아이디어, 상품, 그리고 서비스를 위한 유료의 비인적인 제시와 촉진이다.

마케팅 관점에서는 광고를 제품 촉진 활동으로, 그리고 기업과 표적청중 간의 일방적인 커뮤니케이션으로 보았다. 하지만 그 기술, 미디어, 그리고 사회, 경제, 문화 등 많은 영역에서 변화가 있었다. 그에 따라 광고에 대한 정의도 수정되었다(Moriarty et al., 2012).

> 광고란 명시된 광고주와 구매자를 연결하고, 상품이나 서비스에 대한 정보를 제공하며, 고객의 욕구와 원망의 관점에서 제품의 특징을 청중에 전달하는 매스 미디어와 상호작용 미디어를 사용하는 유료의 설득 커뮤니케이션이다.

최근의 광고에 대한 정의의 주요 포인트를 살펴보자. 무엇보다 단방향에서 양방향, 그리고 다중 방향으로의 변화이다. 이는 디지털 미디어가 가져온 소비자 간의 구전이나 소비자가 제작하여 기업에 보내는 메시지 등의 변화 때문이다. 예컨대, 유튜브는 친구 또는 소비자 간의 바이럴 비디오를 활성화하였다. 또한 디지털 커뮤니케이션으로 인해 비록 광고는 여전히 폭넓은 청중에게 도달하지만 그 형태는 일대일 커뮤니케이션도 가능하게 진화되었다. 페이스북이나 트위터 역시 기업과 소비자 간의 일대일 커뮤니케이션을 가능하게 하였다. 전통적인 광고에서는 개인적인 수단이 아니라 대중 미디어가 브랜드 메시지의 주요 전달 경로였다. 하지만 이러한 비인적인 광고의 특징은 상호작용이 가능한 미디어의 등장으로 변하게 되었다. 과거에는 사람과 사람을 통해서만 가능했던 구전이 이제는 미디어를 통해 가능해졌다.

광고의 기능

광고 외의 마케팅 커뮤니케이션 도구들에 대한 관심은 과거에 비해 증가하였음에도 불구하고 광고는 통합 마케팅에서 여전히 큰 비중을 차지한다. 이는 광고가 수행하는 기능 때문이다. 광고의 기능은 알리기, 수요의 자극, 행동의 자극, 자사 브랜드의 현저성 높이기, 브랜드 부가가치의 제공, 그리고 다른 마케팅 커뮤니케이션 노력의 지원을 통한 시너지 창출로 요약할 수 있다.

광고의 가장 중요한 첫 번째 기능은 폭넓은 소비자에게 브랜드를 알리는 것이다. 즉, 소비자가 새로운 브랜드에 대해 알게 하고, 브랜드의 특징이나 편익에 대한 정보를 제공한다. 그리고 긍정적인 브랜드 이미지 창출을 촉진한다. 광고는 폭넓은 청중에게 도달할 수 있는 효율적인 커뮤니케이션 도구이기 때문에 특히 새로운 브랜드를 출시할 때 중요한 역할을 한다. 기존 브랜드의 경우에는 소비자의 기억 속에서 지속적으로 우월한 위치에 있게 하여 구매를 할 때 자사 브랜드가 선택될 확률을 높이며, 제품의 새로운 사용 용도를 알려 시장을 확장하는 데에도 기여한다.

광고의 두 번째 기능은 소비자 행동에 미치는 영향력이다. 효과적인 광고는 유망 고객이 광고 제품이나 브랜드를 구매하도록 자극하는 데 영향을 미친다. 경우에 따라 광고는 제품유목에 대한 수요에 영향을 미치는 기능도 수행하지만 무엇보다 자사 브랜드 구매를 촉진하는 중요한 기능을 한다. 이는 정서를 유발하는 능력에서 그 어떤 마케팅 커뮤니케이션 도구보다 강력한 광고 크리에이티브의 특성 때문이기도 하다.

광고의 세 번째 기능은 소비자가 브랜드를 지속적으로 떠올리게 하고, 나아가 경쟁 브랜드로부터 도드라지게 만든다. 광고로 인해 자사 브랜드를 계속 기억하게 되면 구매를 할 때 자사 브랜드를 구매 리스트에 올릴 확률이 증가한다. 특히 구매 주기가 빠르고 관여도가 낮은 일상용품의 경우에는 기억에서 우세한 위치를 점하는 브랜드가 구매로 이어질 확률이 매우 높다. 모든 소비자가 다 아는 코카콜라가 왜 지속적으로 광고를 하는지 생각해 보라! 기억 효과에서 나아가 광고는 소비자가 특정 브랜드에 대해 계속 관심을 가지게 만든다. 기억 효과와 관심 효과가 누적되면 자사 브랜드를 구매하지 않았던 소비자가 구매를 시도하게 될 가능성도 높아진다.

광고의 네 번째 기능은 브랜드의 부가가치를 창출하는 것이다. 자사 브랜드에 대한 소비자의 인식에 변화를 주거나 강화함으로써 브랜드 가치를 높일 수 있다. 특히 광고는 자사 브랜드에 대한 소비자의 지각된 품질에 영향을 미친다. 브랜드의 부가가치가 높아지면 기존 고객의 반복 구매나 잠재 소비자의 구매 확률이 증가한다.

광고의 마지막 기능은 광고 외의 마케팅 커뮤니케이션 활동을 지원하고 시너지를 창출하는 것이다. 예컨대, 쿠폰을 제공하는 소비자 판매촉진은 광고와 결합될 경우에 더 빠르고 더 큰 효과를 거둘 수 있다. POP의 경우에도 광고의 문구나 장면을 활용하면 소비자가 알아차리고 주의를 기울이는 데 더욱 긍정적인 도움을 준다. 그러면 각 미디어 유형별로 광고의 특징에 대해 알아보자.

그림 4-16 광고의 기능

신문 광고

신문 광고의 장점은 다음과 같다.

- 분야(섹션)별로 세분화된 신문의 경우, 섹션 내용과 브랜드 메시지의 관련성을 높여 소비자의 광고 처리를 촉진한다.
- 같은 원리로, 섹션 기사의 경우에는 브랜드 메시지의 관련성을 높인다.
- 다양한 광고의 크기와 지면에서의 광고 게재 위치를 제품이나 브랜드 특성에 맞게 신축적으로 운영할 수 있다.
- 광고 게재에 소요되는 시간이 짧기 때문에 특정 이벤트나 마케팅 이슈에 따라 재빨리 대응할 수 있다.
- 신문에 대한 소비자의 정신적인 갖춤새(mental set)는 새로운 정보의 습득에 맞추어져 있기 때문에 신제품이나 제품에 관련된 새로운 정보의 전달 효과를 높인다.

신문 광고의 단점은 다음과 같다.

- 다른 미디어와 마찬가지로 신문의 경우에도 광고혼잡도가 높아 광고의 가독성이 떨어진다.
- 특정한 표적청중만을 대상으로 광고 비용을 절감하기가 어렵다. 신문의 독자층은 기본적으로 폭넓기 때문이다.
- 광고물의 질(선명도, 해상도 등)에 한계가 있기 때문에 고품질의 광고물이 요구되는 제품의 경우에는 광고를 게재하기에 한계가 있다.

잡지 광고

잡지 광고의 장점은 다음과 같다.

- 내용별로 잡지의 비히클이 세분화되어 있기 때문에 자사 제품이나 브랜드와 관련된 청중에만 선택적으로 도달할 수 있다. 광고 효과와 효율성을 동시에 추구할 수 있다.
- 다른 미디어에 비해 구독 기간이 길기 때문에 광고 노출의 기회가 높다.
- 회독률이 높은 경우, 더 많은 청중에게 광고가 노출될 수 있다.
- 신문에 비해 광고 제작물의 질이 높다.
- 샘플링과 같은 소비자 판매촉진을 적용하기에 용이하다.
- 제품이나 브랜드에 대한 상세하고 풍부한 정보를 제공할 수 있다.

잡지 광고의 단점을 간략히 소개하면 다음과 같다.

- 구독자가 잡지를 읽는 시간과 속도를 스스로 통제하기 때문에 소비자의 주의를 끄는 데 한계가 있다.
- 광고혼잡도가 극심하여 자사 제품이나 브랜드 광고에 주의를 기울일 가능성을 보장할 수 없다.
- 신문에 비해 리더 타임이 길기 때문에 순발력 있게 광고 내용을 교체하는 데 한계가 있다.
- 지역 선정력이 매우 낮다.

라디오 광고

라디오 광고의 장점을 요약하면 다음과 같다.

- 프로그램의 내용이 세분화되기 때문에 특정 청중에 선별적으로 광고하기가 용이하다.
- 라디오 미디어의 특성으로 인해 소비자와 대화하듯 메시지를 전달하여 광고 메시지에 대한 주의와 친숙감을 높일 수 있다.
- 광고 집행에 소요되는 시간이 짧다.
- 상황 변화에 따라 순발력 있게 광고 내용을 교체하거나 새로운 광고를 집행할 수 있다.
- TV 광고와 연동(TV 광고의 장면 자극)함으로써 광고 간의 시너지를 얻을 수 있다.
- 운전 중 청취와 같은 경우에는 특히 광고에 대한 집중도가 높다.

라디오 광고의 단점을 요약하면 다음과 같다.

- 메시지를 시각적으로 보여 줄 수 없기 때문에 제품이나 브랜드에 대한 이해를 높이는 데 한계가 있다.
- 청각에만 의존하기 때문에 광고에 대한 기억 효과를 높이는 데 한계가 있다.
- TV와 마찬가지로 광고를 회피하기가 용이하다.
- 프라임 시간대의 경우에는 광고혼잡도가 심하다.

TV 광고

TV 광고의 장점은 다음과 같다.

- 광범위한 소비자에게 도달하는 것이 가능하다.
- 다양한 소구(유머, 섹스, 공포 등)를 통해 청중의 주의를 끌기가 용이하다.
- 광고 메시지를 시청각 모두를 통해 제공하기 때문에 메시지에 대한 이해와 기억 효과를 높일 수 있다.
- 독창적이고 기발한 아이디어의 크리에이티브로 소비자의 주의를 끄는 데 효과적이다.

TV 광고의 단점을 간략히 정리하면 다음과 같다.

- 광고혼잡도가 높다. 특히 인기 프로그램의 경우에는 광고혼잡도가 극심하다.
- 광고를 회피하기가 용이하다.
- TV를 보면서 동시에 다른 행위를 할 수 있기 때문에 광고의 노출 가능성과 광고의 주목도가 떨어진다.

광고 패러다임의 변화

대중적인 4대 미디어 광고의 주요 장점과 단점에 대해 알아보았다. 특히 TV 광고의 효과는 미디어 환경의 변화, 그중에서도 뉴미디어를 포함한 다양한 대안 광고 미디어의 출현으로 인해 과거에 비해 약화되었다는 인식이 확산되고 있다. 하지만 TV 광고의 영향력은 여전히 다른 미디어 광고에 비해 강력하며, TV 광고의 유형과 메시지 전략도 진화를 하고 있다. 무엇보다 소셜 미디어에 소비자가 점차 익숙해지면서 기업의 커뮤니케이션 메시지에 대한 기대나 반응 방식도 변하고 있다. 이러한 변화는 TV 광고에 대한 소비자의 인식과 기대에도 영향을 미칠 것은 분명하다. 이제 광고 전략가나 크리에이티브 개발자도 변화의 본질을 간파하고 적절히 대응해야만 한다. 이와 관련하여 앞으로 TV 광고, 그리고 광고 전반은 어떻게 변화할 것이며, 광고기획자는 어떻게 대처해야 하는지 생각해 볼 필요가 있다.

첫째, TV 광고의 미래에 대해 가장 많이 거론되는 변화 중의 하나는 '채널 개념'이다. 앞으로는 특정 프로그램을 보기 위해 채널을 거칠 필요가 없게 될 것이다. VOD(Voice On Demand), IPG, PVRs (Personal Video Records) 등의 기술은 채널의 개념을 의미 없게 하고 있다. 그렇다면 이제 광고는 VOD 등을 통해 소비자의 요청에 따라 실시간으로 전달되어야 하기 때문에 표적청중에 대한 맞춤식 광고가 지배적인 방식이 될 것이다. 광고 효과에 대한 측정 역시 프로그램 시청이 아니라 '광고 시청' '브랜드 몰입과 임팩트' 중심으로 이루어질 것이다. 선호하는 TV 프로그램만을 선별적으로 시청할 수 있기 때문에 프로그램 전후 광고의 효과는 예전만 못할 것이다. 따라서 브랜드 메시지 전달 수단으로서 PPL의 역할은 더욱 중요해질 것이다. 브랜드 엔터테인먼트 역시 성행할 것이다. 고품질의 브랜디드 스토리가 중요해질 것이다. 전통적인 오락형 · 정보형 광고의 구분도 사라질 것이다.

둘째, 광고는 점차 '개인화'될 것이다. 맞춤식 광고와 함께 광고는 더욱 개인화될 것이며, 광고 크리에이티브도 세분화되고 다양해질 것이다. 광고의 개인화로 인해 광고에 대한 소비자 몰입은 심화될 것이며, 극도로 세분화된 표적에 맞춘 다양한 광고 크리에이티브의 개발이 필요해질 것이다. 개인이 어떤 프로그램을 보는가, 어떤 PPL이 진행되는가에 따라 광고 역시 맞춤식으로 제작될 것이다. 따라서 한 명의 소비자가 특정 브랜드에 관한 여러 개의 광고를 볼 수도 있다. 비용 대비 광고 효과를 극대화하려면 매우 디테일한 표적청중의 메타 데이터와 분석 기술이 요구된다.

셋째, 광고는 단지 '보는 것'이 아니라 '참여할 수 있는 것'이 되어야 한다. 2013년에 세계적인 광고 대회에서 수상작으로 선정된 광고들을 분석해 보면 전통적인 단방향 메시지의 광고는 점차 사라지고 소비자 참여를 유도하는 크리에이티브가 대세인 것으로 나타났다. 한 예로, 세계 유수의 각종 광고제 상을 휩쓴 호주 멜버른 지하철공사의 '어리석게 죽는 법(dumb ways to die)' 공익 광고 캠페인은 죽음이라는 심각한 이슈를 코믹한 캐릭터들을 이용한 메시지로 다루어 표적청중인 젊은이들의 다양한 접점에 전 방위로 노출하고 이들의 성공적인 참여를 유발하였는데 21%의 사고 감소라는 성공적인 결과를 얻을 수 있었다. 브랜드는 점차 인기 있는 TV 프로그램이나 영화의 등장인물과 연합된 새로운 형태의 애플리케이션과 통합될 것이다. 스마트폰의 증강현실 기술을 통해, 예컨대 '모델 선발 프로그램'의 앱을 적용하여 소비자가 의류를 구입할 때 브랜드가 개입할 수 있게 될 것이다.

넷째, 브랜드 광고는 더 이상 전통적인 효과의 위계에만 의존하지는 않을 것이다. 인터넷, 컴퓨터 기술, 그리고 뉴미디어는 소비자를 생산자이자 유통자로 만들었다. 현재와 같은 디지털 세계에서 정보를 탐색하고, 리뷰하고, 제품을 평가하고, 이를 다른 소비자나 기업과 주고받는 등의 소비자 능력으로 인해 소비자가 의사결정을 하는 방식이 근본적으로 변하였다. 새로운 광고 모형은 몰입 · 참여 · 공유 중심이어야 한다. 그리고 투명성이 중요하며 진실되어야 한다. 과거에는 신제품이 출시되면 주로 광고와 퍼블리시티에 의존하였다. 광고에 대한 신뢰는 예전만 못하다. 지금은 소셜미디어 사이트를 통해 소비자와 소통한다. 소비자와 직접 커뮤니케이션한다. 심지어 소비자는 제품 개발자와 상호작용하고 대화할 수 있다. 그렇게 해야 한다. 이제는 커뮤니케이션이 성공적이려면 신뢰가 무엇보다 중요하다.

광고 이외의 마케팅 커뮤니케이션 도구

판매촉진

판매촉진은 커뮤니케이션 도구 믹스의 중요한 구성 요소이다. 판매촉진은 다른 마케팅 커뮤니케이션 도구와 함께 통합 마케팅에 시너지를 제공한다. 전통적인 광고와 비교할 때 판매촉진에서는 소비자의 행동을 유발하는 효과를 기대할 수 있다. 전략적으로 사용한다면 판매촉진은 소비자의 수요를 즉각적으로 자극하는 매우 효과적인 마케팅 커뮤니케이션 도구가 된다. 판매촉진은 광고가 할 수 없는 일을 하기 때문에 대중 미디어 광고의 훌륭한 보완 역할을 한다.

공식적인 정의에 의하면, 판매촉진이란 소비자와 유통점주 등

이해관계자들에게 더 큰 브랜드 가치 지각을 창출하기 위한 유인 기법을 사용하는 마케팅 커뮤니케이션 활동이다. 판매촉진의 목적은 시험 사용을 동기화하고, 더 많이 구매하도록 고무하고, 또는 반복 구매를 하도록 자극함으로써 단기에 판매를 높이는 것이다. 판매촉진은 브랜드 판매에 영향을 미치고자 하는 목적을 성취하는 데 도움을 준다. 판매촉진은 다음과 같은 목적을 지향할 때 도움이 된다.

- 경쟁사로부터 자사의 고객을 지키고자 할 때
- 새로운 브랜드를 도입할 때
- 기존의 브랜드로 새로운 시장에 진입할 때
- 자사 브랜드를 경험한 적이 없는 고객에게 시험 구매를 촉진할 때
- 구입을 중단한 고객이 자사 브랜드를 재구입하게 할 때
- 자사 브랜드를 계속 구입하는 고객을 보상으로 강화하고자 할 때
- 자사 브랜드의 반복 구입을 고무하고 브랜드 충성을 강화하고자 할 때
- 고객 데이터베이스를 축적하고 강화하고자 할 때

소비자 대상의 판매촉진 활동으로는 쿠폰, 가격 인하, 프리미엄, 콘테스트와 경품, 샘플링, 충성/빈도 강화 프로그램 등이 있다. 이러한 소비자 유인 프로그램의 궁극적인 목적은 경쟁사 브랜드 대신 자사 브랜드를 구입토록 하는 것이다. 인지나 이미지가 아니라 '행동'을 유발하려는 것이다.

통합 마케팅 커뮤니케이션의 한 부분으로서 소비자 판매촉진은 광고와는 다른 방식으로 소비자의 수요에 영향을 미친다. 광고는 광범위한 표적 소비자를 대상으로 브랜드 인지도나 이미지, 선호를 구축하고자 하는 것이며, 비교적 오랜 시간을 요한다. 하지만 판매촉진의 역할은 소비자로부터 즉각적인 구매 행위를 끌어내는 것이다. 구매 반응을 끌어내려면 유인물, 즉 보상이 주어져야만 한다. 소비자 판매촉진에서 소비자에게 제공하는 보상의 유형은 크게 세 가지로 구분한다.

▣ 실용적 · 기능적 보상

판매촉진이 소비자에게 제공하는 실용적 · 기능적 보상은 돈의 절약(예, 쿠폰), 제품이나 브랜드 탐색과 의사결정에 투입되는 시간과 노력의 절감(판매촉진을 제공하는 제품이나 브랜드를 구입하기로 결정하면 다른 대안에 대해 고민할 필요가 없음), 그리고 평소에 구입을 원했지만 가격 부담 때문에 구입을 망설였던 우수한 품질의 제품이나 명품 브랜드의 구입을 가능하게 한다.

▣ 쾌락적 보상

판매촉진을 통해 적절한 이점을 획득함으로써 '나는 현명한 소비자'라는 생각을 하게 만든다. 판매촉진이 아니었으면 시도하지 않았을 새로운 제품이나 브랜드를 시도함으로써 얻게 되는 다양성 욕구도 성취할 수 있다. 다양성 욕구는 새로운 제품이나 브랜드를 시도하고자 하는 소비자의 욕구이다. 콘테스트나 퀴즈 참여를 통해 얻게 되는 오락적 가치도 쾌락적 보상이다. 또한 모바일 쿠폰을 사용함으로써 시대에 뒤처지지 않는 소비자라는 자부심을 가지게 된다. 그룹 쿠폰으로 다른 사람과 사회적 관계를 형성하는 것도 판매촉진이 제공하는 쾌락적 보상이다.

정보적 보상

소비자 판매촉진은 실용적 보상이나 쾌락적 보상 외에 브랜드에 대한 소비자의 신념에 영향을 미침으로써 정보적 보상을 제공하는 기능도 한다. 예컨대, 고품질의 브랜드와 공동 판매촉진을 시행하였을 때 브랜드에 대한 기존의 품질 인식에 변화가 일어나고, 이는 정보적인 보상으로 작용한다.

소비자가 판매촉진으로부터 얻는 보상은 즉각적이기도 하고 또는 지연된 것이기도 하다. '즉각적 보상'은 소비자가 판매촉진에 참여했을 때 곧바로 획득하게 되는 금전적인 절약이나 다른 형태의 보상이다. 슈퍼마켓에서 실시하는 무료 시음이나 시식도 미각을 즉각적으로 자극하는 보상에 속한다. '지연 보상'은 판매촉진에 대응하는 행위를 했을 때 그 결과를 수일에서 수 주 또는 그 이상의 기간이 지난 후에 얻게 되는 것이다. 예컨대, 경품이나 퀴즈 응모의 발표가 수 주 후에 이루어진다면 이는 지연 보상에 해당한다. 하지만 즉석에서 확인 가능한 경품 추첨이라면 이는 즉각적인 보상에 해당한다.

일반적으로 판매촉진의 경우에는 소비자는 지연 보상보다는 즉각적인 보상에 더 많이 반응하는 경향을 보인다. 하지만 판매촉진의 목적을 무엇으로 잡느냐에 따라 어떤 보상이 더욱 효과적인지는 달라질 수 있다. 새로운 소비자를 끌어들이거나 경쟁 브랜드 고객을 자극하려고 한다면 즉각적인 보상을 제공하는 판매촉진이 더욱 효과적이다. 자사 브랜드에 별 관심이 없거나 경쟁 브랜드에 충성도가 높은 고객일 경우에는 결과를 인내하면서 기다리려고 하지 않을 것이다. 그리고 경품이나 퀴즈 등의 경우에도 보상의 크기보다는 오히려 당첨의 확률을 높이는 프로그램이 효과적이다. 보상의 크기와 당첨의 확률을 적절히 안배하는 것은 판매촉진에서 전략적으로 매우 중요한 이슈이다. 한편, 기존 고객을 대상으로 하는 것이라면 오히려 즉각적인 보상보다는 지연 보상 프로그램이 적절하다. 브랜드 관리 차원의 목적에 따른 판매촉진 보상의 유형을 분류하면 〈표 4-2〉와 같다.

쿠폰, 가격 인하, 프리미엄, 콘테스트와 경품, 샘플링, 로열티/빈도 프로그램 등은 경쟁사의 브랜드 대신 자사 브랜드를 구매하게끔 다양한 형태의 보상을 제공한다. 판매촉진은 거의 모든 소비재에서 사용된다.

판매촉진 역시 계획 수립 과정을 거친다. 전반적인 통합 마케팅

표 4-2 **브랜드 목적에 따른 보상의 구분**

	목적		
	구매 시도/재시도 유발	반복 구매 고무	브랜드 이미지 강화
즉각적 보상	• 샘플링 • 쿠폰 −매대 비치 쿠폰 −모바일 쿠폰	• 가격할인 • 보너스 팩 • 인 팩/온 팩 프리미엄	−
지연 보상	• 광고, 이메일, 우편 쿠폰 • 소셜(그룹) 쿠폰 • 우편, 온라인 프리미엄	• 인/온 팩 쿠폰 • 리펀드, 리베이트 • 컨티뉴티 프로그램	• 자기부담 프리미엄 • 스웹스 • 콘테스트

출처: Shimp & Andrews (2013).

캠페인 주제 하에서 판매촉진의 목표와 표적청중의 설정, 그리고 예산과 집행 시기를 결정해야 한다. 통합 마케팅에서 판매촉진의 목표와 전략은 전체 마케팅 커뮤니케이션 캠페인과의 일관성, 시너지를 가져야 한다는 것은 두말할 필요가 없다. 소비자 판매촉진을 좀 더 구체적으로 알아보자.

소비자 판매촉진

▣ 샘플링

샘플링은 표적 소비자에게 특정 상품이나 서비스를 무료로 사용할 기회를 제공하는 것이다. 견본품에 만족한다면 구매로 이어질 것이라는 가정에서 진행된다. 샘플링은 다양한 방법을 통해 실제 제품이나 시험용의 제품을 표적 소비자에게 제공한다.

광고에 견본품 교환 쿠폰을 삽입하는 것이 가장 전통적인 방법이다. 직접 우편을 통한 샘플링에서는 표적 소비자에게 우편으로 견본품을 보낸다. 신문이나 잡지 광고에 견본품을 삽입하는 방법도 있다. 이는 광범한 소비자를 대상으로 견본품을 제공하는 비용 효율적인 방법이다. 단, 이 방법을 사용할 경우에는 제품이 미디어에 적합해야 한다. 종이 수건이나 위생용품 또는 향 티슈같이 신문이나 잡지에 삽입이 용이한 제품이어야 한다. 벽지 샘플을 잡지에 삽입하는 경우도 있다. 우편이나 인쇄 미디어에 삽입하는 것 외에 직접 방문을 통해 견본품을 배포할 수도 있다. 이 방법은 견본품을 소비자에게 즉각적으로 빠른 시간에 배포하고자 할 때 적합하며, 지역적으로 비슷한 소득이나 연령층이 밀집해 있을 때 시간과 비용을 절약할 수 있다. 견본품을 자사의 다른 제품의 포장 안에 넣거나 밖에 부착하여 제공할 수도 있다. 이 경우에는 시리얼과 우유 등과 같이 견본품과 본 제품이 서로 보완적 관계이면 더욱 효과적이다.

병원이나 약국 또는 대학가나 사무실 밀집 지역 등과 같은 특정한 장소나 지역에서 샘플링하는 것도 보편적이다. 직장인을 표적으로 하는 다이어트 아침 대용식이나 숙취 제거제 등은 사무실 밀집 지역에서 출근 시간대에 샘플링할 수 있다. 또는 특정 매장 내에서 샘플링하는 방법도 있다. 치과에 구취 제거제 견본품을 비치하여 치과를 방문한 환자들이 시험 사용토록 자극할 수 있다.

온라인 샘플링은 이메일을 통한 샘플링이다. 흔히 웹 페이지를 통해 견본품을 제공한다. 온라인 샘플링만을 전문적으로 대행하는 전문회사도 있다. 최근 들어서는 샘플링이 소셜 미디어를 통한 상호작용 촉진의 중심이 되고 있다.

샘플링의 효과를 극대화하려면, 첫째, 다수의 소비자에게 무작위로 배포하기보다는 사전에 표적 소비자를 정밀하게 설정하여 이들을 대상으로 샘플링해야 한다. 그러려면 표적 소비자에 적합한 미디어와 장소를 선정해야 한다. 둘째, 독창적인 샘플링 방법을 고안해야 한다. 식상한 샘플링 방법으로는 소비자의 주목을 더 이상 끌지 못할 뿐만 아니라 브랜드 이미지에도 긍정적인 효과를 미치지 못한다. 프록트 앤 갬블 사는 즉각적인 종이의 질 확인이 중요한 화장지를 어떻게 하면 효과적으로 샘플링할 것인지 고심한 끝에 이동 화장실 차량을 운영하면서 화장실을 이용하는 소비자에게 화장지 견본품을 제공하여 즉각적으로 제품의 질을 확인할 수 있도록 하였다. 셋째, 샘플링의 투자 수익을 예측해야 한다. 사전에 샘플링의 표적과 목표를 정하였다면 샘플링에 소요되는 비용과 그로 인한 투자 수익을 계산해 보아야 한다.

샘플링은 언제 사용하는 것이 좋을까? 샘플링은 새로운 제품이나 브랜드가 확실한 경쟁 우위나 차별적인 이점을 가질 때 사용하는 것이 가장 바람직하다. 그렇지 않을 경우의 샘플링은 투자 대비 수익을 기대하기가 어려울 뿐만 아니라 오히려 제품의 질에 대한 인식에도 부정적인 영향을 미칠 수 있다. 제품이나 브랜드의 콘셉트가 광고만으로 전달하기에는 한계가 있을 때에도 샘플링은 효과적인 수단이 된다. 맛이나 촉감 등이 제품의 핵심적인 차별이나 우위라면 이는 광고로 전달하기에는 한계가 있다. 이럴 때에는 샘플링이 효과적이다.

샘플링은 문제도 없지 않다. 첫째, 비용이 결코 적지 않다. 표적 소비자가 광범위하거나 지역적으로 넓게 분포하는 경우에는 견본품 제작 비용이 결코 만만치 않다. 그렇다고 국한된 샘플링을 한다면 효과를 내는 데 필요한 역치를 넘기지 못해 시간과 비용만 낭비하는 결과가 초래될 수 있다. 대량 우편 등을 사용할 경우에는 반송으로 인한 비용 손실이나 적합한 소비자에게 도달하지 않음으로써 발생하는 손실도 고려해야 한다. 특히 주의를 기울여야 하는 것은 견본품 오용으로 인해 문제가 발생할 가능성이다. 과거 유니레버(Unilever)는 레몬 향 액체 식기세척제의 견본품을 제공하였는데, 일부 소비자가 이를 레몬 음료로 오인하고 음용하여 문제가 되기도 하였다(Reiling, 1982).

■ 쿠폰

쿠폰은 가격 할인이나 금전적인 절약을 통해 상품이나 서비스를 구매할 수 있도록 보상을 제공하는 판매촉진 방법이다. 쿠폰은 가격 할인 교환권으로 특정 매장에서만 교환 가능한 것과 회사가 발행하여 어느 매장에서든 교환되는 두 가지 종류로 구분할 수 있다.

쿠폰은 일반적으로 경제적으로 어려운 시기에 사용률이 증가하는 경향이 있다. 쿠폰은 다이렉트 메일이나 가정 방문을 통해 직접 배포하거나, 신문이나 잡지에 삽입하거나, 패키지에 부착, 또는 매장의 판매대에서 배포하기도 한다. 쿠폰은 제공 방법에 따라 구매 시점에서 제공하는 쿠폰과 우편이나 미디어를 통해 제공하는 것, 그리고 패키지 내에 삽입하는 쿠폰과 패키지 외부에 부착하는 쿠폰처럼 포장을 이용하거나 온라인을 통해 제공하는 것으로 구분할 수 있다.

패키지 내에 삽입하는 인 팩(in-pack) 쿠폰은 제품 포장 안에, 그리고 패키지 외부에 부착하는 온 팩(on-pack) 쿠폰은 포장 바깥에 쿠폰을 제공하는 것이다. 이 방법은 즉시 교환 쿠폰과는 다르다. 즉시 교환 쿠폰은 구매 시점에 매장에서 계산할 때 바로 가격 할인 보상을 받을 수 있지만, 인 팩이나 온 팩 쿠폰은 일단 제품을 구매하여 집으로 가져와서 쿠폰을 얻은 다음 구매를 할 때 사용이 가능하기 때문에 즉시 교환 쿠폰과 달리 지연 보상 형태의 쿠폰이다. 한 회사의 타 제품 간 교차 쿠폰 사용도 가능하다. 예컨대, 한 회사에서 시리얼과 시리얼 바를 판매한다면 시리얼 바를 촉진하기 위해 시리얼 제품의 인 팩이나 온 팩에 시리얼 바의 쿠폰을 제공할 수 있다. 인 팩 · 온 팩 쿠폰의 장점은 별도의 쿠폰 배포 비용이 들지 않는다는 것이다. 쿠폰 교환율도 비교적 높다. 일단 구매를 한 소비자는 대부분 다음 구매를 할 때 쿠폰을 사용하기 때문이다. 한편, 자사의 비고객에게 영향을 미치기에는 한계가 있다. 비고객은 제품을 구매할 확률이 낮기 때문이다.

우편이나 대중 미디어를 통한 쿠폰은 즉각적인 보상이 아닌 지연 보상을 통해 소비자의 시험 구매를 촉발하려는 것이다. 우편을 통한 쿠폰 배포는 주로 신제품이나 개선된 제품을 시장에 소개할 때 사용된다. 만약 표적 소비자의 데이터베이스를 가지고 있다면 우편 쿠폰은 더욱 효과적으로 작동할 수 있다. 신문이나 잡지 등의 인쇄 미디어를 통해 쿠폰을 배포할 수도 있다. 미디어를 통한 쿠폰 배포의 경우에는 주로 광고에 쿠폰을 제시하고 소비자가 쿠폰을 광고에서 제거해서 보관했다가 구매를 할 때 제시하여 가격 할인을 받게 된다. 이 역시 신제품의 시험 구매를 촉발하는 데 많이 이용된다. 우편 쿠폰은 시장점유율이 높은 브랜드의 경우에는 비용 효율성이 낮은 방법이다. 이미 상당수의 고객은 쿠폰 브랜드의 정기적인 구매 고객이기 때문에 이들에게 쿠폰을 제공하는 것은 비용 효율적이지 않다.

대부분의 쿠폰은 소비자의 손에 들어가서 구매 시 교환되기까지 어느 정도 시간이 소요되는 지연 보상 형태의 판매촉진에 속한다. 하지만 '즉시 교환 쿠폰'의 경우에는 구매 현장에서 패키지에 부착된 쿠폰을 떼어서 계산 시 제시하면 즉시 가격 할인이 가능하다. 즉각적인 보상을 제공하는 쿠폰 형태인 것이다. 일반적으로 즉시 교환 쿠폰의 이용률은 다른 쿠폰 형태에 비해 높은 편이다. 매장의 선반에 쿠폰을 비치하고 소비자가 자유롭게 사용하게 할 수 있다. 현재 국내 대형 할인매장에서 쉽게 발견할 수 있다.

쿠폰은 기존 고객의 반복 구매를 유도하기에 효과적이며, 브랜드 전환이 빈번히 이루어지는 제품군의 경우에 구매를 유도하는 효과를 볼 수 있다. '모바일 쿠폰'은 구매 시점 쿠폰의 또 다른 유형으로서 현재 그 사용률이 증가하는 추세이다. 쿠폰 전문 사이트나 기업의 사이트에서 쿠폰을 다운 받아서 계산 시 제시하면 그 자리에서 가격 할인을 받을 수 있다. 현재는 이러한 쿠폰만을 전문적으로 취급하는 다양한 쿠폰 사이트가 있다.

프리미엄

프리미엄은 제품 구매나 매장을 방문하게 만들기 등 특정한 행위를 유발하기 위해 무료 선물이나 증정품을 보상하는 소비자 판매촉진 행위이다. 프리미엄은 제품에 가치를 부가하는 효과를 발휘한다. 예컨대, 시리얼을 구입했을 때 시리얼을 먹을 수 있는 유리 그릇을 제공하거나, 보험 상담 시 건강검진 쿠폰을 증정할 수 있다. 프리미엄의 제공 방법은 구매 시 증정, 우편이나 온라인을 통한 증정, 패키지를 이용한 인 팩이나 온 팩 증정, 그리고 소비자 부담 증정으로 구분할 수 있다.

구매 시 무료 선물 증정은 내구재나 일상 소비재 모두에 적용이 가능하다. 구매 시 무료 선물 증정은 주로 시험 구매를 유발하기 위한 지연 보상 형태의 판매촉진 방법이다. 미쉐린은 타이어 4개를 구입할 때 자동차에 비치할 수 있는 응급용구 세트를 제공하였고, 폭스바겐은 뉴 비틀 자동차를 구입하는 소비자에게 애플 아이팟을 증정하였다. 선물 또는 증정품에 대한 소비자의 지각된 가치는 프리미엄을 제공하는 브랜드의 가치에 의해 영향을 받는다. 동일한 프리미엄이라도 제공하는 브랜드의 가치가 낮으면 프리미엄의 가치도 낮게 평가하는 경향이 있다. 따라서 프리미엄 물품으로 제공되는 브랜드의 관리자는 후원 브랜드가 자사의 브랜드 이미지에 미칠 수 있는 영향을 사전에 고려해야 한다.

우편이나 온라인 프리미엄은 구매를 입증하는 일정 수량의 자료나 기업이 요구하는 특정 행위를 입증하는 자료를 제출하고 그 대가로 소비자가 무료 증정품을 받는 판매촉진 형태이다. 우편이나 온라인 프리미엄 역시 지연 보상 프로그램에 속한다. 켈로그(Kellogg's) 사는 '스마트 스타트 시리얼'의 구매 입증 자료를 보내는 소비자에게 무료 콜레스테롤 웰니스 키트를 증정하였고, '프로스티드 플레이크' 시리얼 두 개를 구매하면 무료 아동용 도서를 우편으로 보내 주었다. 네스퀵(Nesquik)은 네스퀵 제품 여섯 개의 바코드를 배송료와 함께 보내면 무료로 후드 셔츠를 제공하였다. 버거킹(Burger King)은 페이스북 사용자가 페이스북의 친구 목록에서 10명의 이름을 삭제하면 무료 후프 버거를 얻을 수 있는 온라인 쿠폰을 제공하였다.

인 팩이나 온 팩 프리미엄은 패키지 안에 무료 증정품을 넣어 두거나 패키지에 무료 증정품을 부착하는 것이다. 인 팩이나 온 팩 프리미엄은 즉각적인 보상을 통해 이미 브랜드 선호가 형성되어 있는 소비자가 반복적으로 제품을 구입하도록 고무하기 위해 사용된다. 콜게이트(Colgate) 사는 자사 브랜드의 칫솔을 치약 패키지에 부착하여 구매 소비자에게 제공하였으며, 팬틴(Pantene) 사는 샴푸에 린스를 함께 포장하여 구매 소비자에게 제공하였다.

소비자 부담 프리미엄은 기업이 요구하는 일정한 구매 입증 자료와 함께 증정품의 구매 비용과 배송비 등 일정 비용을 함께 우편으로 보내면 특정 물품을 제공하는 판매촉진이다. 따라서 소비자는 무료가 아니라 실제 물품의 비용을 지불해야 한다. 제조 기업의 입장에서는 물품의 제조와 우송료 등의 비용 부담을 하지 않아도 된다는 장점이 있다. 전략적으로 이용할 경우 소비자 부담 프리미엄은 브랜드 이미지를 높이는 데 매우 효과적일 수 있다. 즉, 프리미엄의 긍정적인 이미지를 자사 브랜드와 결합하는 효과를 거둘 수 있다. 소비자 부담 프리미엄은 경품을 대체하는 판매촉진으로 사용할 수도 있다. 경품과 소비자 부담 프리미엄을 적절히 결합하면 브랜드에 대한 소비자의 관심과 브랜드 관계를 향상하는 데 기여할 수 있다. 거버(Gerber) 사는 일정 수량의 거버 제품 구입을 입증하는 자료와 물품 비용을 보내면 아기의 이름과 생일이 새겨진 고급 컵을 보내 주었다.

소비자는 당연히 무료 증정품 받기를 좋아한다. 그리고 매력적이며 가치 있는 증정품에는 호의적으로 반응하기 마련이다. 하지만 브랜드 관리자는 프리미엄이 판매촉진 기간에 성취하고자 하는 전반적인 통합 마케팅 목적에 적합한가에 대해 고심해야 한다. 특히 프리미엄의 유형에 따른 기능은 각기 다르기 때문에 통합 마케팅 목적과의 적합성을 고려해 프리미엄 유형을 선정해야 한다.

▣ 스윕스와 콘테스트

스윕스(Sweepstakes)와 콘테스트는 실행에서 차이가 있지만 소비자에게 경품(현금, 상품, 여행권 등) 획득의 기회를 제공한다는 공통점을 가진다. 스윕스의 경우, 우승자는 순전히 운에 의해 결정이 된다. 경품에 참여하기 위해서는 프리미엄과 달리 제품을 구매해야 하거나 구매를 입증할 필요도 없다. 경품에 관심이 있는 사람은 누구나 웹사이트를 방문하여 요구하는 사항을 입력하거나 또는 QR(Quick Response) 코드를 스마트폰으로 스캔하여 경품에 응모하면 된다. 스윕스는 최근 들어 가장 널리 사용되는 판매촉진 도구 중의 하나이다.

다른 판매촉진과 비교해 스윕스는 비교적 비용도 많이 들지 않고, 실행하기도 간단하며, 다양한 마케팅 목적을 달성하는 데 이용된다. 브랜드 포지셔닝이나 이미지를 강화하거나, 광고에 대한 주목도를 높이거나, 소매상에서 브랜드 유통을 촉진하고 영업사원의 사기를 진작하고자 할 때에도 효과적이다. 하지만 스윕스는 단독으로 사용하기보다는 다른 판매촉진 도구와 함께 사용하면 시너지를 얻을 수 있다. 예컨대, 소셜 미디어나 광고, 그리고 POP와 함께 사용하면 단독으로 실행할 때보다 더 큰 효과를 거둘 수 있다.

콘테스트에서는 콘테스트에 참여하는 소비자가 경품을 제공하는 기업이 정한 일정한 규칙을 따라야 한다. 때에 따라서는 구매 입증이 필요하기도 하다. 참여자 입장에서는 스윕스와는 달리 어떤 기술이나 노력이 필요하다. 허쉬(Hershey) 시럽을 보자. 허쉬는 축구하는 아이를 둔 엄마와 자녀를 표적으로 하는 콘테스트를 실시하였다. 허쉬 시럽을 구매한 영수증과 함께 자녀가 축구하는 사진을 함께 보내도록 하였다. 이 콘테스트는 많은 가족이 즐기는 축구와 허쉬를 결합하고 구매를 통해 콘테스트에 참여하도록 고무하였다. 허쉬와 축구를 결합함으로써 축구를 좋아하는 표적 소비자를 대상으로 허쉬는 건강한 브랜드라는 이미지를 강화하고자 했던 것이다. 경우에 따라 콘테스트는 단순히 우편을 보내는 것 이상의 더욱 적극적인 행위를 요구하기도 한다. 작업복 제조사인 디키(Dickies)는 '올해의 미국인 근로자 상' 수상자를 추천하도록 하고, 왜 그 사람이 수상자로 적합한지를 설명하도록 하는 콘테스트를 실시하였다. 선 메이드(Sun-Maid) 사는 건포도를 반 컵 이상 사용하여 20분 내로 요리할 수 있는 조리법을 보내도록 하는 콘테스트를 실시하였다. 콘테스트 참여율은 스윕스보다는 낮지만 소비자가 브랜드와 상호작용할 수 있는 기회를 제공하기에는 매우 효과적인 판매촉진 도구이다. 최근에는 콘테스트에 응모한 소비자의 동영상이 유튜브를 통해 상당한 조회수를 기록하기도 한다. 디키의 경우처럼, 콘테스트를 실시할 때에는 통합 마케팅에서 추구하는 전반적인 브랜드 포지션이나 목적과 관련된 주제나 아이디어와의 관련성을 유지하는 것이 필수적이다.

공동 판매촉진

공동 판매촉진(tie-in)은 2개 이상의 복수 브랜드 간의 판매촉진을 동시에 실행하는 것으로, 하나의 브랜드가 두 개 이상의 판매촉진을 동시에 사용하는 것과는 다르다. 공동 판매촉진은 판매촉진 비용을 복수의 브랜드가 분담하기 때문에 비용 부담이 적다. 공동 판매촉진은 한 기업 내의 여러 브랜드끼리 실행하기도 하고, 다른 기업의 브랜드와 공동으로 실행하기도 한다.

다른 기업의 브랜드와 공동 판매촉진을 실행할 때에는 브랜드 간의 '보완성'을 면밀하게 검토해야 한다. 보완성은 소비자의 사용 행동에 초점을 맞추어야 한다. 예컨대, 시리얼은 우유와 함께 소비된다. 이때 시리얼과 우유는 보완적 관계이다. 만약 소비자가 비스킷을 먹을 때 주로 커피를 마신다면 비스킷과 커피 역시 보완적 관계라고 할 수 있다. 공동 판매촉진을 시행할 때에는 이러한 보완적 관계를 염두에 두어야 비용 대비 효과를 높일 수 있다.

소비자의 사용 행동과 함께 브랜드의 개성이나 이미지도 고려해야 한다. 비록 사용 측면에서 보완성을 충족한다고 하더라도 브랜드 개성이나 이미지가 일치하지 않는다면 공동 판매촉진의 효과는 반감될 것이다. 또한 브랜드 간의 사용자나 구매자 프로필이 일치할수록 시너지를 얻을 수 있다. 서로의 이점 챙기기에 급급하면 공동 판매촉진의 시행은 난항을 겪을 수 있다. 일정 선에서 적절히 양보하고 타협하는 것이 필요하다.

판매촉진 계획 수립

판매촉진 계획을 수립할 때 통합 마케팅 기획자가 고려할 수 있는 판매촉진 도구는 다양하다. 또한 판매촉진 도구에 따라 성취하기 적합한 목표도 다르다. 따라서 적절한 판매촉진 도구를 선택하기 위한 계획 수립 과정이 반드시 필요하다. 판매촉진 계획 수립 단계에 대해 살펴보기로 한다.

첫 번째 단계는 판매촉진의 목표를 명확히 하는 것이다. 판매촉진을 통해 성취하고자 하는 구체적인 목적을 확인해야 한다. 만약 복수의 판매촉진 도구를 사용한다면 각 판매촉진 도구별로도 구체적인 목적이 무엇인지를 확인해야 한다. 신규 소비자를 대상으로 시험 구매를 하도록 하는 것과 기존 고객의 반복 구매를 고무하는 것은 명백히 다르다. 그리고 경쟁 브랜드 사용자를 대상으로 할 때와 일반 소비자를 대상으로 할 때는 요구되는 도구와 비용 등 모든 것이 같을 수 없다.

판매촉진의 목적은 문서화하는 것이 중요하다. 특히 판매촉진의 목표는 측정 가능한 형태로 기술하는 것이 좋다. '시험 구매율을 높인다'보다는 '표적 소비자의 38%의 시험구매율을 달성한다'와 같이 구체화하는 것이 좋다. 그리고 통합 마케팅 프로그램에 참여하는 모든 사람의 동의를 얻는 것이 바람직하다. 통합 마케팅에는 다양한 마케팅 커뮤니케이션 영역의 사람들이 참여하기 때문에 판매촉진의 목적을 공유하지 않는다면 시간과 비용 낭비가 초래될 수밖에 없다. 마지막으로, 구체적인 판매촉진 아이디어를 평가해야 한다. 판매촉진 아이디어를 평가하는 기준은 다음과 같다.

- 아이디어와 판매촉진 목적과의 관련성: 만약 소비자가 제품을 시도하게 하는 것이 목적이라면 샘플링이나 쿠폰이 목적 달성에 더 적합하다. 경품이나 프리미엄은 관련성이 낮다.
- 표적청중의 호응도: 판매촉진 유형에 대한 호응도는 소비자 집단에 따라 다를 수 있다. 콘테스트는 일반적으로 성인에 비해 청소년이나 젊은 층에서 호응도가 높은 경향이 있다. 따라서 판매촉진 아이디어를 선정할 때에는 기존 자료를 활용하여 판매촉진 표적집단의 참여도가 어느 정도일지 판단하는 과정을 거쳐야 한다.
- 아이디어의 독특성과 차별성: 광고 효과에서 광고 크리에이티브의 독창성이 작동하는 방식과 마찬가지로 판매촉진 아이디어 역시 새롭고 기대하지 않았던 것이어야 표적집단의 관심과 참여를 높일 수 있다. 일반적이어서 식상한 아이디어에 소비자는 반응하지 않는다.
- 아이디어의 구체성과 명료성: 판매촉진 기획자가 한 가지 명심해야 할 것은 대부분의 소비자는 판매촉진 행사를 이해하기 위해 시간과 에너지를 기꺼이 투자하지 않는다는 것이다. 만약 판매촉진 아이디어가 이해하기 어렵거나 모호하다면 소비자는 눈길을 돌려 버린다. 판매촉진은 소비자 중심에서 이해하기 쉽고 구체적이어야 한다. 어떤 보상을 얻을 수 있고, 어떻게 참여하는지를 쉽게 이해할 수 있어야 한다.
- 비용 대비 효과: 판매촉진은 결코 적은 비용이 투입되는 마케팅

커뮤니케이션 행위가 아니다. 목적을 가장 적절한 비용으로 성취할 수 있어야 한다. 따라서 판매촉진 기획자는 비용 대비 효과를 아이디어를 선택하는 중요한 기준으로 삼아야 한다.

◇ 소비자 판매촉진 이외의 마케팅 커뮤니케이션 도구

마케팅 PR

PR(Public Relations)은 기업과 다양한 공중 간에 호의를 조성하기 위한 조직적인 행위이다. PR은 고용인, 공급자, 주주, 정부, 공중, 노조, 시민단체, 그리고 소비자 등 기업의 경영에 영향을 미칠 수 있는 다양한 집단을 대상으로 한다. PR의 대상은 기업과 관련되는 '모든' 공중이 되는 것이다. 따라서 대부분의 PR 활동에는 마케팅 그 자체보다는 전반적인 기업의 경영 관심사가 포함된다. 한편, PR의 범위를 좀 더 구체화한 '마케팅 PR(Marketing Public Relations: MPR)'이 있다. MPR은 포괄적인 PR의 범위를 좁혀 특정 제품이나 브랜드 마케팅에 초점을 맞춘 것이다. PR과 비교해 청중의 범위도 다르다. 일반 PR에 비해 MPR의 청중은 특정 제품이나 브랜드의 마케팅 표적 소비자가 된다.

MPR은 통합 마케팅에서 점차 중요한 역할을 하고 있다. 소비자가 광고와 PR을 바라보는 시각은 다르다. 광고는 기업이 직접적으로 소비자에게 영향을 미치려는 의도가 있다고 보는 반면에, PR은 제삼자에 의한 편향되지 않은 메시지로 받아들이기 때문이다. 소비자는 광고와 MPR 메시지의 신빙성을 다르게 평가한다. 비용 측면에서도 MPR은 광고와 비교가 되지 않는다.

『뜨는 PR, 지는 광고(The fall of advertising and the rise of PR)』의 저자인 알 리스(Al Ries)와 로라 리스(Laura Ries)는 PR에서 언론 보도가 가장 중요한 마케팅 커뮤니케이션 도구이어야 한다고 주장했다. 플레이스테이션이나 스타벅스, 그리고 바디 샵과 같은 브랜드를 예로 들면서 특히 신제품의 성공적인 도입에서 광고의 역할은 미미하고 언론 보도가 더욱 중요하다고 주장하기도 한다. 하지만 이런 주장에 대한 업계의 견해는 '극단적'이라는 것이다. 대부분의 신제품은 언론에서 관심을 기울일 만큼 뉴스거리를 가지지 않는다. 설사 언론에서 다룬다고 하더라도 그것은 일시적일 뿐이다. 언론의 관심은 지속되지 않는다는 것이다. 그 이후의 브랜드 관리는 광고가 떠맡을 수밖에 없다. 그럼에도 불구하고 통합 마케팅에서 MPR의 역할이 점차 증대되는 것은 분명하다.

통합 마케팅에서는 대응적 MPR보다는 선제적 MPR이 더욱 중요하다. 대응적 MPR은 주로 부정적인 돌발 이슈가 발생했을 때 문제해결을 위한 대응 차원에서 실행하는 것이라면, 주도적 MPR은 브랜드의 이점이나 강점을 청중에게 커뮤니케이션하기 위한 목적에서 선제적으로 다른 마케팅 커뮤니케이션 도구와 함께 사용된다. 주도적 MPR은 자사 제품이나 브랜드의 부가적인 노출, 뉴스 가치의 제공, 그리고 브랜드 메시지 신빙성의 제고를 통해 브랜드 인지를 높이고 호의적인 브랜드 이미지를 강화하는 시너지를 가져온다.

부즈와 바이럴 마케팅

의견 선도자가 주도적인 역할을 하는 구전(word-of-mouth) 커뮤니케이션에서 기업이 할 수 있는 역할은 매우 제한적이며 수동적이다. 하지만 통합 마케팅의 도구로서 구전의 역할을 극대화하려면 기업은 구전 커뮤니케이션 과정에 적극적으로 개입해야 한다. 자사 브랜드에 대한 호의적인 구전이 발생하기를 수동적으로 기다리기보다는 전략적으로 발생시키는 것이 대단히 중요하다. 이렇게 주도적으로 구전을 창출하는 것을 '부즈(buzz) 창출'이라고 한다. 부즈 창출이란 사람들이 직접 얼굴을 맞대든 아니면 온라인을 통해서든 자사 제품이나 브랜드에 대해 호의적으로 이야기하도록 고무하고, 나아가 이를 자신의 사회 관계망에 포함된 다른 사람에게도 퍼뜨리도록 하는 체계적이며 조직적인 노력이다.

부즈 창출과 관련된 것으로 '바이럴(viral) 마케팅'이 있다. 바이럴 마케팅은 브랜드의 인지도를 높이거나 다른 마케팅 커뮤니케이션 목적을 위해 사회 관계망을 통하여 마치 바이러스가 확산되는 것과 유사한 과정으로 구전이 확산되게 하는 기법이다. 게릴라 마케팅, 디퓨전 마케팅, 그리고 스트리트 마케팅은 긍정적인 구전을 확산시키려는 주도적인 노력이라는 점에서 부즈 창출이나 바이럴 마케팅과 유사한 개념이다.

부즈 창출의 대표적인 예로는 2004년 오프라 윈프리(Oprah Winfrey) 오프닝 쇼의 방청객으로 참여한 276명 전원에게 28,000 달러 상당의 폰티악 G6 자동차를 증정한 이벤트를 들 수 있다. 276대의 자동차는 제너럴 모터스가 기증한 것이다. 물론 신차인 폰티악 G6를 언론 보도의 주인공으로 만들기 위한 것이었다. 이 증정 행사로 오프라 윈프리는 전체 쇼 방영 시간의 절반을 폰티악 신차 이야기에 할애하였다. 방영 시간, 그리고 이 사건의 언론 보도를 통한 브랜드 인지도 상승분을 광고비로 환산하면 무료 증정한 자동차

값을 모두 상쇄하고도 남는 것이었다. 더욱 중요한 것은 엄청난 부즈 창출 효과를 거두었다는 것이다.

바이럴 마케팅은 흔히 유행성 전염병에 비유되곤 한다. 독감은 처음에는 소수의 사람에게서 전염되기 시작한다. 최초의 감염자는 다른 사람과 접촉하게 된다. 그러면 접촉된 사람들은 다시 다른 사람과 접촉하게 된다. 이 과정은 끝없이 지속된다. 최근에는 유튜브나 페이스북과 같은 소셜 미디어 사용의 증가로 확산 속도는 상상을 초월한다. 바이럴 마케팅의 확산 속도는 사람 간의 관계가 긴밀할수록 증가한다. 또한 어느 정도 충분한 수의 사람이 감염되어야 확산 속도가 빨라진다. 바이러스가 사회 관계망을 통해 재빨리 확산하는 데 필요한 감염자가 생성되는 지점을 '티핑 포인트(tipping point)'라고 한다. 티핑 포인트는 맬컴 글래드웰(Malcolm Gladwell)의 책 제목이기도 한데, 작은 변화들이 축적되면서 어떤 순간에 마침내 큰 변화로 전환되는 지점이다.

사회 관계망을 통한 구전의 확산 속도에는 여러 가지 요인이 영향을 미친다. 최초로 구전을 발생시키는 것은 다수가 아니라 소수의 몇 사람에 의해서이다. 이들을 흔히 의견 선도자라고도 하고 메신저라고도 하는데, 명칭이야 어떻든 이들이 제품이나 브랜드에 대한 정보를 확산시키는 힘이 우월한 이유는, 첫째, 이들은 인맥 관계가 넓고, 둘째, 자신의 정보를 공유했을 때 만족을 얻으며, 셋째, 설득력이 뛰어나다는 특성을 지니기 때문이다. 최근 소셜 미디어의 폭발적인 증가로 의견 선도자가 아닌 일반 소비자가 메신저로서 발휘하는 영향력도 점차 증가하고 있다. 다른 한 가지 영향 요인은 메시지의 성격이다. 주의를 끌면서 기억에 남는 메시지는 브랜드에 대한 구전을 촉진하는 효과가 더욱 크다. 일반적으로 주의를 끌면서 기억에 남는 메시지는 흥미를 유발하는 힘이 강하다. 특히 강한 정서를 유발하는 메시지의 확산 속도가 훨씬 빠르다. 물론 긍정적인 정서에만 해당되는 것은 아니며 부정적인 정서를 유발하는 메시지도 빠르게 확산된다. 앞서 이야기했던 오프라 윈프리 쇼의 폰티악 G6의 경우에도 증정의 규모에서 비롯된 놀라움과 흥미, 그리고 뉴스거리로서의 높은 가치로 인해 구전의 확산이 그만큼 빨랐던 것이다. 청년실업, 복지, 양극화 등과 같은 사회적인 이슈도 정서를 유발하는 힘이 강하다. 사회적 이슈가 소비자와 관련된 것일 경우에는 또래 집단에서 더 빨리 확산되는 경향이 있다. 베네통(Benetton)은 세계적인 경제 불황으로 인한 젊은 구직자를 위한 소셜 캠페인(Unemployee of the Year)을 진행하였다. 이 캠페인에서는 18~30세 구직자를 대상으로 자신의 창업 프로젝트를 베네통의

그림 4-17 베네통의 'Unemployee of the Year' 캠페인

출처: worldpress.com

'Unhate Foundation'에 제출하면 투표를 통해 선정된 프로젝트에 대해서는 금전적인 지원을 하였다. 소셜 캠페인 내용을 광고를 통해 알렸고, 소셜 미디어를 통해 젊은이들 사이에서 재빨리 확산되었다.

후원 마케팅

후원 마케팅(sponsorship marketing)은 기업 이미지의 향상과 같은 기업의 목적 또는 판매 증대, 브랜드 자산 강화와 같은 마케팅 목적을 성취하기 위해 이벤트나 대의명분에 투자를 하는 마케팅 커뮤니케이션 행위이다. 후원은 일정한 수수료를 받는 피후원자와 그 대가로 후원하는 활동과 자사의 브랜드를 결합할 권리를 갖는 후원자 간에 이루어지는 교환 활동이다. 최근 들어 기업의 사회적 역할이 부각되면서 후원 마케팅이 활성화되고 있고, 통합 마케팅의 중요한 마케팅 커뮤니케이션 믹스로 다루어지고 있을 뿐만 아니라 후원 마케팅 행위가 광고의 소재가 되기도 한다. 후원 마케팅의 장점은 다음과 같다.

- 특정 이벤트나 대의명분에 자사 브랜드를 사용하기 때문에 광고혼잡도를 극복하고 소비자의 주목을 끌기가 용이하다. 하지만 많은 후원자가 몰리는 올림픽이나 월드컵 같은 이벤트의 주목 효과에는 신중을 기할 필요가 있다.
- 이벤트나 대의명분에 관심을 가지는 표적청중, 그리고 기업과 관련한 다양한 이해관계자(종업원, 주주 등)를 비용 효과적으로 관리할 수 있다.

- 후원 이벤트와 브랜드를 결합하기 때문에 브랜드에 대한 태도나 이미지 등의 브랜드 자산을 향상할 수 있다.
- 표적청중의 관심과 욕구, 라이프스타일을 잘 안다면 그에 적합한 이벤트나 명분을 찾아서 후원함으로써 표적청중과의 관련성이 더욱 높은 커뮤니케이션을 구사할 수 있다.

후원 마케팅은 '이벤트 후원'과 '대의명분 후원'으로 구분할 수 있다. 이벤트 후원에는 스포츠, 관광, 예술, 문화 등의 다양한 이벤트가 대상이 된다. 이벤트 후원은 자사의 브랜드를 표적청중이 높은 관심을 가지는 이벤트와 연결하는 브랜드 촉진 활동이다. 이벤트 후원에서는 어떤 이벤트를 선정하느냐가 가장 중요한 이슈이다. 이벤트를 선정할 때 고려해야 하는 요인은 다음과 같다.

- 이벤트 성격이 브랜드 이미지와 부합해야 한다. 나아가 브랜드 이미지의 시너지를 제공해야 한다.
- 브랜드 이미지와 부합하고 시너지를 얻으려면 이벤트의 표적집단과 브랜드의 표적청중이 일치해야 한다.
- 경쟁 브랜드와 중복 후원인지 여부를 점검해야 한다. 만약 자사에 비해 강력한 브랜드가 중복 후원할 경우에는 약한 브랜드의 후원 효과는 반감될 수밖에 없다.
- 후원혼잡도를 점검해야 한다. 많은 브랜드가 동일한 이벤트 후원에 참여하면 자사 브랜드가 부각될 가능성은 감소하게 된다.
- 다른 판매촉진 도구와 보완 관계에 있는지, 시너지를 제공하는지를 검토해야 한다.

명분 마케팅(Cause-Related Marketing: CRM)은 PR, 판매촉진, 기업 자선사업 등의 다양한 마케팅 커뮤니케이션 믹스가 포함되는 판매촉진 활동이다. 명분후원은 환경 보호나 국민 건강 증진 등 사회가 관심을 가지는 이슈를 지원하는 것으로, 주로 기업과 비영리 조직 간에 서로의 이익을 달성하기 위해 연대하는 활동이다. 기업은 브랜드 이미지나 판매를 향상하고, 비영리 조직은 기업의 후원금으로 기금을 확보할 수 있다. 최근 들어 공익이나 사회 문제가 이슈화되면서 명분 마케팅에 대한 기업의 관심이 높아지는 추세이다. 명분 마케팅의 가장 일반적인 형태는 고객이 기업이나 브랜드를 지원하는 특정한 행위(예, 구매, 쿠폰 교환, QR코드 스캐닝)를 할 때마다 일정 금액을 기부하는 것이다. 명분 마케팅의 이점은 다음과 같다.

- 기업이나 브랜드 이미지를 향상할 수 있다.
- 부정적인 언론 보도를 저지할 수 있다.
- 점진적인 판매 상승을 기할 수 있다.
- 브랜드 인지도를 높일 수 있다.
- 고객층을 넓힐 수 있다.
- 새로운 소비자에게 도달할 수 있다.
- 매장 유통을 활성화할 수 있다.

이벤트 후원과 마찬가지로 명분 마케팅에서도 어떤 대의명분에 후원할 것인지를 결정하는 것이 무엇보다 중요하다. 현재 고객이든 아니면 확장하기를 원하는 잠재 고객이든 브랜드가 표적으로 삼는 청중의 관심사에 부합하는 명분이어야 한다. 브랜드의 이미지와 후원하는 명분이 부합할수록 사회적 책임 브랜드로서 지각될 가능성이 증가한다. 캠벨 수프(Campbell Soup)의 교육 프로그램 후원은 캠벨 수프를 주로 소비하는 부모와 자녀인 표적청중과 잘 부합한다.

브랜드 콜라보레이션

기업과 기업 간, 또는 브랜드와 브랜드가 협력하여 공동의 이익을 추구하는 콜라보레이션 마케팅(협력 마케팅)이 주목받고 있다. 콜라보레이션 마케팅은 급변하는 경쟁 환경에 대처하기 위한 진화의 산물로서 일종의 윈윈(win-win) 전략이라고 할 수 있다. 정보의 공유나 역할의 분담, 그리고 고객 서비스의 향상 등이 주목적인데, 기업이 마케팅에 필요한 자원을 확보 및 분담하고 또 교환 가치를 창출하거나 거래 비용을 절감하는 효과가 있다. 이러한 콜라보레이션은 경영 차원에서 브랜드 자산관리에까지 확산되고 있고, 통합 마케팅에서도 매우 효과적인 마케팅 커뮤니케이션 도구로 사용될 수 있다.

브랜드 콜라보레이션은 브랜드와 브랜드 간의 협력에만 제한되는 것은 아니다. 전형적인 브랜드 콜라보레이션은 브랜드와 예술작품 또는 디자이너가 협업하는 아트 콜라보레이션이다. 나아가 스타, 행사, 이벤트나 퍼포먼스, 공간 등 다양한 요소가 콜라보레이션의 대상이다(이현우, 2010). 아트 콜라보레이션의 대표적인 예로는 루이비통과 만화 캐릭터 피카추 개발자인 무라카미 다카시와의 협업을 들 수 있다. 루이비통 신제품 가방에 무라카미 다카시의 디자인을 사용한 것이다. 스포츠웨어 슈즈 브랜드인 캔버스(Converse)

는 팝 아티스트인 리히텐슈타인과 앤디워홀의 작품을 신제품 운동화 디자인으로 사용하였으며, 가전 브랜드인 지펠의 냉장고와 이탈리아 출신의 보석 디자이너인 마시모 주끼의 협업도 아트 콜라보레이션의 예라고 할 수 있다. 이러한 브랜드 콜라보레이션의 가장 큰 효과는 '관심과 화제 유발'이다. 유명한 아티스트나 디자이너 또는 스타 자체가 이슈를 일으킨다. 그리고 화제는 소셜 네트워크를 통해 확산된다. 그 과정에서 브랜드는 지속적으로 소비자들의 입에 오르내리게 된다. 물론 이슈가 되고 화제를 일으킨다고 성공적인 콜라보레이션이라고 할 수는 없다. 브랜드 전략(브랜드 이미지, 브랜드 개성 등)과 콜라보레이션 대상이 일치해야 한다.

브랜드 엔터테인먼트

최근 들어 광고와 브랜드 구축, 그리고 엔터테인먼트는 하나로 수렴되는 경향을 보이고 있다. 브랜드 마케터라면 이제는 누구나 표적고객이 좋아하는 엔터테인먼트 물에 자사의 브랜드를 등장시키고 싶어 한다. 이런 경향은 지난 수십 년간 브랜드 구축에 사용되었던 이벤트 협찬에서 진일보한 것이다. 이제 브랜드는 소비자가 즐기는 것이라면 그것이 무엇이든, 어떤 형태이든 끼어들 준비가 되어 있어야 한다.

브랜드 엔터테인먼트(branded entertainment)는 독특하고 주목을 끄는 방식으로 소비자에게 인상을 남기고, 소비자와 관계를 맺으려는 노력의 일환으로서 주요 목적은 브랜드를 주연으로 만드는 엔터테인먼트 물(TV 쇼, 드라마, 단편 영화, 영화, 또는 비디오 게임 등)을 개발하거나 지원하는 브랜드 구축 커뮤니케이션 행위이다. 브랜드 엔터테인먼트의 효시는 2001년에 BMW가 자사의 차를 주인공으로 하는 단편 영화 〈Beat the Devil〉을 직접 제작한 것이다. 브랜드 엔터테인먼트와 간접 광고인 PPL(Product Placement)의 차이는 누가 주도권을 쥐며, 브랜드가 차지하는 역할이 어느 정도인가에 있다. 브랜드 엔터테인먼트에서는 드라마나 영화 등 엔터테인먼트 물을 브랜드 마케터가 직접 제작한다. 따라서 브랜드가 주인공이다. 하지만 PPL에서는 브랜드가 드라마나 영화 줄거리의 부수적 요소의 역할을 할 뿐이다. 브랜드를 주인공으로 엔터테인먼트를 직접 제작함으로써 계획된 표적청중에게 브랜드 전략에 입각하여 정교하게 만든 스토리로 자사 브랜드를 최대한 돋보이게 할 수 있다.

PPL

PPL(Product Placement), 즉 간접 광고는 영화나 드라마 또는 쇼 등 엔터테인먼트 물에 자사의 제품을 노출시키는 광고 행위이다. PPL은 어떤 목적 하에서 브랜드를 노출하거나 촉진하기 위해 일정한 비용을 지불하고 진행된다.

PPL은 엔터테인먼트 물 내에서 브랜드가 차지하는 역할의 정도에 따라 몇 가지 유형으로 구분할 수 있다. 영화나 TV에서 표현되는 브랜드의 현출성이나 노출 강도에 따라 온셋 배치(on-set placement)와 크리에이티브 배치(creative placement)로 구분할 수 있다. 온셋 배치는 의도적인 연출을 통해 어떠한 단서를 제공하는 소품으로 브랜드를 등장시키거나, 연기자의 멘트 또는 실제 사용으로 제품을 노출시키는 것을 말한다. 반면, 크리에이티브 배치는 의도적으로 두드러지게 제품이나 브랜드를 노출시키는 것이 아니라 화면의 자연스러운 구성 요소로서 비교적 짧은 시간 동안 노출시키는 것이다. 일반적인 PPL은 엔터테인먼트 물에서 브랜드를 노출하는 것으로, 브랜드는 줄거리의 배경 요소, 즉 소품에 지나지 않는다. '제품 침입(product immersion)'은 브랜드를 줄거리의 배경으로 하기보다는 줄거리에 엮어 넣는 좀 더 적극적인 형태이다. 브랜드가 줄거리의 한 부분을 차지한다.

표적청중의 범위와 마케팅 커뮤니케이션 도구 믹스

통합 마케팅에서는 목적을 성취하기 위해 다양한 마케팅 커뮤니케이션 믹스의 시너지를 얻는 것이 중요하다. 시너지는 하나의 표적청중에 해당하는 것은 아니다. 통합 마케팅에서는 마케팅 커뮤니케이션의 믹스 못지않게 청중을 믹스하는 관점도 중요하다.

앞서 표적청중이 결정되고 나면 표적청중의 구매 의사결정 과정을 들여다보면서 그 과정에서 표적청중에게 영향을 미치는 사람이 누구인지를 확인해야 한다고 하였다. 그리고 영향을 미치는 사람이 어떤 영향을 미치는지, 예컨대 브랜드 이미지에 관한 것인지, 제품의 성능이나 품질에 대한 것인지 등도 구체적으로 파악해야 한다. 그리고 통합 마케팅의 목적이 설정되면 단일 표적청중인지 또는 복수의 표적청중을 대상으로 해야 하는지를 결정해야 한다. 만일 복수의 표적청중을 대상으로 마케팅 커뮤니케이션을 하지 않을 시 목적 달성이 어렵다면 당연히 복수의 청중을 대상으로 삼아야 한다. 표적청중에 따른 통합 마케팅 도구를 믹스할 때에는 〈표 4-3〉을 이용하면 도움이 된다.

표 4-3 단일 표적청중의 마케팅 커뮤니케이션 믹스 매트릭스

	• 마케팅 목표: • 통합 마케팅 목표: • 표적청중:		
	통합 마케팅 도구		
	광고 TV … 소셜 미디어	판매촉진 샘플링 … 공동 촉진	광고/판매촉진 외 MPR … CRM
목표			
기대효과			
타이밍			

7.

통합 마케팅 크리에이티브를 개발하라

지금까지 미디어와 마케팅 커뮤니케이션 믹스 전략 수립 단계에서 올바른 표적청중에게 도달할 수 있는 미디어와 마케팅 커뮤니케이션 도구들의 유형과 특징에 대해 살펴보았다. 다음 단계는 효과적인 광고 크리에이티브를 개발하는 것이다. 이제부터 효과적인 크리에이티브의 개발에 대해 알아보겠지만 다시 강조하건대 통합 마케팅에서는 미디어와 크리에이티브가 협동한다. 미디어는 메시지 아이디어를 전달하는 매개체이다. 맥루한(McLuhan)은 미디어가 곧 메시지라고 설파하였지만 미디어는 메시지 그 자체가 될 수는 없다. 통합 마케팅이 성공적이려면 적합한 미디어에 적절한 메시지와 크리에이티브가 결합되어야 한다. 미디어와 마케팅 커뮤니케이션 도구, 그리고 크리에이티브는 별개로 결정되기보다는 동시에 고려되어야 한다는 점을 명심해야 한다.

경험이 일천한 마케터는 마케팅 커뮤니케이션 도구와 미디어 또는 소비자 접점의 선정과 믹스가 통합 마케팅의 모든 것이라고 생각하는 실수를 저지른다. 하지만 크리에이티브 역시 통합 마케팅의 중요한 부분이다. 전략적인 메시지와 기발한 크리에이티브야말로 통합 마케팅 메시지 효과를 한 차원 끌어올리는 중요한 요소이다.

창의성과 크리에이티브

효과적인 마케팅 커뮤니케이션은 창의성을 요구한다는 점에서는 예술이지만 동시에 전략적이어야 한다는 점에서는 과학이라고 할 수 있다. 메시지 목적을 성취하기 위해 전략과 크리에이티브 아이디어가 절묘하게 조화를 이룰 때 효과적인 마케팅 커뮤니케이션이 탄생한다. 효과적인 마케팅 커뮤니케이션은 적절한 미디어와 메시지가 조화를 이룬 논리와 창의성이 조화를 이룬 산물이다. 통합 마케팅 메시지 계획은 문제를 합리적으로 분석하여 문제를 해결하는 데 무엇이 필요한지를 결정하는 것이다. 마케팅 커뮤니케이션은 메시지 계획 수립의 결정을 창의적인 크리에이티브 아이디어로 전환하는 것이다. 크리에이티브 전략은 문제 해결 과정이다.

광고나 그 밖의 모든 마케팅 커뮤니케이션에서 창의성은 통합 마케팅의 목적을 성취하는 데 초점이 맞추어져야 한다. 마케팅 커뮤니케이션이 창의적이려면 메시지는 표적청중과 브랜드를 관련되고 독창적인 방식으로 연결하는 것이어야 한다. 광고주의 문제에서 출발하여 표적 소비자에게 해결책을 독창적인 방식으로 제시하는 것에서 종결될 때 '효과적인 커뮤니케이션'이라는 명칭을 부여할 수 있다.

크리에이티브 브리프

거듭 강조하건대, 효과적인 마케팅 커뮤니케이션은 창의적이자 동시에 전략적이어야 한다. 새롭고 기대하지 못한 독창적인 아이디어이어야 하지만 동시에 커뮤니케이션 목적을 성취하기 위한 브랜드와 표적청중에 적합한 아이디어야 한다.

마케팅 커뮤니케이션 아이디어를 개발할 때에는 '무엇을 말할 것인가'와 '어떻게 말할 것인가'를 구분해야 한다. 메시지 또는 크리에이티브 전략은 '무엇을 말할 것인가'에 관한 것이며, '어떻게 말할 것인가'는 크리에이티브 실행의 영역이다. 이 두 가지 사항을 일목

요연하게 정리한 문서가 크리에이티브 브리프(creative brief)이다.

크리에이티브 브리프는 통상 커뮤니케이션 기획자가 작성하며, 핵심적인 마케팅과 광고 전략을 요약한 것이다. 크리에이티브 브리프에서는 광고를 통해 자사가 가고자 하는 곳에 어떻게 갈 것인지를 단계적, 선형적으로 다룬다. 전략을 구체적으로 다루기 때문에 크리에이티브 브리프는 제작 과정에 직접적으로 연결된다. 통합 마케팅에서는 통상 복수의 미디어와 미디어 브랜드에 광고를 집행하기 때문에 경우에 따라서는 크리에이티브 브리프도 여럿일 수 있다.

크리에이티브 브리프는 '양식(form)'이 아니며, 제작팀에 전달하는 작업 지시서도 아니다. 전략을 크리에이티브 제작물로 구현하는 효과적인 아이디어를 촉발하는 '과정(process)'이 크리에이티브 브리프이다. 크리에이티브 브리핑 과정은 창의적인 크리에이티브 해결책을 탐색하는 과정이다. 크리에이티브 브리프에 포함되는 항목은 광고대행사나 광고주에 따라 차이가 있지만 크리에이티브 브리프에서 다루는 이슈는 비슷하다.

- 해결해야 할 문제는 무엇인가?
- 표적청중은 누구인가?
- 브랜드 포지셔닝, 브랜드 개성과 이미지는?
- 메시지에 대해 표적청중이 해 주기를 바라는 반응 또는 행동은?
- 표적청중을 원하는 방향으로 움직이는 판매 제안은?
- 표적청중을 움직이는 표현 방법이나 스타일은?
- 언제, 어디서 메시지를 노출해야 하는가?

크리에이티브 브리핑 과정은 문제의 해결을 통해 우리가 얻고자 하는 것이 무엇인가에 대한 논의에서 출발한다. 해결해야 할 문제는 메시지 목적과 직결된다. 크리에이티브 브리핑 과정에서는 메시지 목적을 전략적 용어(예, 효과의 위계)로 진술하기보다는 크리에이티브 아이디어를 촉발하는 '소비자 용어'로 표현하는 것이 좋다. 메시지 목적이 크리에이티브 아이디어를 촉발할 만큼 충분히 구체화된다면 크리에이티브 브리핑 과정에서 이 부분에 대한 논의는 단축될 수 있다.

'표적청중은 누구인가?' '누구에게 영향을 미치려고 하는가?'는 메시지 전략을 수립할 때 특히 중요한 부분이다. 이 부분이 크리에이티브 아이디어를 촉발하는 데 결정적인 역할을 할 때가 많다. 표적청중에 대한 통찰을 얻기 위해서는 표적청중을 인구통계 자료로 묘사하는 것은 별반 도움이 되지 않는다. 제품이나 브랜드와 관련된 표적청중의 태도, 행동, 라이프스타일, 그리고 심층적인 이해가 있어야 한다. 표적청중에 대한 통찰의 예를 보자.

- 주부에게 요리란 생활의례이다.
- 소비자는 은행 광고에 무관심하다.
- 외식은 먹는 것이 아니라 가족과 함께하는 것이다.
- 중장년층은 놀이공원에 대해 어린 시절의 추억을 가진다.
- 세제에서 거품은 세척력을 상징한다.
- 20대는 TV를 보지 않는다.
- 운전자가 차에 시동을 거는 것 다음으로 하는 일은 라디오를 켜는 것이다.

크리에이티브 브리프의 또 하나의 요소인 브랜드 포지션은 설정하기도 쉽지 않지만 그것을 표적청중에게 광고를 통해 제대로 전달하는 것은 더더욱 쉽지 않다. 특히 다양한 미디어나 미디어 브랜드를 사용하는 통합 마케팅에서는 미디어별로 집행하는 크리에이티브의 일관성을 기해야 하기 때문에 작업은 용이하지 않다. 브랜드의 개성, 태그라인, 슬로건, 그리고 컬러 등의 모든 요인을 고려해야 한다.

'커뮤니케이션 메시지를 접한 표적청중이 우리 브랜드에 대해 어떻게 생각하고, 어떤 행동을 해 주길 바라는가?'에 대해서도 크리에이티브 아이디어의 도약이 이루어질 수 있도록 통찰을 가미할 수 있다. '기온이 급격히 떨어지는 겨울에 자동차 시동을 걸 때 우리 브랜드를 떠올리게 한다'거나 '시리얼을 습관적으로 구매하는 대신 성분을 따져 보도록 한다'와 같은 진술은 크리에이터의 상상력을 촉발하는 데 매우 효과적이다.

'커뮤니케이션의 톤(tone)이나 스타일(style)을 어떻게 가져갈 것인가?'는 크리에이티브 아이디어를 마무리하는 요소이다. 톤과 스타일은 표적청중이 광고에 대해 가지는 전반적인 사고나 느낌에 영향을 미친다. 예컨대, 표적청중은 광고를 보면서 신중하거나 친근하게, 또는 세련되거나 현대적인 사람으로 느낄 수 있다. 이러한 사고나 느낌은 비주얼이나 메시지, 사진, 그리고 음악 등 모든 크리에이티브 요소의 총합에 의해 전달된다. 광고의 톤이나 스타일은 브랜드 개성과 일관성을 유지하여 브랜드 개성을 강화해야 한다. 만약 자사 브랜드 개성이 '신중하고' '지적이며' '모던한' 것이라면 광고의 톤이나 스타일도 이와 일관되어야 한다.

'언제' '어디서' 광고 메시지를 노출할 것인지를 결정하는 과정 역시 빅 아이디어 생성에 매우 중요하다. '언제' '어디서'는 단지 미디어 결정을 위한 질문으로 생각해서는 안 된다. 하나의 브랜드 메시지라고 하더라도(예, '모발 영양 공급' 샴푸) 아침인가 저녁인가, 또는 TV 광고인가 지하철 광고인가에 따라 크리에이티브 아이디어는 얼마든지 달라질 수 있기 때문이다.

크리에이티브 브리프의 항목들은 독립적이 아니라 상호 연관된 것이다. 크리에이티브 브리프의 항목은 톱니바퀴가 서로 맞물려 돌아가는 것과 같다. 대부분의 항목은 광고 전략에서도 다룬 것이다. 하지만 크리에이티브 브리프 과정에서는 좀 더 창의적인 도약을 위해 상상력과 통찰을 동원하여 각 질문에 대해 많은 대안을 생각해 보고 최상의 해결책을 찾는다는 차이가 있음을 상기하기 바란다. 크리에이티브 브리프는 TV, 신문, 라디오, 잡지와 같은 4대 미디어 광고에 국한되는 것은 아니다. 세일즈 프로모션이나 PR, 그리고 인터넷 광고, 옥외 광고, 소셜 미디어 등 모든 형태의 마케팅 커뮤니케이션 도구에 적용할 수 있다.

메시지 전략

메시지 전략은 메시지를 통해 광고 커뮤니케이션 목표를 어떻게 달성할 것인가에 관한 것이다. 광고 목표를 달성하는 데에는 한 가지 방법만 있는 것은 아니다. 다양한 방법이 존재한다. 하지만 좀 더 바람직한 전략 역시 있기 마련이다. 전략에는 맞고 틀리는 것은 없다. 다만 얼마나 더 바람직한지 정도의 차이가 있을 뿐이다. 광고 커뮤니케이션 기획자가 할 일 중의 하나는 다양한 전략 중에서 좀 더 바람직한 전략을 찾는 것이다. 이러한 결정에 도움이 되는 메시지 전략의 유형들에 대해 알아보자.

메시지 접근법

인지는 머리에 호소하는 것이고, 감정은 가슴에 호소하는 것이다. 기능적인 편익은 머리에 이야기하지만 정서적인 편익은 가슴에 이야기하는 것이다. 이처럼 메시지가 어디에 호소하느냐에 따라 경성 판매 접근(hard-sell approach)과 연성 판매 접근(soft-sell approach)으로 구분할 수 있다. 경성 판매는 머리에 호소하여 논리를 기초로 반응을 일으키는 것이다. 표적청중이 제품이나 브랜드에 대한 정보를 원하고 합리적인 의사결정을 할 경우에 효과적이다. 연성 판매는 태도, 분위기, 그리고 느낌에서 야기되는 반응을 얻기 위해 정서 소구나 이미지를 사용하는 접근이다. 표적청중이 제품이나 브랜드의 정보 탐색에는 관심이 없고 정서를 자극하는 메시지에 호의적으로 반응하리라는 판단이 설 때 사용한다. 경성, 연성 구분법은 크리에이티브를 지나치게 단순화한 접근이다. 실제 상황은 훨씬 복잡하다. 좀 더 세분화된 크리에이티브 접근에 대해 알아보자.

- 선점(preemptive) 전략은 경쟁자가 이미 보유하고 있느냐의 여부에 관계없이 소비자의 마음속에 먼저 진입하는 것이다. 선점 전략은 소비자가 경쟁자를 따라하는 추종자로 인식하게 만들어 버린다. 경쟁 제품과 차별점이 없거나 신제품일 때 효과적인 전략이다.

- 독특한 판매 제안(Unique Selling Proposition: USP)은 소비자에게 의미 있는 편익을 창출할 수 있는 자사만의 독특한 제품 속성을 사용하는 전략이다. 혁신 제품이거나 또는 높은 수준의 기술을 보유할 때 사용한다.
- 포지셔닝 전략은 표적청중의 마음속에 경쟁자와의 상대적인 위치를 점하는 것이다. 신제품이거나 시장선도자에 도전하고자 하는 경우에 효과적이다.
- 브랜드 이미지 전략은 표적청중의 심리적 요소와 같은 제품 외적인 요인을 토대로 자사 제품이나 브랜드의 우수성을 주장하는 경우에 사용한다. 제품 간 차이가 없는, 특히 구매 주기가 빠르고 관여도가 낮은 생활용품의 경우에 효과적인 크리에이티브 전략이다.
- 공명(resonance) 전략은 표적청중의 제품 사용 상황이나 라이프스타일을 이용하는 것으로, 제품 간 차이가 없지만 경쟁이 극심한 경우에 효과적인 전략이다.

메시지 구성 방식

제품의 소구(appeal)는 우선적으로 소비자의 감정에 호소하는 메시지 구성 방식이다. 소구는 공포, 섹스, 감각적인 즐거움, 그리고 안심이나 자존과 같이 제품을 매력적이거나 흥미롭게 만드는 정서와 연계된다. 정서가 소구의 밑바탕이지만 '노후를 안락하게 보내기'와 같이 경우에 따라서는 논리나 지식을 토대로 할 수도 있다. (노후 대비 방법의 논리적인 근거를 토대로 안락함을 소구하는 것이다)

소구는 일반적으로 제품과 메시지에 대한 표적청중의 기대 반응에 초점을 맞춘다. 가격을 강조하는 것은 가치, 경제성, 그리고 절약을 소구하는 것이다. 시간이나 노력의 절감을 강조한다면 편의성을 소구하는 것이다. 자사 제품이나 브랜드를 고품질이나 값비싼 제품으로 인식하게 하려면 사회적 지위를 소구한다.

감성적 소구와 달리 판매 메시지로 소비자의 머리에 호소하는 이성적인 메시지 구성 방식이 효과를 발휘할 때도 있다. 판매 전제(selling premise)는 판매 제안에 대한 논리에 초점을 맞추는 메시지 방식이며, 결론의 도출이나 주장의 근거가 되는 제안이다. 이러한 메시지 전략은 감성이 아니라 이성에 소구하는 것이다. 이성적 소구의 판매 전제가 효과적이려면 표적청중이 중요하다고 평가하는 제품의 특징이나 속성을 제대로 찾아내는 것이 무엇보다 중요하다. 판매 전제의 다른 유형으로 '주장(claim)'이 있다. '주장'은 제품이 무엇을, 어떻게 수행할지에 대한 예견을 토대로 한 제품 중심의 메시지 전략이다. 예컨대, 저칼로리 시리얼의 주장은 '이 제품이 건강에 좋다'는 것을 제안한다.

이성적 소구에 해당하지만 제품이 아니라 유망 고객에 초점을 맞춘 판매 전제 방식도 고려할 수 있다. 고객에 초점을 둔 판매 전제에는 편익, 약속, 근거, 독특한 판매 제안이 있다. '편익'은 제품의 특징이나 속성을 소비자에게 혜택을 주는 무언가로 표현하여 결국 제품이 소비자를 위해 무엇을 할 수 있는지를 강조하는 메시지 방식이다. 전기 자동차 광고는 휘발유를 사용하지 않는다는 특징에 초점을 맞춘다. 그리고 이러한 특징을 소음이 없다는 소비자 편익으로 전환한다.

약속은 다른 사람과 앞으로의 일을 어떻게 할 것인가를 미리 정하여 두는 것이다. '약속'은 미래의 예견되는 결과에 초점을 둔 편익이다. 만약 제품을 사용한다면 어떤 긍정적인 일이 일어날 것인지 예견토록 하는 것이다. '구취 제거제를 사용한다면 당신은 더 환영받는 사람이 될 것이다'는 것은 소비자에 대한 미래의 약속이다.

'근거'는 왜 소비자가 자사 제품을 사야만 하는지에 대한 논리를 강조하는 메시지 방식이다. 근거 논리는 언제나 광고에 명시될 필요는 없다. 그리고 합리적이며 과학적으로 입증되어야만 하는 것일 필요도 없다. 디젤 청바지는 다음과 같은 논리를 강조하였다. '디젤 청바지를 입으면 모든 여자가 호감을 보일 것이다. 근거는? 디젤이니까! 끝.'

마지막으로, 독특한 판매 제안(USP)은 소비자에게도 중요하면서 자사 제품만이 제공하는 독특한 편익에 초점을 맞춘 메시지 방식이다. 독특한 판매 제안 역시 약속이지만 경쟁자가 하지 않는 독특한 편익을 약속하는 것이다. 지문 인식 보안 기능을 갖춘 스마트폰은 정보 노출을 염려하는 소비자에게 안전이라는 자사만의 독특한 편익을 제공한다.

소셜 미디어 메시지의 운영

최근 들어 소셜 미디어와 같은 소비자 참여 미디어의 사용이 급격히 증가함으로써 커뮤니케이션 메시지 운영 방식에도 변화가 일어나고 있다. 이러한 변화는 미디어 자체가 지닌 특성과 밀접한 관련이 있다. 이제 소셜 미디어에서의 메시지 운영 기법에 대해 살펴보겠다. 소셜 미디어를 중심으로 어떠한 메시지 운영이 효과적인지, 그리고 소셜 미디어의 메시지 운영이 대중 미디어 광고에는 어떻게 반영되어야 하는지 알아보자.

첫째, 직접적으로 광고하지 마라.

이는 전통적인 방식과는 배치되는 조언처럼 들린다. 과거의 광고 방식에 익숙한 사람은 받아들이기 힘든 말이다. 하지만 받아들여야 한다. 당신이 끌어들이려고 하는 공동체를 반영하는 광고를 해야 한다. 예컨대, 자동차 회사들은 가상의 소셜 주식시장 게임(social stock market game)인 엠파이어 에비뉴에 참여하였다. 이들 회사는 그들의 자동차 제품에 대해 직접적으로 이야기하지 않았다. 대신 제품이 아니라 관심 집단의 멤버들에게 투자를 했고 그들과 제품이 아닌 주제에 대해 대화를 계속하였다. 이렇게 관계 맺기에 성공한 사람들은 새 제품에 대한 구전 전달자의 역할을 함으로써 직접적인 광고에서 거둘 수 있는 것 이상의 효과를 얻었다. 사람들이 대중 미디어 광고와 소셜 미디어에 대해 기대하는 것은 같지 않다. 소셜 미디어는 공동체이다. 기업이 아니라 공동체가 중시하는 것에 귀를 기울여야 한다.

둘째, 오락적 요소를 창출하라.

2009년, 광고대행사 디디비 스톡홀롬(DDB Stockholm)은 폭스바겐이 환경 친화적인 자동차임을 알리는 기발한 '바이럴 비디오' 캠페인을 전개하였다. 에스컬레이터 옆의 계단을 피아노 건반 모양으로 개조하여 계단을 밟으면 특정 음이 나도록 하였다. 사람들의 계단 이용률이 높아진 것은 당연하고, 더 중요한 것은 이 비디오가 유튜브와 페이스북을 통해 엄청나게 많은 사람에게 전파되었다는 것이다. 디디비 스톡홀름은 이 캠페인이 성공한 이유는 '재미(fun)'

때문이라고 하였다. 재미야말로 사람들의 행동을 변화시키는 가장 효과적인 수단인 것이다. 재미가 행동 유발에 과연 효과적인지를 확인하고 싶다면 www.funtheory.com 웹 사이트를 방문해 보기 바란다.

재미를 이용한 또 다른 성공적인 광고 캠페인 중의 하나로 '올드 스파이스(old spice)'를 꼽을 수 있다. 올드 스파이스 캠페인은 광고가 지닌 오락적인 가치와 독특한 유머 스타일이라고 할 수 있다. 하지만 이 캠페인의 진짜 성공 요인은 소셜 공간을 통해 이루어졌다는 데 있다. 광고가 유튜브에 등장하자 즉각적으로 사람들 사이에서 입소문이 퍼지기 시작하였다. 이 캠페인은 비록 TV에서 시작되었지만 성공적인 마무리는 소셜 공간에서 이루어졌다! 직접적으로 광고하지 말라는 충고도 지켜졌다. 올드 스파이스 광고에서 광고 모델은 브랜드를 결코 언급하지 않았다. 하지만 소셜 미디어에 참여한 사람들은 브랜드가 무엇인지 다 안다!

셋째, 진솔하라.

메시지는 진실되어야 한다. 문제를 덮으려고 하지 마라. 뭔가 그럴싸하게 보이려고도 하지 마라. 소비자가 포장에 현혹되는 시대는 끝났다. 사람들은 당신에 대해 이미 잘 안다! 지금까지 알고 있는 광고 방식에 대해서도 잊어버려라. 메시지가 진실되지 않으면 이제는 누구도 그것에 흥미를 가지지 않는다. 대중 미디어 광고에서는 당신의 제품이 최고라고 하면 그만이지만, 소셜 미디어에서 광고 슬로건이나 일방적인 주장보다 더 중요한 것은 '관계'이다. 사람들과 연결되어야 한다. 그들의 문제에 관심을 보이고 귀 기울여야 한다. 그리고 진정으로 그 문제를 해결하려는 자세를 취해야 한다.

넷째, 오픈하라.

개방성은 진솔됨과 일맥상통한다. 만약 어떤 소비자가 당신의 상품이나 서비스에 대해 부정적인 반응을 보인다면 그것을 숨기려고 하지 말고 공론화하고 그 문제를 해결하기 위해 당신이 정직하게 시도하고 있음을 보여 주라. 때로는 진실되게 미안하다는 말을 하는 것만으로도 상황을 호전시킬 수 있다. 물론 이러한 대응은 신속하게 이루어져야 한다. 여기서 한 발 더 나아간다면 고객 만족도 배가할 수 있다. 기업은 그들에게 부정적인 의견을 개진한 소비자들에게는 보상을 하지 않는 경향이 있다. 부정적인 의견을 개진한 소비자도 보상해 주라. 이는 진정으로 기업이 고객에게 귀 기울인다는 증거가 될 것이다. 장기적으로 이는 기업에 더욱 긍정적인 결과를 가져다줄 것이다.

다섯째, 청중과 상호작용하라.

소셜 미디어는 일방적 확성기가 아니다. 소셜 미디어 캠페인의 진정한 성공 요인은 청중과의 상호작용이다. 만약 소셜 미디어를 통해 당신의 메시지를 확산시키고 싶다면 공동체 사람들과 상호작용하는 것이 최상이다. TV는 공동체가 아니다. 청중들은 때로는 TV 스크린에 대고 소리를 지를 수 있다. 하지만 이들은 되돌아오는 반응을 결코 기대하지 않는다. 페이스북, 트위터 등의 소셜 네트워크들은 모두에게 소리를 들려주려고 한다. 만약 누군가가 당신의 브랜드에 대해 시간과 노력을 들여 이야기한다면 그들에게 다가가 정중하게 반응을 해 주어야 한다. 한 개인으로서의 소비자는 TV에 등장하는 브랜드와는 개인적인 관계를 가지지는 않는다. 하지만 온라인에서는 기업과 개인이 상호작용한다.

여섯째, 공동체가 당신의 전도사가 되게 권한을 부여하라.

전도사가 되게 하는 것만큼 공짜 광고의 효과를 거둘 수 있는 최상의 방법은 없다. 만약 누군가 트위터에서 당신에 대해 이야기한다면 그들에게 리트윗하고 감사를 표하라. 그들에게 곧 출시될 신제품의 시험 사용자가 되게 하는 것도 좋다.

크리에이티브 아이디어

통합 마케팅에서 크리에이티브의 개발은 미디어 계획과 결코 별개의 것이 아니다. 이들은 전략적으로 상호작용해야 한다. 어떤 경우에는 크리에이티브 아이디어에 의해 미디어가 결정되기도 하며, 또 어떤 경우에는 SWOT 분석으로부터 마케팅 커뮤니케이션 도구와 미디어를 결정하고, 표적청중의 미디어 사용 행동에 따라 적합한 광고 크리에이티브 아이디어를 고안하기도 한다.

예를 들어 보자. 어떤 기업이 SWOT 분석을 한 결과, 자사의 혁신적인 감기약의 편익을 알리기에 소비자 판매촉진이 최상이라고 결정하였다고 하자. 이때 '판매촉진을 사용하라'는 것은 불완전한 전략이다. 이것은 마케팅 커뮤니케이션 도구를 어떻게 사용해야 하는지에 대해 아무런 아이디어도 제공하지 않기 때문이다. 한편, '감기 치료에서 자사 브랜드의 우수한 효능을 설명하기 위해 의사로 구성된 팀을 꾸려 미디어 투어를 실행하라'는 것은 강력하고 더 나은 전략에 해당된다. 어떤 세부전술이 필요한지에 대해 구체적인 아이디어를 촉발하기 때문이다.

훌륭한 아이디어는 어떠한 마케팅 커뮤니케이션 기능이 필요한지뿐만 아니라 어떻게 마케팅 커뮤니케이션을 실행할지에 대한 통찰도 제공한다. 프리미엄 자동차 타이어 미쉐린의 예를 보자. 미쉐린의 광고 커뮤니케이션 목표는 표적청중으로 하여금 미쉐린 타이어는 가장 내구성이 강하며 안전한 타이어라는 것을 확신하게 하는 것이다. 이때 'TV 광고를 하라'는 것은 별다른 아이디어를 촉발하지 않는 약한 전략이다. 한편, '미쉐린 타이어에 앉아 있는 아기를 보여 줌으로써 표적청중의 머릿속에 미쉐린 브랜드를 가족보호와 결합하라'는 지침은 강력한 크리에이티브 아이디어이다. 이 전략은 미쉐린 타이어를 아기와 연결한다. 소비자는 아기가 보호의 대상임을 잘 안다. 이때 메시지는 '미쉐린은 안전한 타이어입니다. 미쉐린은 우리를 지킵니다'가 된다. 따라서 이 경우에는 메시지 전달에 적합한 마케팅 커뮤니케이션 도구를 고민하고 TV 광고와 인쇄 광고로 귀결된다. 아이디어가 좀 더 정교화된다면 폐타이어를 사용하는 놀이터를 후원하는 행사로까지 발전될 수 있다.

이러한 예는 마케팅 커뮤니케이션을 위한 크리에이티브 아이디어는 구체적일 뿐 아니라 창의적이어야 함을 시사한다. 크리에이티브 아이디어는 논리적인 전략 사고에서 창의적인 사고로 도약할 때 가능해진다. 그렇다면 창의성이란 무엇일까?

창의성의 실체

창의성을 명쾌하게 정의하기란 결코 쉬운 일이 아니다. 창의성에 대한 정의가 많다는 것도 창의성을 명쾌하게 정의하는 데 어려움을 준다. 그럼에도 불구하고 공통분모를 찾아볼 수 있는데, 그것은 주로 무엇이 창의적인 것인가에 답해 보는 것이다. 창의적인 것이란 어떤 것인가? 대부분의 학자는 창의적인 것을 창의성 또는 창의적 사고의 결과물로서 새롭고, 기발하고, 유용하고, 가치 있는 것으로 본다. 이렇게 볼 때 창의성이란 해결해야 할 문제에 대한 아이디어를 기발한 방식으로 조합하여 해결책을 찾아내는 사고 과정이라고 정의할 수 있다(Glover, Ronning, & Reynolds, 1989).

창의성을 구성하는 요소에 대해 생각해 볼 필요가 있는데, 그 한 가지는 새로움 또는 기발함에 대한 것이다. 아이디어 결과가 새롭거나 기발하다는 것은 무엇이며, 그 판단 기준은 무엇인가? 새롭거나 기발함은 그 결과물과 관련된 분야에서 과거부터 일어난 발달과의 관계 속에서 판단해야 한다. 만약 개인이 개발한 아이디어가 기발한 것이라고 하더라도 이전에 이미 누군가가 그와 유사한 아이디어를 내었다면 그 결과물은 더 이상 새롭거나 기발하다고 할 수 없다.

창의성의 정의에서 짚어 봐야 할 다른 한 요소는 유용성 또는 가치이다. 아이디어가 아무리 새롭고 기발하다고 하더라도 실용적이거나 유용하지 않다면 결코 창의적이라고 할 수 없다. 어떤 아이디어가 창의적이려면 새롭고 기발한 것일 뿐만 아니라 관련 영역을 이해하는 데 도움이 되어야만 한다. 새롭고 기발한 발명품을 만들었다면 실생활에 유용한 것이어야 그 발명품을 창의적인 것이라고 부를 수 있다. 즉, 구체적인 목표를 추구하기 위해 수행한 사고 과정의 결과이어야 한다는 것이다.

심리학자들은 대체로 창의성을 발산적 사고(divergent thinking)로 정의한다. 발산적 사고란 어떤 문제에 대해 가능한 한 많은 해결책을 생성하는 사고 과정을 말하는 것으로, 논리적인 단계를 밟아 문제 해결에 도달하는 수렴적 사고(convergent thinking)와는 비교된다(Guilford, 1950). 창의성 연구 분야에서 개척자 중의 한 명인 토랜스(Torrance)라는 심리학자는 개인의 발산적 사고력이 어느 정도인지를 측정하기 위한 도구인 TTCT(Torrance Test of Creative Thinking)를 개발하였다. 토랜스는 창의성이 유창성, 독창성, 정교화, 추상성, 그리고 끈기의 다섯 가지 요소로 구성된다고 하였다. 유창성은 어떤 질문에 대해 가능한 한 많은 아이디어를 생성하는 것이며, 독창성은 아이디어의 참신성이나 독특성이다. 정교화는 아이디어의 섬세함, 추상성은 아이디어의 포괄성, 그리고 끈기는 지속적으로 다양한 요인을 고려하는 능력이다. 이후에 토랜스는 다섯 가지의 창의성 요소를 광고에 적용하였으며, 광고 창의성이란 광고의 브랜드 또는 크리에이티브 요소가 새롭고 기대하지 않았던 것이며 독창적이고 독특한 것이라고 정의하였다. 이후에 토랜스의 창의성 요소를 실제 집행된 광고를 대상으로 평가하였을 때 소비자가 광고를 창의적이라고 지각하는 데 가장 공통적으로 영향을 미치는 요소는 독창성인 것으로 나타났다. 독창적인 광고는 고정 관념을 깨는 비주얼이나 카피 또는 스토리 전개를 담고 있는 광고이다.

광고 현장의 실무자에게 창의적인 광고란 어떤 것인지 물어보면 '창의적인 광고는 기억에 잘 남고, 효과가 지속적이며, 광고비가 많지 않아도 제대로 그리고 빨리 효과를 발휘하며, 소비자들이

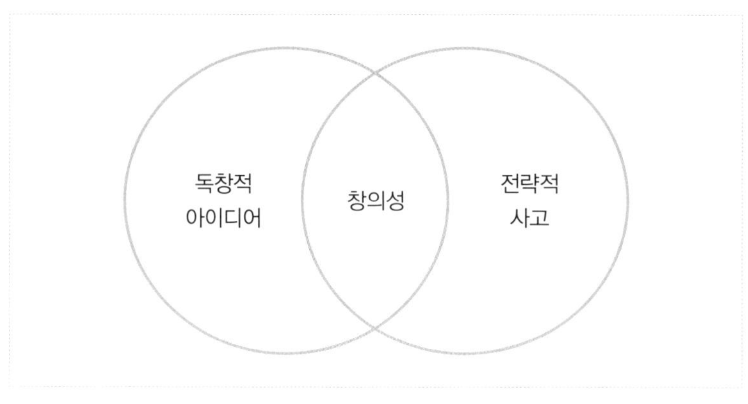

그림 4-18 창의성의 요소

좋아하는 것이다'라고 한다. 물론 광고가 창의적이라고 해서 판매도 반드시 성공적이지는 않다. 마케팅과 광고, 마케팅 커뮤니케이션의 목표가 다르듯이, 광고의 목표는 언제나 판매 성과는 아니다. 하지만 기억이나 태도와 같은 커뮤니케이션 효과를 중심으로 본다면 창의적인 광고의 효과는 평범한 광고에 비해 우수한 것은 분명하다.

커뮤니케이션 창의성이란 단지 누군가 생각하지 못한 기발한 아이디어를 생각해 내는 능력이 아니다. 독창적인 방식이되 반드시 커뮤니케이션 문제를 해결하여 목표를 성취할 수 있는 아이디어를 만들어 내는 것이다. 광고와 마케팅 커뮤니케이션은 합목적적인 마케팅 활동의 일환이기 때문이다. 통합 마케팅에서 성공적인 광고와 마케팅 커뮤니케이션 아이디어는 독창적임과 동시에 전략적이어야 한다.

- 창의적 아이디어란 독창적이며, 기대하지 않았던 남다르고 새로운 것이다.

• 창의적 아이디어란 전략적이어야 한다. 표적청중의 욕구나 원망을 중심으로 커뮤니케이션 목적을 성취하는 것이어야 한다.

크리에이티브 콘셉트

광고와 마케팅 커뮤니케이션은 창의적인 '아이디어' 산업이다. 단지 새롭고 독창적인 것을 창의적이라고 하지 않는다. 광고에서 창의성이란 새롭고 독창적이되 표적청중의 욕구나 원망 또는 얻고자 하는 반응과 관련된 것이어야 한다. 이는 자연스럽게 커뮤니케이션 목적의 달성에 기여할 것이다.

한편, 아이디어란 생각 또는 콘셉트이다. 아이디어는 생각의 조각이나 파편들을 의미를 담은 무언가로 결합함으로써 생성된다. 따라서 아이디어는 정신적인 건축물과도 같다. 광고에서는 새로운 아이디어를 생성하는 과정을 콘셉팅(concepting)이라고 한다. 창의적인 아이디어란 새롭고, 독창적이며, 기대하지 않았던 콘셉트로, 표적청중과 관련된 생각의 결과물이다. 창의적인 아이디어의 반대편에는 '진부한 아이디어(Cliché)'가 있다. 진부한 아이디어는 평범하며, 틀에 박히고, 누구나 생각할 수 있는 아이디어이다. 광고에서는 창의적인 아이디어를 '빅 아이디어' 또는 '크리에이티브 콘셉트'라고 한다.

메시지 목적을 달성하는 데 가장 효과적인 메시지 전략을 정했다면 이제는 크리에이티브 콘셉트를 고안해야 한다. 즉, '어떻게 표현할 것인가?'를 결정하는 것이다. 메시지 목적 달성을 위한 메시지 전략이 하나가 아니듯이, 결정된 메시지 전략을 표현하는 크리에이티브 콘셉트 역시 여럿일 수 있다. 크리에이티브 콘셉트는 창의적이며 기발한 빅 아이디어이다. 크리에이티브 콘셉트는 우리 머릿속의 서로 멀리 떨어진 네트워크에 속한 개념(예, [그림 4-19]의 츄파 춥스와 해리스 광고 참조)을 끌어와 의미 있는 것으로 연결함으로써 탄생한다. 쾨슬러(Koestler, 1964)는 창의적 아이디어란 서로 무관한 두 가지의 독립적인 아이디어가 하나로 결합되어 재구성되는 과정에서 탄생한다고 하면서 이를 이중연합(bisociation)으로 명명하였다.

크리에이티브 콘셉팅은 메시지 개발 과정에서 가장 창의적인 사고를 요하는 과정이다. 창의적인 아이디어는 갑자기 찾아오는 행운이 아니라 많은 시간과 노력을 요하는 힘든 작업이다. 광고대행사인 BBDO의 창업자 중의 한 명인 오스본(Osborn)이 제안한 가장 널리 알려진 창의적 사고 과정은 다음과 같다.

- 1단계: 문제에 몰입하기. 커뮤니케이션 문제나 도전 과제를 다각도로 해석하기
- 2단계: 관련 자료들을 수집하기
- 3단계: 관련된 자료에 몰입하기. 자료에 대해 충분히 분석하고, 이해하며, 다각도로 해석하고, 자료가 가지는 의미를 숙고하기
- 4단계: 가능한 많은 아이디어 생각해 내기. 질이 아니라 양이 중요함
- 5단계: 잠시 잊어버리기. 하던 작업을 미루어 놓고 다른 곳에 몰두하기. 의식이 하던 일을 잠재의식에 맡겨 두기. 잠재의식이 아이디어 연결 작업을 하도록 맡겨 두기
- 6단계: 떠오른 아이디어를 엮어 보고 종합하기

무설탕임을 강조한 츄파 춥스 롤리팝 광고

부드러움을 강조한 해리스 식빵 광고

그림 4-19 창의적인 광고 사례

출처: pintrest.com

- 7단계: 아이디어를 평가하기. 전략적으로 관련되고 적합한지 평가하기

크리에이티브 시너지

소비자는 광고를 통해 전략을 보는 것이 아니다. 소비자는 광고의 이미지 비주얼, 카피, 그리고 전반적인 느낌을 본다. 그리고 크리에이티브 요소들의 총합을 통해 브랜드가 자신에게 무엇을 말하려고 하는지를 추론하고 이해한다. 결국 통합 마케팅에서는 미디어와 메시지 전략의 시너지뿐만 아니라 크리에이티브 시너지도 매우 중요하다. 크리에이티브 시너지를 어떻게 창출할지에 대해 정리해 보자.

먼저, 개별 브랜드인지 또는 모 브랜드나 기업 브랜드인지, 그리고 포지셔닝 수준인지 아니면 상위의 브랜드 아이덴티티나 브랜드 에센스 수준에서 통합 마케팅을 실행할 것인지를 결정해야 한다. 그에 따라 통합 마케팅 목적이 설정된다. 통합 마케팅 목적과 주제를 중심으로 통합 마케팅에 포함될 다양한 광고와 광고 미디어별 광고 목표가 설정된다. 이러한 과정은 앞서 상세히 설명하였다.

크리에이티브 시너지를 고려하는 단계에서는 추가적인 고민을 해야 한다. 즉, 광고를 집행할 미디어의 특성과 접점 특성, 표적청중의 욕구/관심, 그리고 광고 목표라는 네 가지 요소를 일관되게 조화시키면서 각 광고별로 크리에이티브 콘셉트를 고안해야 한다. '미디어 특성'에서는 광고를 집행할 미디어 자체의 장점, 미디어가 촉발하는 연상, 미디어에서 광고를 둘러싸는 맥락(프로그램이나 지면 등)의 효과를 고려해야 한다. '접점 특성'에서는 표적청중이 광고에 노출되는 시간과 공간에서의 심리적 상태를 고려해야 한다. 시간은 하루 중일 수도 있고, 한 주 중일 수도 있다. 아침과 저녁, 주중과 주말의 심리 상태는 다르다. 여의도 증권가를 거닐 때와 지하

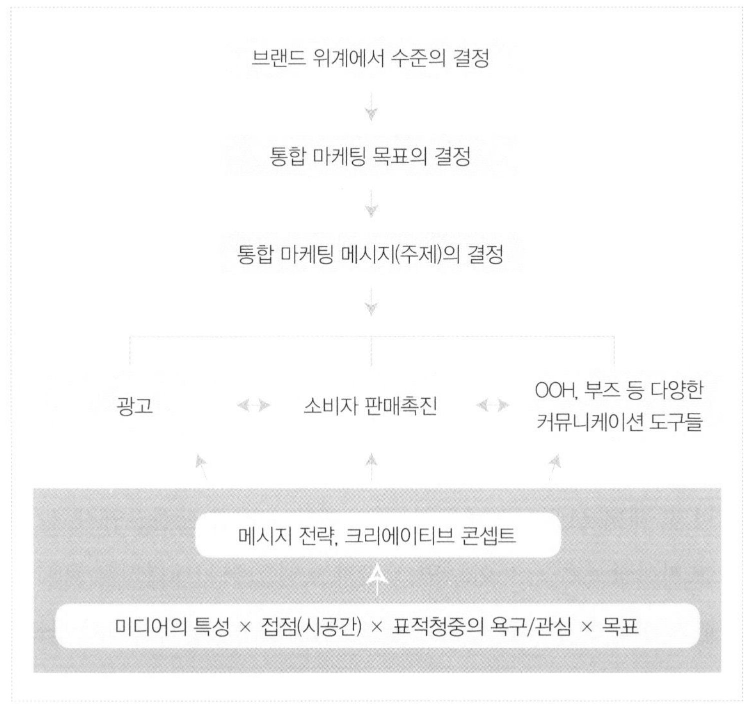

그림 4-20 통합 마케팅과 광고 크리에이티브 시너지

철을 기다리고 있을 때의 심리 상태 역시 다를 것이다. 물론 미디어 특성과 접점 특성은 표적청중의 욕구나 관심과 관련되어야 한다. 미디어 특성과 접점 특성에 대한 통찰로 다수의 아이디어가 생성되면 이제는 아이디어가 각 광고의 목표와 적합한지를 점검한다. 광고 목표와 적합한 아이디어를 크리에이티브 콘셉트로 발전시킨다([그림 4-20] 참조).

에필로그

이 책을 선택한 독자는 현장에서 마케팅 활동과 관련이 있는 일을 하거나 또는 관련 분야로의 진출을 준비하는 학생일 것이다. 영리 조직이건 비영리 조직이건 마케팅의 목적은 분명하다. 바로 이익을 극대화하는 것이다. 단지 이익의 형태가 다를 뿐이다. 개인의 역량은 오롯이 마케팅 결과, 즉 이익에 의해 평가받는 것이 현실이다. 그렇다면 조직의 이익을 극대화하고 개인의 능력을 인정받을 수 있는 가장 효과적인 접근은 무엇일까? 바로 통합 마케팅이다.

단발성 마케팅 커뮤니케이션에 비해 통합 마케팅은 다소 복잡하게 느껴질 수 있다. 복잡할수록 단순화하는 것이 도움이 된다. 통합 마케팅의 핵심은 '투입 마케팅 재원 대비 시너지'이다. 더 구체적으로 말하자면, 세 가지의 시너지인 '표적청중 시너지' '커뮤니케이션 도구 시너지' 그리고 '메시지 시너지'이다. 이것만 이해한다면 통합 마케팅 기획의 절반 이상은 완성한 것이나 다름없다. 이 책의 모든 내용과 실무 도구도 '투입 재원 대비 시너지 효과'에 초점이 맞추어져 있음을 알 수 있을 것이다.

시장 환경이나 미디어 환경은 또 바뀔 것이다. 하지만 통합 마케팅은 대세이며 앞으로도 그 위세를 더해 갈 것임이 분명하다. 원리를 이해한다고 기획을 잘할 수 있는 것은 결코 아니다. 이 책에서 제시하는 통합 마케팅 기획 과정을 단지 이해하는 것을 넘어 자신의 것으로 만들어야만 한다. 이 책에 투입된 돈과 시간 대비 시너지 효과를 얻기를 바란다.

참고문헌

김동진(2010). 뉴미디어의 신 성장 동력, 소셜미디어 광고와 모바일 광고. **제일기획사보, 12월**, 30-37.

김운한, 신일기(2010). 크로스미디어 광고 개념의 실무적 고찰. **광고PR실학연구, 3**(2), 72-92.

김재휘, 박은아, 손영화, 우석봉, 유승엽, 이병관(2009). **광고심리학**. 서울: 커뮤니케이션북스.

박길남(2013). N스크린시대, 미디어를 바라보는 새로운 시각이 필요할 때. **오리콤 브랜드저널, 63**, 6-8.

우석봉(2008). **실전 광고기획 에센스**. 서울: 학지사.

우석봉(2010). **브랜드 심리학**(2판). 서울: 학지사.

이우철(2014). 광고창의성이 광고효과에 미치는 영향에 관한 연구: 매체 창의성과 엠비언트 광고를 중심으로. 중앙대학교 대학원 박사학위논문.

이정모(2009). **인지과학**. 서울: 성균관대학교 출판부.

이현우(2010). 콜라보레이션, 브랜드 가치혁신의 연금술. **제일기획사보, 6월**, 22-25.

Aaker, D. A., & Joachimsthaler (2000). The brand relationship spectrum: The key to the brand architecture challenge. *California Management Review, 42*(4), 8-23.

Baddeley, A. (1990). *Human memory: Theory and practice*. Boston:

Allyn & Bacon.

Collins, A. M., & Loftus, E. F. (1975). A spreading activation theory of semantic processing. *Psychological Review, 82*, 407-428.

Damasio, A. (1999). *The feeling of what happens.* San Diego, CA: Harcourt.

Deppe, M., Schwindt, W., Kugel, H., Plabmann, H., & Kenning, P. (2005). Nonlinear responses within the medial prefrontal cortex reveal when specific implicit information influences economic decision making. *American Society of Neuroimaging*, 171-182.

Desmet, P. M. A. (2003). Measuring emotion: Development and application of an instrument to measure emotional responses to products. In M. A. Blythe, A. F. Monk, K. Overbeeke, & P. C. Wright (Eds.), *Funology: From usability to enjoyment* (pp. 111-123). Dordrecht: Kluwer Academic Publishers.

Duncan, T. R., & Everett, S. E. (1993). Client perceptions of integrated marketing communications. *Journal of Advertising Research, 37*(3), 30-39.

Duncan, T. R., & Moriarty, S. E. (1998). A communication-based marketing model for managing relationships. *Journal of Marketing, 62*(April), 1-13.

Edell, J. A., & Keller, K. L. (1999). *Analyzing media interactions: The effects of coordinated TV-Print advertising campaigns*. Cambridge, Mass: Marketing Science Institute.

Eichenbaum, H. (2002). Critical role of the hippocampus in memory for sequences of events. *Nat Neurosci, 5*(5), 458-462.

Ekman, P. (1992). An argument for basic emotions. *Cognition and emotion, 6*(3/4), 169-200.

Fournier, S. (1998). Consumers and their brands: Developing relationship theory in consumer research. *Journal of Consumer*

Research, 24, 343-373.

Foxall, G. R., & Goldsmith, R. D. (1994). *Consumer psychology for marketing*. London: Routledge.

Glover, J. A., Ronning, R. R., & Reynolds, C. R. (1989). *Handbook of creativity*. New York: Plenum.

Gobe, M. (2001). *Emotional branding*. New York: Allworth Press.

Gorn, G. (1982). The effects of music in advertising of choice behavior: A classical conditioning approach. *Journal of Marketing, 46*, 94-101.

Guilford, J. P. (1950). Creativity. *American Psychologist, 5*, 444-454.

Harkins, S. G., & Petty, R. E. (1981). The multiple source effect in persuasion the effects of distraction. *Personality and Social Psychology Bulletin, 7*, 627-635.

Holt, D. B. (2004). *How brands become icons: The principles of cultural branding*. Boston: Harvard Business School Press.

Kapferer, J.-N. (1997). *Strategic brand management: Creating and sustaining brand equity long term*. London: Kogan Page.

Kapferer, J.-N. (2004). The new strategic brand management. London: Kogan Page.

Kaplan, A. M., & Haenlein, M. (2010). Users of the world, unite! The challenges and opportunities of social media. *Business Horizons, 53*, 59-68.

Keller, K. L. (1993). Conceptualizing, measuring, and managing customer-based brand equity. *Journal of Marketing, 57*(January), 1-22.

Keller, K. L. (2003). *Strategic brand management*. New York: Prentice-Hall.

Koestler, A. (1964). *The act of creation*. New York: Macmillan.

Lang, P. J. (1985). *The cognitive psychophysiology of Emotion: Anxiety and the anxiety disorders*. Hillside, New York: Lawrence Erlbaum.

Levitt, T. H. (1986). *The marketing imagination*. NY: Free Press.

Madhavaram, S., Badrinarayanan, V., & McDonald, R. E. (2005). Integrated marketing communication(IMC) and brand identity as critical components of brand equity strategy. *Journal of Advertising, 34*(4), 69-80.

Maslow, A. H. (1987). Motivation and personality (3rd ed.). Delhi, India: Pearson Education.

McClure, S. M., Li, J., Tomlin, D., Cypert, K. S., Montague, L. M., & Montague, P. R. (2004). Neural correlates of behavioral preference for culturally familiar drinks. *Neuron, 44*, 379-387.

Meyers-Levy, J., Zhu, R., & Jiang, L. (2010). Context effects from bodily sensations: Examining bodily sensations induced by flooring and the moderating role of product viewing distance. *Journal of Consumer Research. 37*(1), 1-14.

Mittal, B. (1988). A study of the concept of affective choice mode for consumer decisions. *Advances in Consumer Research, 21*, 256-263.

Moriarty, S., Mitchell, N., & Wells, W. (2012). *Advertising & IMC: Principles and practice*. Pearson.

Percy, L. (2008). Strategic integrated marketing communication. Oxford, England: Elsevier.

Percy, L., Hansen, F., & Randrup, R. (2004). How to measure brand emotion. *Consumer Research, 11*, 32-34.

Petty, R. E., & Cacioppo, J. T. (1986). The elaboration likelihood model of persuasion. *Advances in Experimental Social Psychology, 19*, 123-162.

Plutchik, R. (2004). **정서심리학**[*Emotions in practice of psychotherapy*]. (박권생 역). 서울: 학지사. (원전은 2000년에 출판).

Reiling, L. G. (1982). Consumers misuse mass sampling for Sun Light dishwashing liquid. *Marketing News, 3*(9), 1-2.

Rogers, S. E. (2003). *The diffusion of innovations* (5th ed.). New York:

The Free Press.

Rogers, E. (1983). *The diffusion of innovations* (3rd ed). New York: The Free Press.

Rokeach, M. (1973). *The nature of human values.* New York: The Free Press.

Scherer, K. R. (2005). What are emotions? And how can they be measured?. *Social Science Information, 44*(4), 693-727.

Schmitt, B. (1999). Experiential marketing: How to get customers to sense, feel, think, act and relate to your company and brands. New York: The Free Press.

Schultz, D. E. (1996). The inevitability of integrated marketing communications. *Journal of Business Research, 37*(3), 139-146.

Schultz, D. E. (2004). IMC receives more appropriate definition. *Marketing News, 38*(15), 8-9.

Schultz, D. E. (2004). A clean brand slate. *Marketing Management, 13*(5), 10-11.

Schuman, D. W., Petty, R. E., & Clemons, D. S. (1990). Predicting the effectiveness of different strategies of advertising variation: A test of the repetition-variation hypotheses. *Journal of Consumer Research, 2*, 192-202.

Shimp, T. A., & Andrews, J. C. (2013). *Advertising, promotion, and other aspects of integrated marketing communications*. South-Western Cengage Learning.

Tauber, E. M. (1993). Fit and leverage in brand extensions. In D. Aaker, A., & A. L. Biel (Eds.), *Brand equity & advertising*. Hillsdale.

Tavassoli, N. T. (1998). Language in multimedia: Interaction of spoken and written information. *Journal of Consumer Research, 25*(1), 26-38.

Vargo, S. L., & Lusch, R. E. (2004). Evolving to a new dominant logic for marketing. *Journal of Marketing, 68*(1), 1-17.

Wells, W. (1975). Psychographics: A critical review. *Journal of Marketing Research, 5*, 196-213.

Yi, Y.-J. (1990). The effects of contextual priming in print advertisements. *Journal of Consumer Research, 17*, 215-222.

Zajonc, R. B. (1980). Feeling and thinking: Preferences need no inferences. *American Psychologist, 2*, 151-175.

찾아보기

저자 소개

우석봉(Woo, Seok-Bong)

국내 하우스 에이전시 및 외국계 광고대행사에서 20년간 근무하면서 광고 기획과 브랜드 전략 컨설팅 업무를 수행하였다. 고려대학교에서 소비자·광고심리학 전공으로 박사 학위를 받았으며, 현재 대전대학교 경영대학 산업·광고심리학과 교수로 재직 중이다.

IMC 광고기획론, 광고심리학, 설득심리학, 브랜드심리학, 광고기획실습과 문화심리학을 강의하고 있다. 광고효과와 소비자행동 분야의 논문들이 있으며, 한국소비자·광고심리학회에서 우수논문상을 수상하였다. 저서로는 『광고효과의 심리학』『브랜드 심리학(3판)』『실전 광고기획 에센스(2판)』『설득: 어떻게 사람을 움직일 것인가』 등이 있다

통합 마케팅 기획

Planning for Integrated Marketing Communication

2020년 7월 15일 1판 1쇄 인쇄
2020년 7월 20일 1판 1쇄 발행

지은이 • 우석봉
펴낸이 • 김진환
펴낸곳 • ㈜학지사
04031 서울특별시 마포구 양화로 15길 20 마인드월드빌딩
대표전화 • 02-330-5114 팩스 • 02-324-2345
등록번호 • 제313-2006-000265호

홈페이지 • http://www.hakjisa.co.kr
페이스북 • https://www.facebook.com/hakjisa

ISBN 978-89-997-2136-6 03320

정가 15,000원

이 도서의 국립중앙도서관 출판시도서목록(CIP)은 서지정보유통지원시스템 홈페이지(http://seoji.nl.go.kr)와 국가자료공동목록시스템(http://www.nl.go.kr/kolisnet)에서 이용하실 수 있습니다.
(CIP 제어번호: CIP2020028785)